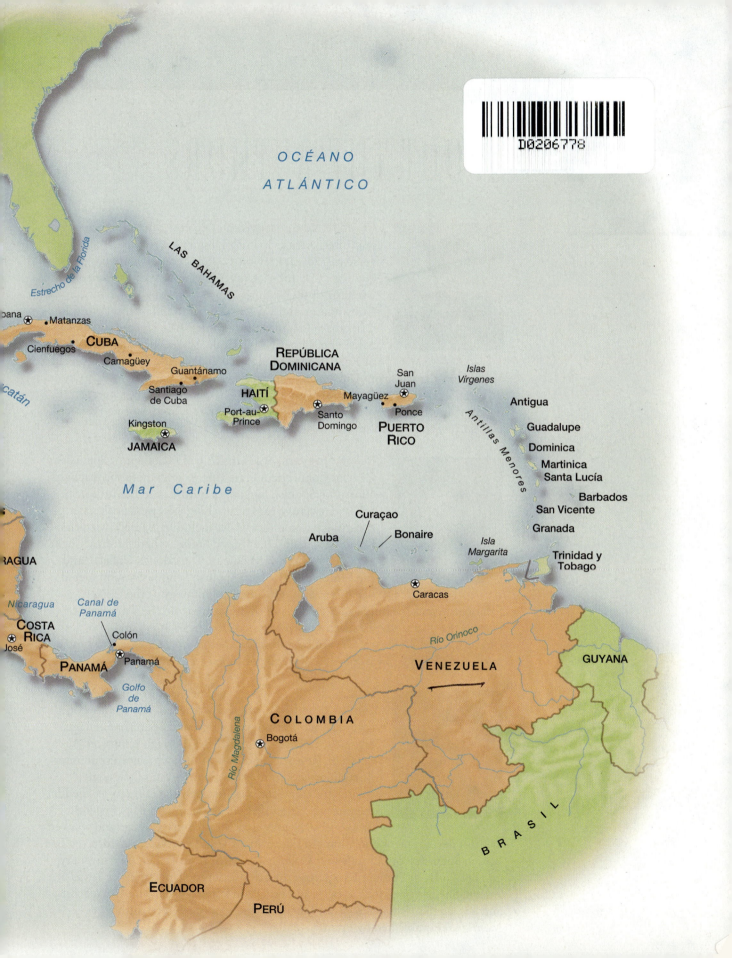

OCÉANO
ATLÁNTICO

Estrecho de la Florida

LAS BAHAMAS

bana   • Matanzas

CUBA

Cienfuegos

Camagüey

Santiago
de Cuba

Guantánamo

REPÚBLICA
DOMINICANA

San
Juan

Islas
Vírgenes

Mayagüez

Ponce

Antigua

HAITÍ

PUERTO
RICO

Guadalupe

Port-au-
Prince

Santo
Domingo

Dominica

Kingston

Martinica
Santa Lucía

JAMAICA

Antillas Menores

Barbados

San Vicente

Mar   Caribe

Granada

Curaçao

Aruba

Bonaire

Isla
Margarita

Trinidad y
Tobago

catán

RAGUA

Nicaragua

Canal de
Panamá

Caracas

COSTA
RICA

Colón

Río Orinoco

GUYANA

José

PANAMÁ

Panamá

VENEZUELA

Golfo
de
Panamá

Río Magdalena

COLOMBIA

Bogotá

B R A S I L

ECUADOR

PERÚ

ABOUT THE AUTHORS

Elizabeth E. Guzmán is the Director of the Elementary and Intermediate Spanish Language Program at the University of Iowa. Previously, she served as Language Coordinator at St. John's University/College of St. Benedict, Director of the Spanish Program at Yale University, and Coordinator and Co-Director of the Elementary and Intermediate Language Program at The University of Michigan. In her native Chile, she supervised instructors of English as a Foreign Language. Ms. Guzmán received her B.A. in English from Universidad de Santiago (Chile) and her M.A. in English as a Second Language from West Virginia University, and then pursued doctoral studies at the University of Pittsburgh. She is a co-author of Prentice-Hall's *Identidades* and several earlier editions of *Mosaicos*.

Paloma Lapuerta holds the title of Professor of Spanish at Central Connecticut State University, where she teaches courses in Spanish language, culture, and literature. She has over twenty years of teaching experience at higher institutions around the world, including Spain, Switzerland, South Africa, and the United States, where she has taught at the University of Michigan, Dartmouth College, and the Middlebury College Spanish School. She completed her *Licenciatura* in Spanish Philology at the University of Salamanca, and she holds a Ph.D. in Spanish literature from the University of Geneva, Switzerland. She has published numerous articles and a book on Spanish culture and literature. She is a co-author of *Identidades*, *La escritura paso a paso*, and earlier editions of *Mosaicos*, all published by Prentice Hall.

Judith E. Liskin-Gasparro is a professor of Spanish at the University of Iowa, where she teaches courses in second language acquisition, pedagogy, and Spanish language. She is the co-director of FLARE (Foreign Language Acquisition Research and Education), which offers an interdisciplinary doctoral program in Second Language Acquisition, and she was formerly the Director of the Elementary and Intermediate Spanish Language Program. Previously, she taught at Middlebury College and worked as a test development consultant at Educational Testing Service. She received her B.A. in Spanish from Bryn Mawr College, her M.A. from Princeton University, and her Ph.D. in Foreign Language Education from the University of Texas at Austin. She has published articles and books on language learning and teaching and has led many workshops for language teachers. She is a co-author of *Identidades*, published by Prentice Hall.

VOLUME 2

Fifth Edition

MOSAICOS

Spanish as a World Language

Matilde Olivella de Castells (Late)

Emerita, California State University, Los Angeles

Elizabeth E. Guzmán

University of Iowa

Paloma Lapuerta

Central Connecticut State University

Judith E. Liskin-Gasparro

University of Iowa

Prentice Hall

Upper Saddle River   London   Singapore   Toronto
Tokyo   Sydney   Hong Kong   Mexico City

Dedicamos esta edición de Mosaicos a Matilde Castells, quien puso juntas, una a una, las piezas de este libro con un talento y profesionalismo admirables.

Executive Editor: Julia Caballero
Development Editors: Elizabeth Lantz, Celia Meana
Executive Marketing Manager: Kris Ellis-Levy
Senior Marketing Manager: Denise Miller
Marketing Coordinator: William J. Bliss
Senior Managing Editor: Mary Rottino
Associate Managing Editor: Janice Stangel
Project Manager: Manuel Echevarria
Development Editor for Assessment: Melissa Marolla Brown
Media Editor: Meriel Martínez
Senior Media Editor: Samantha Alducin
Art Manager: Gail Cocker
Illustrator: Andrew Lange Illustration
Cartographer: Peter Bull Studio
Assistant Editor/EditorialCoordinator: Jennifer Murphy
Manufacturing Buyer: Cathleen Petersen

Manager, Print Production: Brian Mackey
Manager, Rights and Permissions: Zina Arabia
Manager, Visual Research: Beth Brenzel
Manager, Cover Visual Research & Permissions: Karen Sanatar
Image Permission Coordinator: Fran Toepfer
Cover Image: Ferran Traite Soler/IStockphoto.com
Photo Researcher: Diane Austin
Designer: Ximena Tamvakopoulos
Creative Design Director: Leslie Osher
Art Director, Interior: John Christiana
Editorial Assistant: Katie Spiegel
Publisher: Phil Miller
Composition/Full-Service Project Management: Macmillan Publishing Solutions
Printer/Binder: RR Donnelley

This book was set in 10/12.5 Sabon.

Credits and acknowledgments borrowed from other sources and reproduced, with permission, in this textbook appear on pages A54–A55.

Library of Congress Cataloging-in-Publication Data

Mosaicos : Spanish as a world language / Matilde Olivella de Castells ... [et al.]. — 5th ed.
   p. cm.
  English and Spanish.
  Includes bibliographical references and index.
  ISBN-13: 978-0-13-500153-0 (hardbound : alk. paper)
  ISBN-10: 0-13-500153-6 (hardbound : alk. paper)
 1. Spanish language—Textbooks for foreign speakers—English. I. Castells, Matilde Olivella de.

PC4129.E5M69 2008
468.2'421—dc22

                    2008046837

10 9 8 7 6 5

Prentice Hall
is an imprint of

www.pearsonhighered.com

Student Edition ISBN - 10:	0-13-500153-6
Student Edition ISBN - 13:	978-0-13-500153-0
Annotated Instructor's Edition ISBN - 10:	0-205-66392-3
Annotated Instructor's Edition ISBN - 13:	978-0-205-66392-7
Volume 1 ISBN - 10:	0-205-63609-8
Volume 1 ISBN - 13:	978-0-205-63609-9
Volume 2 ISBN - 10:	0-205-63608-X
Volume 2 ISBN - 13:	978-0-205-63608-2
Volume 3 ISBN - 10:	0-205-63607-1
Volume 3 ISBN - 13:	978-0-205-63607-5

BRIEF CONTENTS

Capítulo preliminar		Bienvenidos	2
Capítulo	1	En la universidad	22
Capítulo	2	Mis amigos y yo	54
Capítulo	3	El tiempo libre	88
Capítulo	4	En familia	122
Capítulo	5	Mi casa es su casa	154
Capítulo	6	De compras	188
Capítulo	7	Los deportes	222
Capítulo	8	Nuestras tradiciones	256
Capítulo	9	Hay que trabajar	290
Capítulo	10	¡A comer!	326
Capítulo	11	La salud es lo primero	362
Capítulo	12	¡Buen viaje!	396
Capítulo	13	Las artes y las letras	430
Capítulo	14	Los cambios sociales	464
Capítulo	15	Hacia el futuro	496
		Expansión gramatical	A1
Appendix 1		Stress and Written Accents Word Formation	A15
Appendix 2		Verb Charts	A16
Appendix 3		Spanish to English Glossary	A24
Appendix 4		English to Spanish Glossary	A40
Credits			A54
Language Functions Index			A56
Subject Index			A58

SCOPE AND SEQUENCE

Capítulo	Communicative objectives	A primera vista

Preliminar
Bienvenidos 2

Introduce yourself, greet others, and
  say good-bye
Use expressions of courtesy
Spell in Spanish
Identify people and classroom
  objects
Locate people and things
Use numbers from 0–99
Express dates
Tell time
Use classroom expressions
Comment on the weather

1
En la universidad 22

Exchange information about classes
Identify locations at the university
Talk about academic life and daily
  occurrences
Ask and answer questions

Los estudiantes y los cursos 24
La universidad 27
*Las actividades de los
  estudiantes* 28

2
Mis amigos y yo 54

Describe people, places, and things
State where and when events take
  place
Express origin and possession
Express likes and dislikes

Mis amigos y yo 56
Las descripciones 58
El origen 61

Funciones y formas	Mosaicos	Enfoque cultural

The verb *ser* and subject pronouns   9
Weather expressions using *hace*   19

Talking about academic life and daily occurrences: **Present tense of regular -*ar* verbs**   32
Talking about academic life and daily occurrences: **Present tense of regular -*er* and -*ir* verbs**   36
Specifying gender and number: **Articles and nouns**   39
Expressing location and states of being: **Present tense of *estar***   42
Asking and answering questions: **Interrogative words**   44

A escuchar
Listen for the gist   46
A conversar
Ask questions to gather information   47
A leer
Identify the format of a text   48
A escribir
Brainstorm key ideas before writing   49

Cultural focus: España   23
Escuelas y universidades en España   50

Describing people, places, and things: **Adjectives**   64
Identifying and describing; expressing origin, possession, location of events, and time: **Present tense of *ser***   67
Expressing inherent qualities and changeable conditions: ***Ser* and *estar* with adjectives**   70
Expressing ownership: **Possessive adjectives**   73
Expressing likes and dislikes: ***Gustar***   76

A escuchar
Listen for specific information   78
A conversar
Describe a person   79
A leer
Scan a text for specific information   80
A escribir
Consider audience and purpose   82

Cultural focus: Estados Unidos   55
Los hispanos y la expansión de Estados Unidos   84

Capítulo	Communicative objectives	A primera vista

3

El tiempo libre 88

Discuss daily activities and
  leisure
Talk about food
Express where you are going
Make plans

Las diversiones 90
Los planes 92
La comida 94

4

En familia 122

Talk about family
Discuss what you have to do
Describe daily routines

Los miembros de la familia 124
¿Qué hacen los parientes? 127
Las rutinas familiares 128

5

Mi casa es su casa 154

Discuss housing, furnishings, and
  architecture
Talk about daily chores and
  household activities
Talk about activities in progress
Describe physical and emotional
  states

En casa 156
*La casa, los muebles y los
  electrodomésticos* 159
Las tareas domésticas 161

Funciones y formas	Mosaicos	Enfoque cultural
Talking about daily activities: **Present tense of** *hacer*, *poner*, *salir*, *traer*, **and** *oír* 98 Expressing movement and plans: **Present tense of** *ir* and *ir a +* *infinitive* 102 Talking about quantity: **Numbers 100 to 2.000.000** 105 Stating what you know: *Saber* and *conocer* 108 Expressing intention, means, movement, and duration: **Some uses of** *por* and *para* 111	**A escuchar** Use background knowledge 114 **A conversar** Organize information for a presentation 115 **A leer** Look for and use key words 116 **A escribir** Use appropriate conventions in letter-writing 117	**Cultural focus:** Perú 89 *Breve perfil de Perú* 118
Expressing opinions, plans, preferences, and feelings: **Present tense of stem-changing verbs**: *e → ie, o → ue,* and *e → i* 132 Expressing obligation: *Tener que +* *infinitive* 136 Expressing when, where, or how an action occurs: **Adverbs** 138 Expressing how long something has been going on: *Hace* **with expressions of time** 140 Talking about daily routine: **Reflexive verbs and pronouns** 142	**A escuchar** Listen for a purpose 144 **A conversar** Organize information to make comparisons 145 **A leer** Use title and illustrations to anticipate content 146 **A escribir** Choose between informal and formal language to express the desired tone 148	**Cultural focus:** Colombia 123 *La riqueza de Colombia* 150
Expressing ongoing actions: **Present progressive** 164 Describing physical and emotional states: **Expressions with** *tener* 167 Avoiding repetition in speaking and writing: **Direct object nouns and pronouns** 170 Pointing out and identifying people and things: **Demonstrative adjectives and pronouns** 175	**A escuchar** Create mental images 178 **A conversar** Plan what you want to say 179 **A leer** Inform yourself about a topic before you start to read 180 **A escribir** Select the appropriate content and tone for a formal description 183	**Cultural focus:** Nicaragua, El Salvador, Honduras 155 *La geografía espectacular de Nicaragua, El Salvador y Honduras* 184

Capítulo	Communicative objectives	A primera vista

6

De compras 188

Talk about clothing, prices, and shopping
Talk about past events
Express likes and dislikes

Las compras 190
La ropa 193
¿Qué debo llevar? 195

7

Los deportes 222

Talk about sports and physical activities
Ask and answer questions about weather
Discuss past events

Los deportes 224
El tiempo y las estaciones 227
¿Qué pasó ayer? 229

8

Nuestras tradiciones 256

Talk about holidays, traditions, and celebrations
Express ongoing actions in the past
Narrate past events
Make comparisons

Las fiestas y las tradiciones 258
Otras celebraciones 260
Las invitaciones 262

Funciones y formas	Mosaicos	Enfoque cultural
Talking about the past: **Preterit tense of regular verbs** 198 Talking about the past: **Preterit of *ir* and *ser*** 201 Indicating to whom or for whom an action takes place: **Indirect object nouns and pronouns** 203 Expressing likes and dislikes: *Gustar* **and similar verbs** 206 Describing people, objects, and events: **More about *ser* and *estar*** 209	**A escuchar** Take notes to recall information 212 **A conversar** Negotiate a price 213 **A leer** Use context to figure out the meaning of unfamiliar words 214 **A escribir** Sequence events 217	**Cultural focus:** Venezuela 189 *El mundo fascinante de Simón Bolívar* 218
Talking about the past: **Preterit of reflexive verbs and pronouns** 232 Talking about the past: **Preterit of -er and -ir verbs whose stem ends in a vowel** 236 Talking about the past: **Preterit of stem-changing -ir verbs** 238 Emphasizing or clarifying information: **Pronouns after prepositions** 241 Talking about the past: **Some irregular preterits** 243	**A escuchar** Differentiate fact from opinion 246 **A conversar** Focus on key information to report what was said 247 **A leer** Predict and guess content 248 **A escribir** Add supporting details 251	**Cultural focus:** Argentina, Uruguay 223 *El arte del asado y la tradición ganadera en Argentina y Uruguay* 252
Expressing ongoing actions and descriptions in the past: **The imperfect** 266 Narrating in the past: **The preterit and the imperfect** 270 Comparing people and things: **Comparisons of inequality** 273 Comparing people and things: **Comparisons of equality** 276 Comparing people and things: **The superlative** 278	**A escuchar** Draw conclusions on what you know 280 **A conversar** Conduct an interview 281 **A leer** Make inferences 282 **A escribir** Select and sequence details to write effective narratives 284	**Cultural focus:** México 257 *Cultura y tradiciones mexicanas* 286

Capítulo	Communicative objectives	A primera vista

9

Hay que trabajar 290

Talk about the workplace and professions
Talk about the past
Give instructions

El trabajo 292
Los oficios y las profesiones 294
Buscando trabajo 298

10

¡A comer! 326

Discuss food, menus, diets, and shopping for food
State impersonal information
Give instructions
Talk about the recent past and the future

Los productos y las recetas 328
En el supermercado 330
La mesa 333

11

La salud es lo primero 362

Discuss health and medical treatments
Talk about the body
Express emotions, opinions, expectations, and wishes

Médicos, farmacias y hospitales 364
Las partes del cuerpo 366
La salud 368

Funciones y formas	Mosaicos	Enfoque cultural
Avoiding repetition: **Review of direct and indirect object pronouns** 302 Avoiding repetition: **Use of direct and indirect object pronouns together** 305 Talking about the past: **More on the imperfect and preterit** 308 Giving instructions or suggestions: **Formal commands** 312	**A escuchar** Use contextual guessing 316 **A conversar** Gather information strategically to express a decision 317 **A leer** Organize textual information into categories 319 **A escribir** Focus on purpose, content, and audience 321	Cultural focus: Guatemala 291 *Historia y trabajo en Guatemala* 322
Stating impersonal information: *Se* **+ verb constructions** 336 Talking about the recent past: **Present perfect and participles used as adjectives** 339 Giving instructions in informal settings: **Informal commands** 344 Talking about the future: **The future tense** 348	**A escuchar** Record relevant detail 352 **A conversar** Give and defend reasons for a decision 353 **A leer** Learn new words by analyzing their connections with known words 354 **A escribir** Summarize information 357	Cultural focus: Ecuador 327 *Ecuador: alimentación y salud pública* 358
Expressing expectations and hopes: **Introduction to the present subjunctive** 372 Expressing emotions, opinions, and attitudes: **The subjunctive with expressions of emotion** 378 Expressing goals, purposes, and means: **Uses of** *por* **and** *para* 380 Referring to people and things: **Relative pronouns** 384	**A escuchar** Listen for the main idea 386 **A conversar** Select appropriate phrases to offer opinions 387 **A leer** Focus on relevant information 388 **A escribir** Persuade through suggestions and advice 390	Cultural focus: Cuba, República Dominicana 363 *Cuba y República Dominicana: la música y el baile* 392

Capítulo	Communicative objectives	A primera vista

12

¡Buen viaje! 396

Discuss travel arrangements, hotel reservations, and correspondence
Talk about things that may not exist
Express possession
Talk about the past

Los medios de transporte 398
El alojamiento y las reservaciones 402
El correo y la correspondencia 403

13

Las artes y las letras 430

Talk about art and culture
Express doubt and uncertainty
Hypothesize about the future
Describe states and conditions

La literatura y el cine 432
La pintura y el arte 435
La música y la cultura popular 437

14

Los cambios sociales 464

Discuss demographics and social conditions
Indicate conditions, goals, and purposes
Express conjecture
Talk about the past from a past perspective

Cambios en la sociedad 466
El papel de la mujer 469
Temas de hoy: los jóvenes y la emigración 471

Funciones y formas	Mosaicos	Enfoque cultural
Talking about things that may not exist: **Subjunctive in adjective clauses** 406 Expressing possession: **Possessive pronouns** 410 Expressing possession: **Stressed possessive adjectives** 413 Talking about the past: **Review of the preterit and imperfect** 416	**A escuchar** Use background knowledge to support comprehension 420 **A conversar** Engage and maintain the interest of your listeners 421 **A leer** Focus on logical relationships 422 **A escribir** Use facts to support a point of view 424	**Cultural focus:** Panamá, Costa Rica 397 *Centroamérica: un puente entre dos océanos* 426
Expressing affirmation and negation: **Affirmative and negative expressions** 440 Expressing doubt and uncertainty: **Subjunctive with expressions of doubt** 443 Hypothesizing: **The conditional** 447 Expressing reciprocity: **Reciprocal verbs and pronouns** 451	**A escuchar** Identify the speaker's intentions 454 **A conversar** Make your presentations comprehensible and interesting 455 **A leer** Use your knowledge narrative structure to support comprehension 456 **A escribir** Write to spark interest 459	**Cultural focus:** Bolivia, Paraguay 431 *La maravillosa música de los Andes* 460
Expressing conjecture: **Adverbial conjunctions that require the subjunctive** 474 Expressing conjecture or certainty: **Adverbial conjunctions that take the subjunctive or indicative** 477 Talking about the past from a past perspective: **The past perfect** 481 Expressing actions: **The infinitive as subject or object** 484	**A escuchar** Identify the speaker's point of view 486 **A conversar** Organize ideas to present solutions to problems 487 **A leer** Identify the tone of a text 488 **A escribir** Use language to express emotions 490	**Cultural focus:** Chile 465 *La compleja vida política de América Latina* 492

Capítulo	Communicative objectives	A primera vista

15

Hacia el futuro   496

Talk about advances in science and technology

Express wishes and recommendations in the past

Hypothesize about the present and the future

Express unexpected occurrences

La ciencia y la tecnología en el mundo de hoy   498

La conservación del medio ambiente   500

Otros retos del futuro   502

Expansión gramatical
A1

Funciones y formas	Mosaicos	Enfoque cultural
Expressing wishes and recommendations in the past: **The imperfect subjunctive** 506	**A escuchar** Identify the speaker's intention through the main idea and specific information 516	**Cultural focus:** Puerto Rico 497 *La ciencia y la tecnología* 522
Hypothesizing about the present and the future: *If*-clauses 510	**A conversar** Use drama and humor in telling a personal anecdote 517	
Expressing the unexpected: *Se* for **unplanned occurrences** 513	**A leer** Identify the narrator's perspective 519	
	A escribir Use imagination and humor in writing a narrative 521	

Giving informal orders or commands to two or more people (in Spain): *Vosotros* **commands** A2

Expressing an indirect wish that a third party do something: **Indirect commands** A3

Suggesting that someone and the speaker do something: **Spanish equivalents of English** *let's* A5

Reacting to a past occurrence or event: **Present perfect subjunctive** A7

Hypothesizing about an occurrence or event in the past: **Conditional perfect and pluperfect subjunctive** A9

Expressing contrary-to-fact conditions in the past: *If*-clauses **(using perfect tenses)** A11

Emphasizing a fact resulting from an action by someone or something: **Passive voice** A12

PREFACE

Welcome to the Fifth Edition of *Mosaicos*

Since the publication of its first edition more than a decade ago, *Mosaicos* has been widely acclaimed for its practical, communicative, culturally based approach to first-year Spanish. The approach has been refined over the course of several editions, and for this fifth edition we have been especially thorough in examining all aspects of the Student Text and all components of the *Mosaicos* program. The result is a fresh, twenty-first-century perspective on language teaching and learning in the context of a dynamic introduction to the Hispanic world and its people. We hope that both veteran users and those new to *Mosaicos* will discover a text that is richly contextualized, cognitively engaging, visually attractive, and readily accessible, accompanied by a wide array of resources that support student learning and make each class period valuable and enjoyable.

One of the hallmarks of the *Mosaicos* approach—and the rationale for the title—is the emphasis on the integration of the many different instructional strands that comprise a beginning Spanish course. We have made a special effort to ensure that this fifth edition effectively integrates elements that other programs often treat in isolation. We have gone farther than ever before in our effort to synthesize linguistic content with appropriate cultural contexts. We have refined and improved the open-ended *Situaciones* activities, in which students are asked to integrate their knowledge of grammatical structures and functions with thematically relevant vocabulary. Finally, we have made major revisions to the *Mosaicos* section of each chapter, in which students put linguistic and cultural knowledge together as they develop and practice their listening, speaking, reading, and writing skills.

Mosaicos reflects the wisdom and experience of the many expert language instructors who have used the program and have provided helpful suggestions over the years. But at a deeper level, it is grounded in current theories of language learning and in pedagogical principles embraced by most language instructors today. It presents vocabulary within communicative and cultural contexts. Its grammar sections move from meaning to form, providing an understanding of the language that is both functional and structural. It emphasizes the social aspects of language use by providing an abundance of carefully sequenced pair and group activities. It fosters awareness of the diversity of the Spanish-speaking world through photos, realia, maps, readings, and activities, as well as a new video program. By engaging students in the linguistic, cognitive, and social aspects of language learning, the distinctive *Mosaicos* approach draws on current knowledge about language learning to prepare first-year students to continue their study of Spanish language and culture at the intermediate level.

Highlights of the Fifth Edition

While building on the strengths of earlier editions, the fifth edition of *Mosaicos* incorporates many new and remarkable features. With its focus on learning strategies and communicative functions, it provides students and instructors with more tools than ever before to enhance and enrich the learning experience.

Vocabulary in Context

The *Mosaicos* program features a culturally and communicatively rich format for presenting and practicing new vocabulary. Through the two-page spread at the beginning of each chapter and in the *A primera vista* section that follows, students encounter new words in appropriate linguistic and cultural contexts.

The chapter-opening pages have been completely redesigned to provide a stimulating introduction both to the chapter theme and to the country or region that the chapter targets. New chapter titles highlight the text's active, functional approach to language learning, and abundant annotations on the chapter-opening pages guide instructors in introducing and recycling relevant vocabulary.

In the *A primera vista* section, new vocabulary is presented in contexts that reflect the chapter theme in various ways. Language samples, photos, line drawings, and realia are used to present new material, rather than word lists and translations. The activities that follow foster the use of new and previously learned vocabulary in natural, thematically relevant contexts. Special features include the following:

- Boldface type is used within the language samples to highlight new words and phrases that students will need to learn to use actively. (A convenient list of these words and phrases is provided at the end of each chapter.)

- Audio icons remind students that recorded versions of the language samples are available in the *Mosaicos* audio program.

- *Cultura* boxes (many new to this edition) raise awareness of the cultural contexts in which the language is used and help students learn the skills of close observation and interpretation of cultural products.

- *En otras palabras* boxes (all new to this edition) give examples of regional variations in the language.

Grammar as Function and Meaning

In the newly renamed *Funciones y formas* section of each chapter, grammar is presented as a means to effective communication. The bulleted explanations—clear, concise, and easy to understand—are designed to be studied at home, although their integration into the main body of the text enables students to use them for quick reference as they practice communication in class.

- Visuals and brief language samples are now used consistently to introduce new structures in meaningful contexts. The new structures are highlighted in boldface type.

- Short comprehension-based activities (all new to this edition) draw students' attention to the connection between meaning and linguistic form, providing a bridge from *función* to *forma*. These *Piénselo* activities are designed to help students develop their ability to think about how each structure communicates meaning by means of particular forms.

- A carefully designed sequence of communicative activities (many new or revised for this edition) follow the bulleted grammatical explanations. These activities focus attention on the communicative purpose of the linguistic structures while invoking culturally relevant contexts. All activities require students to process meaning as well as form so that they develop confidence in speaking and skill in using their linguistic knowledge to gather information, answer questions, and resolve problems.

- A large number of open-ended *Situaciones* activities (many new or revised for this edition) prompt students to integrate relevant grammatical structures with contexts drawn from the chapter theme. Two *Situaciones* role-plays are now provided for each grammar topic, and the format of these activities has been standardized so that there are always two roles (Role A and Role B). *En directo* boxes introduce colloquial expressions and encourage students to use them in the *Situaciones* and other communicative activities.

- Strategically placed *Lengua* boxes offer succinct grammatical information when it is needed to support self-expression.

- The grammatical scope and sequence has been modified in order to meet the communicative needs of beginning students more effectively. The *Algo más* boxes used in the fourth edition to present new structures have been eliminated; all essential structures are now given the full range of explanation and activities. Major topics, such as the preterit and imperfect, **ser/estar**, and object pronouns, are recycled to enhance learning, and basic topics such as regular verbs and **gustar** are presented earlier to spread essential structures more evenly over the book's fifteen chapters.

Integrated Culture

The fifth edition of *Mosaicos* builds on the successful integration of culture and language of previous editions. Each chapter focuses on a specific country or region, and numerous references to that country or region appear in the chapter's language samples, photos, maps, and realia. Related cultural content is interwoven throughout the activities and readings.

- A newly designed two-page chapter opener highlights the country or region that is the focus of the chapter. It includes a relevant work of art as well as maps and photos. A new warm-up activity (called *A vista de pájaro*) encourages students to process the visually presented information while accessing relevant prior knowledge. Numerous annotations offer instructors factual, conversational, and linguistic suggestions to pique students' interest and ease them into the chapter.

- The *Enfoque cultural* section of each chapter has new readings and accompanying activities. The first set of activities is available online as well as in the textbook. A final activity asks students to use the reading as a point of departure for expanding and sharing their knowledge. The standardized format of this section makes it possible for students to work with the readings independently so that class time may be devoted to the cultural content.

- Brief *Cultura* boxes found throughout each chapter explain cultural products, practices, and perspectives, making the cultural contexts of the vocabulary and grammatical activities meaningful and accessible to students.

Engaging New Video

A completely new video, entitled *Diarios de bicicleta*, has been scripted and filmed specifically to accompany the fifth edition of *Mosaicos*. Each episode of this engaging, often humorous video reflects the corresponding chapter's communicative objectives, recycling vocabulary and previewing functions and forms. The story line revolves around four recurring characters, but each episode is self-contained and independent of other episodes.

- The video segment for each chapter includes short excerpts that highlight the language functions introduced in the *Funciones y formas* section of the text.

- Pre-viewing, viewing, and post-viewing activities (all new to this edition) are provided in the Student Text in a special section of each chapter entitled *En acción*. Additional activities may be found in the Student Activities Manual.

A Four-Skills Synthesis

Like its predecessors, the fifth edition devotes a prominent section of each chapter to the development and practice of communication skills. These newly streamlined *Mosaicos* sections provide students with a unique opportunity to bring together the chapter's thematic content and vocabulary with its linguistic structures and cultural focus. New features, texts, and activities enhance the effectiveness of this aspect of the program.

- Specific strategies are now presented in each chapter for each of the four skills (listening, speaking, reading, and writing). The strategies build on each other within and across chapters. Activities are designed so that students systematically practice implementing the strategies presented.

- New listening activities have been created for the *A escuchar* sections. The content and genre of the listening texts, as well as the accompanying strategies, consistently support the chapter theme.

- In the *A conversar* sections, specific strategies are now provided for speaking as they are for other skill areas. The speaking activities that follow encourage structured pair interaction and help students develop interpersonal speaking skills.

- The streamlined *A leer* sections now include only one reading each. The reading selections (many new to this edition) are drawn largely from authentic texts. They reflect a variety of discourse types, ranging from expository to journalistic to literary. Activities linked to the reading strategy boost students' comprehension and reading skills.

- The process writing activities in the *A escribir* sections have been revised so that the pre- and post-writing activities now guide students through critical steps in the writing process. Where possible, these activities refer students back to the immediately preceding reading, deepening students' comprehension and awareness of text structure.

Informed by National Standards

The *Standards for Foreign Language Learning: Preparing for the 21st Century*, whose five goal areas have served as an organizing principle for language instruction for more than a decade, inform the pedagogy of the fifth edition of *Mosaicos*. Marginal notes throughout the Annotated Instructor's Edition draw attention to the way specific activities or other elements of the program help students develop proficiency in the five goal areas. A number of general strategies have been followed.

Communication.   Students are prompted to engage in meaningful conversations throughout the text, providing and obtaining information, expressing their opinions and preferences, and sharing their experiences. Readings and listening activities invite them to interpret language on a variety of topics, while *presentaciones* and writing assignments call on them to present information and ideas in both written and oral modes.

Cultures.   Many features of the text, including the maps, photos, *Cultura* boxes, and the readings in the *Mosaicos* and *Enfoque cultural* sections of each chapter, give students an understanding of the relationship between culture and language throughout the Spanish-speaking world.

Connections.   Realia, readings, the *Enfoque cultural* application activities, and conversation activities throughout the text provide opportunities to make connections with other disciplines. Students gain information and insight into the distinctive viewpoints of Spanish speakers and their cultures.

Comparisons.   *Lengua* and *En otras palabras* boxes often provide students with points of comparison between English and Spanish (and among the varieties of Spanish spoken in different parts of the world). Readings and activities frequently juxtapose U.S. and Hispanic cultural products, practices, and perspectives.

Communities.   The text encourages students to extend their learning through guided research on the Internet and/or other sources, and many of the topics explored in *Mosaicos* can stimulate exploration, personal enjoyment, and enrichment beyond the confines of formal language instruction. Instructors are reminded to encourage students to become acquainted with Spanish-speaking communities in their areas.

The Complete Program

Mosaicos is a complete teaching and learning program that includes a variety of resources for students and instructors, including an innovative offering of online resources.

For the student

Student Text
The *Mosaicos* Student Text is available in a complete, hardbound version, consisting of a preliminary chapter followed by Chapters 1 through 15. New to this edition is the option of three paperback volumes rather than the single hardcover version. Volume 1 of the paperback series contains the preliminary chapter plus Chapters 1 to 5; Volume 2, Chapters 5 to 10; and Volume 3, Chapters 10 to 15. All three volumes include the complete front and back matter.

Student Activities Manual
The Student Activities Manual (SAM), thoroughly revised for this edition, includes workbook activities together with audio- and video-based activities, all designed to provide extensive practice of the vocabulary, grammar, culture, and skills introduced in each chapter. The organization of these materials now parallels that of the student text, with an *A primera vista* section followed by *En acción* video activities, *Funciones y formas*, *Mosaicos*, and *Enfoque cultural*. A new section in each chapter (entitled *Repaso*) provides additional activities designed to help students review the material of the chapter as well as to prepare for tests.

The printed Student Activities Manual is available both in a single volume and in a series of separate volumes, paralleling the paperback volumes of the student text. The contents of the Student Activities Manual and MySpanishLab are also available online.

Answer Key to Accompany Student Activities Manual
An Answer Key to the Student Activities Manual is available separately, giving instructors the option of allowing students to check their homework. The Answer Key now includes answers to all SAM activities.

Supplementary Activities Book
Also available is a Supplementary Activities Book consisting of a range of fun, engaging activities that complement the vocabulary and grammar themes of each chapter. It offers instructors additional materials that can serve to energize and enrich their students' classroom experience.

Audio CDs to Accompany Student Text
A set of audio CDs contains recordings of the *A primera vista* language samples and the end-of-chapter vocabulary lists. It also contains audio material for listening activities included in the student text. These recordings are also available online.

Audio CDs to Accompany Student Activities Manual
A second set of audio CDs contains audio material for the listening activities in the Student Activities Manual. These recordings are also available online.

Video on DVD
Diarios de bicicleta is an original video filmed to accompany the fifth edition of *Mosaicos*. Students see the vocabulary and grammar structures of each chapter in use in realistic situations while gaining a deeper understanding of Hispanic cultures. The video also includes segments highlighting the communicative functions of each chapter. Pre-viewing, viewing, and post-viewing activities are found in the *En acción* sections of the textbook and the Student Activities Manual. The video is available for student purchase on DVD, and it is also available within MySpanishLab.

Meet the Cast

Here are the main characters of *Diarios de bicicleta*, who you will get to know when you watch the video:

Javier   Luciana   Daniel   Gaby

In addition to *Diarios de bicicleta*, two other videos are available for use in conjunction with the *Mosaicos* program. *Entrevistas* consists of interviews in which native speakers use authentic Spanish to address topics related to each chapter's theme. *Vistas culturales* contains nineteen 10–minute vignettes with footage from every Spanish-speaking country. Each of the accompanying narrations, which employ vocabulary and grammar designed for first-year language learners, was written by a native of the featured country or region. All three videos are also available online.

Online resources

MySpanishLab™

MySpanishLab is a new, nationally hosted online learning system created for students in college-level language courses. It brings together—in one convenient, easily navigable site—a wide array of language-learning tools and resources, including an interactive version of the *Mosaicos* Student Activities Manual, an electronic version of the *Mosaicos* student text, and all materials from the *Mosaicos* audio and video programs. Readiness checks, chapter tests, and tutorials personalize instruction to meet the unique needs of individual students. Instructors can use the system to make assignments, set grading parameters, listen to student-created audio recordings, and provide feedback on student work. Instructor access is provided at no charge. Students can purchase access codes online or at their local bookstore.

Companion Website

The open-access Companion Website (www.pearsonhighered.com/mosaicos) includes an array of activities and resources designed to reinforce the vocabulary, grammar, and cultural material introduced in each chapter. It also provides audio recordings for the student text and Student Activities Manual, links for Internet-based activites in the student text, and additional web exploration activities for each chapter. All contents of the Companion Website are also included in MySpanishLab.

Acknowledgments

Mosaicos is the result of a collaborative effort among the authors, our publisher, and our colleagues. We are especially indebted to many members of the Spanish teaching community for their time, candor, and insightful suggestions as they reviewed the drafts of the fifth edition of *Mosaicos*. Their critiques and recommendations helped us to sharpen our pedagogical focus and improve the overall quality of the program. We gratefully acknowledge the contributions of the following reviewers:

Rafael Arias, *Los Angeles Valley College*
Alejandra Balestra, *University of New Mexico*
Aymará Boggiano, *University of Houston*
Amanda Boomershine, *University of North Carolina-Wilmington*
Talia Bugel, *Indiana University-Purdue University Fort Wayne*
José Carrasquel, *Florida International University*
Zoila Clark, *Florida International University*
Daria Cohen, *Rider University*
Alyce Cook, *Columbus State University*
Richard Curry, *Texas A&M University*
Marta de la Caridad Pérez, *Florida International University*
Beatrice DeAngelis, *University of Pittsburgh*
Marisol del Teso Craviotto, *Miami University of Ohio*

Angela Erickson-Grussing, *St. John's University/College of St. Benedict*
Juliet Falce-Robinson, *University of California-Los Angeles*
Gayle Fiedler-Vierma, *University of Southern California*
Óscar Flores, *State University of New York-Plattsburgh*
Ausenda Folch, *Florida International University*
Myriam García, *Florida International University*
Rosa María Gómez García-Bermejo, *Florida International University*
Frozina Goussak, *Collin County Community College*
Dawn Heston, *University of Missouri-Columbia*
Casilde Isabelli, *University of Nevada-Reno*
Keith Johnson, *California State University-Fresno*
Linda Keown, *University of Missouri-Columbia*
Ruth Konopka, *Grossmont College*

Lina Llerena Callahan, *Fullerton College*
Susana Liso, *University of Virginia-Wise*
Leticia López, *San Diego Mesa College*
Libardo Mitchell, *Portland Community College-Sylvania*
Dorothy Moore, *Gettysburg College*
Michelle Orecchio, *University of Michigan*
Teresa Pérez-Gamboa, *University of Georgia*
Ana María Pinzón, *Frederick Community College*

Mónica Prieto, *Florida International University*
Nuria Sagarra, *Pennsylvania State University*
Toni Trives, *Santa Monica College*
Clara Vega, *Almance Community College*
Celinés Villalba, *University of California-Berkeley*
Lisa Volle, *Central Texas College*
Sarah Williams, *University of Pittsburgh*
Loretta Zehngut, *Pennsylvania State University*

We are also grateful for the guidance of Elizabeth Lantz, development editor, for all of her work, suggestions, attention to detail, and dedication to the text. Her support and spirit helped us to achieve the final product. Special thanks are due to Celia Meana, development editor, for helping with the art program, with the final pages, and with many other editorial details. We would also like to thank the contributors who assisted us in the preparation of the fifth edition: Daria Cohen, Marisol del Teso Craviotto, Juliet Falce-Robinson, Linda Keown, Gustavo Mejía, Teresa Pérez-Gamboa, Anne Prucha, and Lilián Uribe. Special thanks to Ninon Larché and Debbie King for their assistance in the preparation of the manuscript. We are very grateful to other colleagues and friends at Prentice Hall: Meriel Martínez, Media Editor, for helping us produce such a great video, audio programs, and Companion Website; Melissa Marolla Brown, Development Editor for Assessment, for the diligent coordination among the text, Student Activities Manual, and Testing Program; Samantha Alducin, Senior Media Editor, for managing the creation of *Mosaicos* materials for My SpanishLab™; and Jenn Murphy, Assistant Editor/Editorial Coordinator, for her work in managing the preparation of the other supplements. Thanks to Katie Spiegel, Editorial Assistant, for her hard work and efficiency in obtaining reviews and attending to many administrative details.

We are very grateful to our marketing team, Kris Ellis-Levy, Denise Miller, and Bill Bliss, for their creativity and efforts in coordinating all marketing and promotion for this edition. Thanks, too, to our production team, Mary Rottino, Janice Stangel, and Manuel Echevarria, who guided *Mosaicos* through the many stages of production; to our partners at Macmillan Publishing Solutions, especially Jill Traut, for her careful and professional editing and production services. We also thank our art team, Gail Cocker, Peter Bull, and Andrew Lange, for their amazing creativity and beautiful maps and illustrations. Special thanks to Leslie Osher, John Christina, and Ximena Tamvakopoulos for the gorgeous interior and cover designs. Finally, we would like to express our sincere thanks to Phil Miller, Publisher, and Julia Caballero, Executive Editor, for their guidance and support through every aspect of this new edition.

A Guide to *Mosaicos* Icons

👁	*A vista de pájaro*	This icon indicates a panoramic, quick overview. It accompanies the chapter opener activity and reminds students to activate background knowledge about the country or countries featured in the chapter, as well as to use the information presented in the map.
🔊	**Text Audio Program**	This icon indicates that recorded material is available for students in the *Mosaicos* text audio program for students. The audio includes vocabulary and dialogues presented in *A primera vista*, as well as the listening activities presented in the text.
👥	**Pair Activity**	This icon indicates that the activity is designed to be done by students working in pairs.
👥	**Group Activity**	This icon indicates that the activity is designed to be done by students working in small groups.
🌐	**Web Activity**	This icon indicates that the activity involves use of the World Wide Web. Helpful links and activities can be found on the *Mosaicos* Companion Website.

Mi casa es su casa

Cuadro de un pueblo hondureño, Jorge Fermán, pintor de Honduras

In this chapter you will learn how to:

- discuss housing, furnishings, and architecture
- talk about daily chores and household activities
- talk about activities in progress
- describe physical and emotional states

Cultural focus: Nicaragua, El Salvador, Honduras

Mar Caribe

BELICE

MÉXICO

GUATEMALA

Ruinas mayas

HONDURAS

Copán   Tegucigalpa

EL SALVADOR
San Salvador

El café

NICARAGUA

Mango verde
con limón y sal

León
Managua

El Volcán de Izalco

Granada

Un edificio de arquitectura colonial

COSTA
RICA

OCÉANO PACÍFICO

PANAMÁ

A vista de pájaro. Mire el mapa y después asocie la información de las dos columnas.

1. ___ Tegucigalpa…
2. ___ El mango verde con limón y sal…
3. ___ Al oeste de El Salvador…
4. ___ Las ruinas de Copán…
5. ___ El café…
6. ___ Granada y otras ciudades de Nicaragua…

a. es un plato típico de El Salvador.
b. es un producto de exportación de los tres países.
c. es la capital de Honduras.
d. tienen arquitectura colonial.
e. son de la civilización maya.
f. está el volcán de Izalco.

◁)) En casa

CD 2
Track 26
or CD 3
Track 1

En las ciudades de Nicaragua, El Salvador y Honduras, hay **viviendas** de diferentes **estilos**. La ciudad de Granada, en Nicaragua, tiene **calles** y plazas como esta, con casas coloniales de colores alegres. En Tegucigalpa, la capital de Honduras, hay **edificios** de **apartamentos**. Algunas personas prefieren vivir **cerca** del **centro**. **Creen** que los **barrios** de las **afueras** están muy **lejos** del **trabajo** y de los centros de diversión.

Alquileres	
Categoría:	Alquiler Apartamentos
Ciudad:	Tegucigalpa
Ubicación:	Palmira
Descripción:	PALMIRA ALQUILER DE APARTAMENTO MUY AMPLIO, CÉNTRICO Y ACCESIBLE, 2 HABITACIONES, SALA–COMEDOR, COCINA, 1 BAÑO, ÁREA DE LAVANDERÍA, ESTACIONAMIENTO, TELÉFONO.
Precio:	$ 450,00

En otras palabras

Some words for the parts of a house vary from one region to another in the Spanish-speaking world. Here are some examples:

habitación, dormitorio, cuarto, alcoba, recámara

sala, salón, living

planta, piso

piscina, pileta, alberca

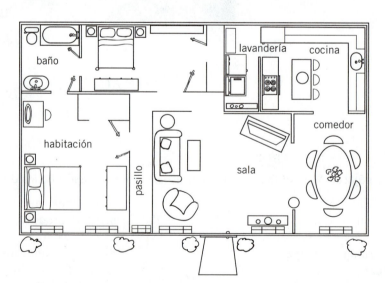

El apartamento del anuncio

CD 2
Track 27
and
CD 3
Track 2

MARTA DÍAZ: Hola, buenos días. Me llamo Marta Díaz. ¿Es posible visitar el apartamento del anuncio?

DIEGO LÓPEZ: Sí, claro. Mucho gusto, señorita Díaz. Yo soy Diego López. Pase, pase. Como usted puede ver, el apartamento es muy alegre.

MARTA DÍAZ: ¡Ah, sí! Tiene muchas ventanas.

DIEGO LÓPEZ: Esta es la **sala**. Es muy grande. Junto a la sala hay un **comedor** pequeño y al lado está la **cocina**.

MARTA DÍAZ: ¡La cocina es lindísima!

DIEGO LÓPEZ: Sí, todos los **electrodomésticos** son nuevos. A la izquierda del **pasillo** hay dos **habitaciones** y un **baño**.

MARTA DÍAZ: Esta habitación tiene muy buena **vista** al **jardín**. Además, los **muebles** son de buena calidad. Me gusta el apartamento. ¿Cuánto es el **alquiler**?

DIEGO LÓPEZ: 8.000 lempiras al mes.

MARTA DÍAZ: Pues, señor López, me encantan el apartamento y esta **zona** céntrica. Y el precio es muy bueno. Voy a decidir esta noche y lo llamo mañana.

DIEGO LÓPEZ: Perfecto, señorita Díaz. Hasta mañana.

En otras palabras

The Spanish word for *apartment* varies according to the country. **El apartamento** is used in Central America, Colombia, and Venezuela, while **el departamento** is common in Mexico, Argentina, Peru and Chile. The word used in Spain is **el piso**.

En otras palabras

The expressions **Pase(n)** and **Adelante** invite people to enter a room or a house in many Spanish-speaking countries. In others, like Colombia, the expression **Siga(n)** is preferred.

5-1 Asociación. Indique si las siguientes afirmaciones son ciertas (**C**) o falsas (**F**), según el diálogo anterior.

1. ___ Marta Díaz quiere comprar el apartamento.
2. ___ La sala es pequeña.
3. ___ El apartamento tiene dos baños.
4. ___ Los electrodomésticos son nuevos.
5. ___ Los muebles son de buena calidad.
6. ___ A Marta no le gusta la zona céntrica.

5-2 ¿En qué piso viven? Pregúntele a su compañero/a dónde viven las diferentes personas. Su compañero/a debe contestarle de acuerdo con el dibujo (*drawing*).

MODELO: E1: *¿Dónde viven los Girondo?*
E2: *Viven en el cuarto piso, en el apartamento 4-A.*

Lengua

Ordinal numbers are adjectives and agree in gender and number with the noun they modify (e.g., **la segunda casa**, **el cuarto edificio**). **Primero** and **tercero** drop the final **-o** when used before a masculine singular noun.

el **primer** apartamento
el **tercer** piso

Cultura

Notice that the first floor is normally called **la planta baja** in most Hispanic countries. The second floor is called **el primer piso**.

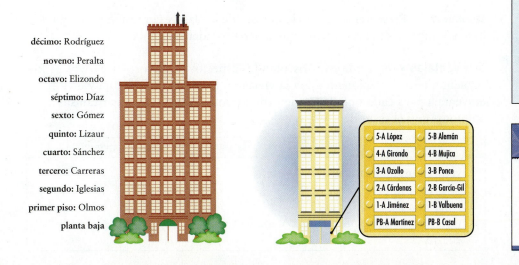

décimo: Rodríguez
noveno: Peralta
octavo: Elizondo
séptimo: Díaz
sexto: Gómez
quinto: Lizaur
cuarto: Sánchez
tercero: Carreras
segundo: Iglesias
primer piso: Olmos
planta baja

5-A López	5-B Alemán
4-A Girondo	4-B Mujica
3-A Ozollo	3-B Ponce
2-A Cárdenas	2-B García-Gil
1-A Jiménez	1-B Valbuena
PB-A Martínez	PB-B Casal

5-3 Un hotel de lujo. Ustedes van a gastar los millones que ganaron (*won*) en la lotería para construir un hotel de lujo en la Bahía de Jiquilisco, cerca de San Salvador. Decidan cómo distribuir los siguientes espacios del hotel.

MODELO: el restaurante
        E1: *¿En qué piso vamos a poner el restaurante?*
        E2: *Debe estar en la planta baja.*

1. la discoteca
2. la recepción
3. el gimnasio
4. la oficina de seguridad
5. las habitaciones
6. la piscina
7. la cafetería con vista a la playa
8. el salón de computadoras

5-4 Agentes de bienes raíces (*real estate*). **PRIMERA FASE.** Los fines de semana ustedes trabajan en una agencia de bienes raíces. Para vender o alquilar la casa del dibujo escriban un anuncio similar al anuncio de la página 156.

Incluyan la siguiente información en su anuncio:

1. número de habitaciones
2. número de baños
3. distribución (*layout*) de los cuartos
4. color de la sala
5. otras características (garaje, jardín, sótano [*basement*], ático, etc.)
6. localización de la casa en relación al centro de la ciudad
7. localización de la casa en relación a la universidad
8. precio de la casa

SEGUNDA FASE. Presenten su anuncio al resto de la clase y contesten las preguntas de sus compañeros sobre la casa que quieren vender o alquilar.

5-5 Ventajas y desventajas. Discutan los aspectos positivos y negativos de los siguientes temas relacionados con la vivienda. Escriban una ventaja y una desventaja para cada uno de los siguientes puntos. Después compartan sus opiniones con el resto de la clase.

	VENTAJAS	DESVENTAJAS
1. vivir en un apartamento		
2. vivir en una casa		
3. tener una piscina		
4. vivir con un compañero/una compañera de cuarto/casa		

La casa, los muebles y los electrodomésticos

CD 2
Track 28
or CD 3
Track 3

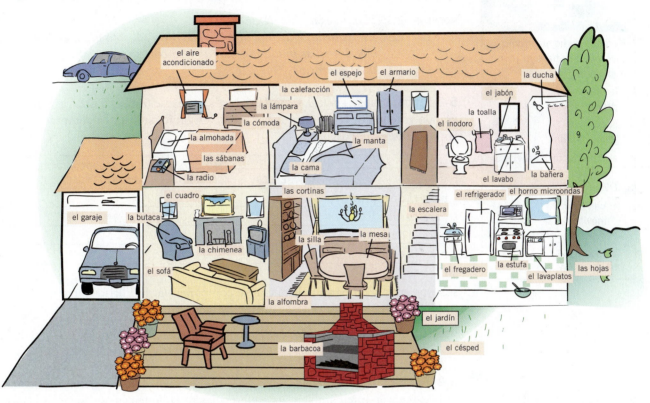

5-6 ¿Aparatos eléctricos, muebles o accesorios? PRIMERA FASE. Escriba cada una de las siguientes palabras en la columna apropiada.

la alfombra	el cuadro	el/la radio
el armario	la butaca	el refrigerador
la cómoda	el horno	las sábanas
las cortinas	el lavaplatos	la silla

En otras palabras

Words for household items often vary from one region to another, for example:

manta, cobija, frazada

armario, clóset

bañera, bañadera, tina

refrigerador, nevera

estufa, cocina

APARATOS ELÉCTRICOS	MUEBLES	ACCESORIOS

SEGUNDA FASE. Respondan a las siguientes preguntas relacionadas con la *Primera fase*.

1. Según ustedes, ¿qué aparato eléctrico cuesta más dinero?
2. ¿Qué muebles necesita todos los días un/a estudiante? ¿Necesita un aparato electrónico también? ¿Cuál?
3. ¿Qué accesorios tienen ustedes en su cuarto?
4. ¿En qué parte de la casa generalmente están estos objetos?

5-7 El curioso. Intercambien preguntas para describir los cuartos de la casa/el apartamento de cada uno/a. Traten (*Try*) de obtener la mayor información posible.

MODELO: E1: *¿Cómo es la sala de tu casa?*

E2: *Es pequeña. Hay una alfombra verde y un sofá grande. También hay dos sillas modernas y una mesa con una lámpara. ¿Y cómo es tu dormitorio?*

5-8 Preparativos. PRIMERA FASE. Usted va a mudarse (*move*) a una casa muy grande y tiene que comprar muchas cosas. Organice su lista de compras según las siguientes categorías.

	MUEBLES	ACCESORIOS	ELECTRODOMÉSTICOS/ APARATOS ELECTRÓNICOS
para el dormitorio			
para la sala			
para el comedor			
para la cocina			

SEGUNDA FASE. Comparta la lista con su compañero/a. Él/Ella le va recordar (*remind you about*) otras cosas que probablemente va a necesitar.

MODELO: E1: *Voy a comprar una cama nueva para el dormitorio.*

E2: *¿No vas a comprar sábanas y mantas?/¿Y no necesitas un sofá?*

5-9 Por catálogo. Miren las fotos del catálogo y elijan (*choose*) un producto de cada categoría. Intercambien sus preferencias y expliquen en qué lugar de la casa van a poner estos accesorios. Las palabras de la lista los/las pueden ayudar.

barato/a	caro/a	de buena calidad	grande	pequeño/a
bonito/a	confortable	de color...	lindo/a	

MODELO: E1: *Me gusta la primera toalla porque no es cara y es muy linda. Es para el cuarto de baño.*

E2: *Yo prefiero la tercera porque es más grande.*

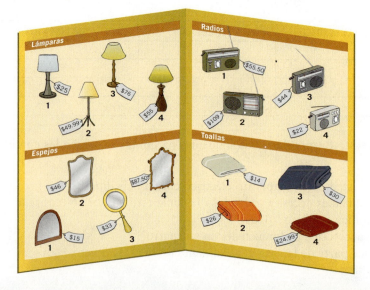

Las tareas domésticas

CD 2
Track 29
or CD 3
Track 4

Gustavo **lava** los **platos**.

Beatriz **seca** los platos.

Beatriz **cocina**. Ella usa mucho los electrodomésticos.

Gustavo **limpia** el baño y **pasa** la **aspiradora**.

Gustavo **saca** la **basura**.

Gustavo **barre** la terraza.

Beatriz **tiende** la **ropa**.

la lavadora   la secadora

Después la **dobla** cuando está **seca**.

Beatriz **plancha** la ropa.

5-10 Por la mañana. ¿En qué orden hace usted estas actividades por la mañana? Use las siguientes expresiones para indicar el orden: **primero, luego, más tarde, después, finalmente.** Compare sus respuestas con las de su compañero/a.

___ lavar los platos   ___ desayunar

___ preparar el café   ___ secar los platos

___ salir para la universidad   ___ hacer la cama

5-11 Actividades en la casa. Pregúntele a su compañero/a dónde hace estas cosas normalmente cuando está en casa.

MODELO: E1:   *¿Dónde ves televisión?*

        E2:   *Veo televisión en mi cuarto. ¿Y tú? O*
              No veo televisión. ¿Y tú?

1. dormir la siesta
2. escuchar música
3. planchar
4. lavar la ropa

5. pasar la aspiradora
6. estudiar para un examen
7. tender la ropa
8. hablar por teléfono con amigos/as

5-12 ¡A compartir las tareas! PRIMERA FASE. Ustedes van a compartir una casa el próximo año académico. Preparen una lista de todas las tareas domésticas que van a hacer.

SEGUNDA FASE. Discutan qué tareas va a hacer cada uno/a de ustedes según sus gustos. Finalmente, hagan un calendario de tareas y compártanlo con el resto de la clase.

MODELO: *A mí me gusta planchar la ropa pero a mi compañero/a no le gusta.*
Por eso, yo voy a planchar la ropa los lunes por la tarde.

5-13 El agente de bienes raíces. PRIMERA FASE. Mr. and Mrs. Mena and their two children live in San Salvador. They have decided to move to a larger place and they are talking to a real estate agent. Before you listen, write down the kind of dwelling and the characteristics of the neighborhood they may be looking for.

CD 2
Track 30
or CD 3
Track 5

SEGUNDA FASE. Now, as you listen, circle the letter next to the correct information.

1. Los señores Mena quieren comprar...
   a. una casa.
   b. un apartamento.

2. El señor y la señora Mena prefieren vivir...
   a. en una buena zona.
   b. lejos de un parque.

3. El agente de bienes raíces...
   a. no sabe cómo ayudarlos.
   b. tiene una casa buena para ellos.

4. El agente dice que la casa del barrio La Mascota...
   a. cuesta mucho.
   b. tiene un buen precio.

5. El señor Mena dice que...
   a. los niños necesitan estar al aire libre para jugar.
   b. los niños no necesitan jugar al aire libre.

EN ACCIÓN

Diarios de bicicleta: El apartamento

Antes de ver

5-14 **PRIMERA FASE.** En este segmento, Javier está buscando un lugar para vivir. Escriba cuatro muebles o accesorios que probablemente va a necesitar para su habitación o apartamento.

SEGUNDA FASE. ¿Qué características le parecen a usted más importantes cuando busca un apartamento o una habitación? Marque (✓) sus respuestas.

1. ___ Está cerca de la universidad o del trabajo.
2. ___ Es barato/a.
3. ___ Tiene mucha luz natural.
4. ___ Es grande.
5. ___ Está amueblado/a.

Mientras ve

5-15 Marque (✓) lo que Javier menciona cuando le describe un apartamento a Daniel.

En la sala:
___ la mesa
___ el sofá
___ la silla
___ el televisor
___ la lámpara

En la cocina:
___ el microondas
___ la estufa
___ el lavaplatos
___ el fregadero
___ el refrigerador

En el baño:
___ el inodoro
___ la ducha
___ la bañera
___ el lavabo
___ el jacuzzi

En el cuarto:
___ el clóset
___ la mesa de noche
___ la lámpara
___ la cama
___ la alfombra

Después de ver

5-16 Al final de este segmento, Javier decide compartir casa con Daniel. Imagine cómo es esta casa y escriba cinco oraciones para describirla.

FUNCIONES Y FORMAS

1. Expressing ongoing actions: Present progressive

ÓSCAR:	¿Aló?
CATALINA:	Hola, Óscar. Te habla Catalina. ¿Qué **estás haciendo**?
ÓSCAR:	Hola, Catalina. ¡**Estoy trabajando** mucho!
CATALINA:	¿Por qué?
ÓSCAR:	Mis padres **están pasando** sus vacaciones en la playa y vuelven mañana. ¡La casa es un desastre total!
CATALINA:	¿Así que **estás limpiando**?
ÓSCAR:	¡Claro! **Estoy barriendo** el piso, **ordenando** la sala, **recogiendo** la ropa de mi cuarto…. Y tú, ¿qué **estás haciendo**?
CATALINA:	¿Yo?… Nada. **Estoy leyendo** el periódico y **tomando** un café.

Piénselo. Indique las oraciones que son **ciertas** (**C**) o **falsas** (**F**), de acuerdo con la conversación entre Catalina y Óscar.

1. ___ Catalina y Óscar **están trabajando** juntos.
2. ___ Óscar **está descansando**.
3. ___ Óscar **está pasando** sus vacaciones con sus padres en la playa.
4. ___ Óscar **está limpiando** la casa de sus padres.
5. ___ Óscar no está contento porque él **está trabajando** mucho en casa.

- Use the present progressive to emphasize that an action or event is in progress at the moment of speaking, rather than a habitual action.

Óscar **está limpiando** la casa.	*Oscar is cleaning the house.* (at this moment)
Óscar **limpia** la casa.	*Oscar cleans the house.* (habitually)

- Form the present progressive with the present tense of **estar** + *present participle*. To form the present participle, add **-ando** to the stem of **-ar** verbs and **-iendo** to the stem of **-er** and **-ir** verbs.

ESTAR	PRESENT PARTICIPLE
yo **estoy**	
tú **estás**	hablando
Ud., él, ella **está**	comiendo
nosotros/as **estamos**	escribiendo
vosotros/as **estáis**	
Uds., ellos/as **están**	

■ When the verb stem of an **-er** or an **-ir** verb ends in a vowel, add **-yendo**.

leer → le**yendo**

oír → o**yendo**

■ Stem-changing **-ir** verbs (**o → ue, e → ie, e → i**) change **o → u** and **e → i** in the present participle.

dormir (ue)   (**o → u**)   d<u>u</u>rm**iendo**

sentir (ie)   (**e → i**)   s<u>i</u>nt**iendo**

pedir (ie)   (**e → i**)   p<u>i</u>d**iendo**

■ Spanish does not use the present progressive to express future time, as English does; Spanish uses the present tense instead.

| **Salgo** mañana. | *I am leaving tomorrow.* |
| **¿Te levantas** temprano mañana? | *Are you getting up early tomorrow?* |

5-17 Un día ocupado. Hoy es un día muy ocupado para la familia Villa. Asocie las acciones de la columna de la izquierda con las explicaciones de la columna de la derecha para averiguar (*find out*) por qué.

1. ___ La Sra. Villa está preparando una cena deliciosa y un pastel (*cake*) especial.

2. ___ Su hijo Marcelo está barriendo la terraza.

3. ___ Su hija Ana está lavando los platos en el fregadero.

4. ___ Alicia está decorando la mesa.

5. ___ Pedro está hablando por teléfono.

a. Está llamando a su mejor amigo para invitarlo a la fiesta.

b. El lavaplatos no está funcionando.

c. Es una ocasión especial.

d. Es el cumpleaños de su esposo.

e. Está muy sucia (*dirty*) y unos amigos vienen a celebrar el cumpleaños.

Rodrigo   Soledad

5-18 La vida activa. Túrnense para describir lo que está haciendo cada persona en estas escenas. Indiquen en qué lugar de la casa está cada uno de ellos. Luego, imaginen lo que, según ustedes, cada persona va a hacer más tarde.

MODELO: E1: *Rodrigo y Soledad están cantando en una fiesta. Están en la terraza.*
E2: *Después van a bailar y conversar con sus amigos.*

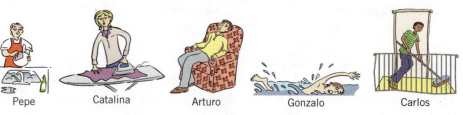

Pepe   Catalina   Arturo   Gonzalo   Carlos

5-19 Lugares y actividades. PRIMERA FASE. Miren las siguientes fotografías de celebraciones y hagan lo siguiente:

1.

3.

2.

SITUACIONES

1. **Role A.** Your best friend calls to invite you to go out. Respond that you and your housemates are busy cleaning the apartment. Explain the chores that each of you is doing.

   Role B. Call your best friend to invite her/him to go out with you. Ask what your friend and her/his roommates are doing. Ask if your friend can go out later (**más tarde**).

2. **Role A.** There is a big family gathering at your aunt's house today, but you are away at school. Call and greet the family member who answers the phone. Explain that you will not be attending, and excuse yourself for not being there. Ask how everyone is and what each family member is doing at the moment.

   Role B. You are at a big family gathering today. A family member calls to say he/she can't attend. Answer the phone. Greet the caller and answer his/her questions. Finally, mention that everyone says hello (**todos te mandan saludos**) and say good-bye.

Asocien las fotos con el país/los países en que probablemente se realiza cada una: Foto **1.** ____, **2.** ____, **3.** ____
a. España   **c.** México   **e.** Uruguay
b. Estados Unidos **d.** Ecuador   **f.** en muchos países

SEGUNDA FASE. Descríbanle a otra pareja dos o tres actividades que las personas están haciendo en la escena de una de las fotos. La otra pareja debe adivinar el nombre del lugar. Luego, entre todos, escriban una descripción completa de una de las fotos. Incluyan el nombre de la fiesta o celebración, su significado cultural y las actividades de las personas en la foto.

2. Describing physical and emotional states: Expressions with *tener*

Hoy es un día de verano y los Robledo se mudan. **Tienen prisa** porque ya son las tres de la tarde. El señor Robledo y su hija Isabel **tienen calor** porque hace cuatro horas que trabajan bajo (*under*) el sol. Ella **tiene mucha sed** y está bebiendo agua. El bebé, Nicolás, llora porque **tiene hambre**. La señora Robledo le da de comer mientras la abuelita Rosa duerme la siesta. Después de empacar su ropa y todas sus fotografías, libros y plantas, Rosa **tiene mucho sueño**. ¡Qué día para los Robledo!

Piénselo. Asocie la descripción del estado físico con la(s) persona(s) del dibujo. Escriba el nombre de la(s) persona(s) al lado de la descripción.

_____ 1. Va a comer porque **tiene hambre.**
_____ 2. Está tomando agua porque **tiene sed.**
_____ 3. No **tienen frío** porque es verano y hace calor.
_____ 4. Está cansada y **tiene sueño.**
_____ 5. **Tienen calor** porque están trabajando bajo el sol.
_____ 6. **Tienen prisa** porque quieren salir pronto.

■ Spanish uses **tener** + *noun* for many conditions and states where English uses *to be* + *adjective*. You have already seen the expression **tener... años:** Eduardo **tiene veinte años.** Here are some other useful expressions.

TENER + *NOUN*		
	hambre	*hungry*
	sed	*thirsty*
	sueño	*sleepy*
	miedo	*afraid*
	calor	*hot*
tener	cuidado (to be)	*careful*
	frío	*cold*
	suerte	*lucky*
	prisa	*in a hurry/rush*
	razón	*right, correct*

■ With these expressions, use **mucho/a** to indicate *very*.

Tengo **mucho** calor (frío, miedo, sueño, cuidado).

I am very hot (cold, afraid, sleepy, careful).

Tienen **mucha** hambre (sed, suerte).

They are very hungry (thirsty, lucky).

5-20 Asociaciones. Lea las situaciones en que están usted y algunos miembros de su familia. Luego asocie las situaciones con las expresiones de la derecha.

1. Mi hermano siempre tiene _____ y, por eso, está comiendo ahora.
2. Mi hermana duerme a todas horas porque siempre tiene _____ .
3. En este momento mis primos están visitando la Antártida; probablemente tienen _____ .
4. Mis abuelos están bebiendo agua en la cocina porque tienen _____ .
5. Mi mamá tiene _____ ; siempre gana (*wins*) cuando juega a la lotería.
6. ¡Uf! Todavía estoy planchando mi blusa y mis amigos van a llegar en cinco minutos. Yo tengo _____ .

a. sed
b. prisa
c. suerte
d. sueño
e. mucho frío
f. hambre

5-21 ¿Qué están haciendo, dónde están y cómo se sienten? PRIMERA FASE. Observen a las personas en los dibujos y hagan lo siguiente.

1. Digan qué está(n) haciendo la(s) persona(s) y dónde está(n).
2. Describan su estado físico.

MODELO: *El padre y su hijo están durmiendo en el sofá. Tienen sueño.*

1.

2.

3.

4.

SEGUNDA FASE. Respondan a las siguientes preguntas sobre las escenas de la *Primera fase*. Expliquen.

1. ¿Cuál de los dibujos describe mejor cómo se sienten ustedes en este momento?
2. ¿Qué dibujo refleja (*reflects*) el clima de su región en diciembre?
3. ¿A qué hora se sienten ustedes como las personas del dibujo del modelo?

5-22 ¿Estados de ánimo (*moods*) semejantes o diferentes? PRIMERA FASE. Primero, termine las siguientes ideas y, luego, compare sus respuestas con las de su compañero/a. Tome apuntes de las respuestas de su compañero/a. Use expresiones con **tener.**

1. En las mañanas de invierno, yo siempre _____ .
2. Cuando mi madre pasa mucho tiempo limpiando nuestra casa, ella
   _____ .
3. Generalmente, cuando mis hermanos y yo hacemos barbacoa, nosotros
   _____ .
4. Cuando yo leo un libro aburrido, siempre _____ .
5. Inmediatamente yo _____ cuando llego a casa y mi esposo está preparando mi plato favorito.

SEGUNDA FASE. Usando sus apuntes de la *Primera fase*, escriba una semejanza y una diferencia entre usted y su compañero/a.

SITUACIONES

1. **Role A.** You share an apartment with a messy friend. Complain to him/her that a) his/her books, backpack, etc., are always all over the living room; b) he/she uses a lot of dishes, but never washes them; c) his/her bottles of soft drinks (**botellas de refrescos**) are always on the table; and d) he/she makes a lot of noise (**ruido**) during the night and you can't sleep.

   Role B. The friend with whom you share an apartment has some complaints about you. Apologize and explain that you a) don't pick up your books or wash the dishes because you are always in a rush to do homework; b) drink a lot of soft drinks because you are always thirsty; and c) go to bed late because you're not sleepy before midnight or later and also because you're scared at night. Say as convincingly as you can that you are going to be more careful in the future.

2. **Role A.** You are a young child. It is a busy Saturday morning at your house, and nobody is paying any attention to you. Go to your parent and say the following: a) You are hungry and want to eat; b) you are thirsty and want some juice; and c) you are bored and want to play outside. What you really want is your parent's attention, so you react negatively to suggestions that you entertain yourself.

   Role B. You are the parent of a young child. You are really busy, and you think your child is old enough to take care of himself/herself for awhile. When your child makes demands, say that if he/she a) is hungry, there is fruit in the kitchen; b) is thirsty, there is orange juice in the refrigerator; c) is bored, he/she has a lot of toys (**juguetes**) in his/her room. Explain that you are in a hurry and cannot play outside. Suggest things your child can do while you are busy with your household tasks.

3. Avoiding repetition in speaking and writing: Direct object nouns and pronouns

A.

¿Qué hacen estas personas?

B.

C.

La abuela cuida (*takes care of*) a la niña.
La cuida todos los días.

El padre lava los platos y los niños **los** secan.

Las señoras preparan la comida en la cocina del restaurante y después **la** sirven.

Piénselo. Ponga la letra de la foto correcta al lado de la descripción.

1. ___ La niña está contenta porque su abuela **la** cuida.
2. ___ El padre trabaja y los niños **lo** ayudan.
3. ___ Las señoras tienen una parrilla (*grill*) enorme. Ellas **la** usan todos los días.
4. ___ Las cocineras (*cooks*) están preparando mucha carne en la parrilla. Después, los clientes van a comer**la**.
5. ___ La abuela está cuidando a la niña. La abuela **la** quiere mucho.
6. ___ El padre está en la cocina con sus hijos. Él **los** mira con cariño y habla con ellos mientras trabajan.

■ Direct objects answer the question *what?* or *whom?* in relation to the verb.

¿Qué dobla Pedro?   *What does Pedro fold?*

(Pedro dobla) **las toallas.**   (*Pedro folds*) *the towels.*

■ Direct objects may be nouns or pronouns. When direct object nouns refer to a specific person, a group of persons, or a pet, the word **a** precedes the direct object. This **a** is called the *personal a* and has no equivalent in English. The personal **a** followed by **el** contracts to **al.**

Amanda seca **los platos.**   *Amanda dries the dishes.*

Amanda seca **al perro.**   *Amanda dries off the dog.*

¿Ves la piscina?   *Do you see the swimming pool?*

¿Ves **al** niño en la piscina?   *Do you see the child in the swimming pool?*

■ With the verb *tener* the personal **a** is not needed.

María tiene un hijo.   *María has a child.*

■ Direct object pronouns replace direct object nouns and are used to avoid repeating the noun while speaking or writing. These pronouns may refer to people, animals, or things already mentioned.

DIRECT OBJECT PRONOUNS			
me	*me*	**nos**	*us*
te	*you* (familiar, singular)	**os**	*you* (familiar plural, Spain)
lo	*you* (formal, singular), *him, it* (masculine)	**los**	*you* (formal and familiar, plural), *them* (masculine)
la	*you* (formal, singular), *her, it* (feminine)	**las**	*you* (formal and familiar plural), *them* (feminine)

■ Place the direct object pronoun before the conjugated verb form.

¿Barre **la cocina** Mirta?   *Does Mirta sweep the kitchen?*

No, no **la** barre.   *No, she does not sweep it.*

¿Cuidas **a tu hermanito**?   *Do you take care of your little brother?*

Sí, **lo** cuido.   *Yes, I take care of him.*

■ With compound verb forms (a conjugated verb and an infinitive or present participle), a direct object pronoun may be placed before the conjugated verb, or may be attached to the accompanying infinitive or present participle.

¿Vas a ver **a Rafael**?   *Are you going to see Rafael?*

Sí, **lo** voy a ver mañana.⎤
Sí, voy a ver**lo** mañana.⎦   *Yes, I am going to see him tomorrow.*

¿Están limpiando **la casa**?   *Are they cleaning the house?*

Sí, **la** están limpiando.⎤
Sí, están limpiándo**la**.⎦   *Yes, they are cleaning it.*

■ Since the question word **quién(es)** refers to people, use the *personal a* when **quién(es)** is used as a direct object.

¿**A quién** vas a ayudar?   *Whom are you going to help?*

Voy a ayudar **a** Pedro.   *I am going to help Pedro.*

Lengua

You have seen that words that stress the next-to-the-last syllable do not have a written accent if they end in a vowel: **lav<u>an</u>do**. If we attach a direct object pronoun, we are adding a syllable, so the stress now falls on the third syllable from the end and a written accent is needed: **lav<u>á</u>ndo<u>lo</u>**.

5-23 La división del trabajo. Sus compañeros Martín, Pedro y Julio comparten un apartamento y usted le hace las siguientes preguntas a Julio para saber cómo dividen las tareas domésticas entre ellos. Escriba la letra de la respuesta más apropiada de Julio.

1. ¿Quién limpia la nevera?
   a. Yo lo limpio.
   b. Pedro la limpia.
   c. Nosotros las limpiamos.
2. ¿Quién hace las camas?
   a. Pedro la hace.
   b. Yo los hago.
   c. Martín las hace.
3. ¿Quién tiende la ropa?
   a. Los tres lo tendemos.
   b. Pedro los tiende.
   c. Martín la tiende.
4. ¿Quién saca la basura?
   a. Martín lo saca.
   b. Pedro las saca.
   c. Yo la saco.
5. ¿Quién pasa la aspiradora?
   a. Martín y yo las pasamos.
   b. Pedro la pasa.
   c. Ellos lo pasan.

5-24 ¿Qué es lógico hacer? PRIMERA FASE. Las afirmaciones de la columna de la izquierda describen la situación doméstica de esta familia. Léalas y, luego, asocie cada afirmación con una acción lógica.

1. ___ Las camas están sin hacer.
2. ___ La ropa está seca.
3. ___ Los dormitorios están desordenados.
4. ___ El aire acondicionado no funciona.
5. ___ Las ventanas están sucias.
6. ___ No pueden poner el auto en el garaje porque hay muchos muebles viejos y cajas con libros.

a. Los hijos los van a ordenar.
b. La madre las hace después de leer el periódico.
c. El padre las va a limpiar.
d. La hija va a plancharla.
e. Los hijos lo van a organizar y limpiar.
f. El hijo mayor lo va a reparar (*fix*).

SEGUNDA FASE. Dígale a su compañero/a cuál(es) de las afirmaciones de la *Primera fase* describe(n) mejor su apartamento o casa en este momento. Luego, explíquele qué va a hacer usted y cuándo.

5-25 Mis responsabilidades en casa. PRIMERA FASE. Averigüe (*Find out*) si su compañero/a es responsable de las siguientes tareas domésticas en su casa.

MODELO: sacar la basura

      E1:   *¿Sacas la basura?*

      E2:   *Sí, la saco. O No, no la saco. ¿Y tú?*

1. lavar los platos
2. ordenar el garaje
3. tender las cortinas después de lavarlas
4. limpiar la ducha y la bañera
5. lavar las sábanas
6. cortar el césped

SEGUNDA FASE. Ahora, comparen sus respuestas. Después díganle a otra pareja cuáles son las tareas domésticas que ustedes dos hacen y averigüen si ellos las hacen también.

MODELO: E1:   *Nosotros no lavamos los platos en casa porque tenemos lavaplatos. ¿Y ustedes los lavan?*

      E2:   *Sí, nosotros los lavamos y hacemos las camas también.*

5-26 El apartamento de mi compañero/a. Usted va a cuidar el apartamento de su compañero/a por una semana, y quiere saber lo que debe hacer y lo que puede hacer allí.

MODELO: E1:   *¿Debo sacar la basura?*

      E2:   *Sí, la debes sacar/debes sacarla todos los días.*

¿DEBO O NO DEBO?	SÍ	NO	¿PUEDO O NO PUEDO?	SÍ	NO
regar (*water*) las plantas	_____	_____	leer los libros	_____	_____
pasear al perro	_____	_____	usar los electrodomésticos	_____	_____
limpiar el apartamento	_____	_____	invitar a un amigo/una amiga	_____	_____
poner la alarma	_____	_____	hacer la tarea en la computadora	_____	_____
…	_____	_____	…	_____	_____

5-27 Los preparativos para la visita. La familia Granados está muy ocupada porque espera la visita de unos parientes. Conteste las preguntas de su compañero/a sobre lo que está haciendo cada miembro de la familia.

MODELO: E1:   *¿Quién está preparando la comida?*

      E2:   *La abuela la está preparando/está preparándola.*

5-28 Una mano amiga. PRIMERA FASE. Su compañero/a le va a hacer preguntas sobre sus relaciones con otras personas. Conteste, escogiendo a una de las personas de la lista.

mi madre   mi novio/a   ¿...?

mi mejor amigo/a   mi padre

MODELO: ayudar económicamente
        E1: *¿Quién te ayuda económicamente?*
        E2: *Mis padres me ayudan económicamente.*

1. querer mucho
2. escuchar en todo momento
3. llamar por teléfono con frecuencia
4. ayudar con los problemas
5. aconsejar (*advise*) cuando estás indeciso/a
6. entender siempre

SEGUNDA FASE. Dígale a su compañero/a lo que usted hace por las siguientes personas. Indique en qué circunstancias lo hace.

MODELO: su esposo/a
        E1: *Lo/La ayudo cuando está cansado/a.*
        E2: *Y yo lo/la escucho cuando tiene problemas en el trabajo.*

1. su papá
2. su mamá
3. su mejor amigo/a
4. su novio/a
5. sus vecinos (*neighbors*)
6. su compañero/a de cuarto

SITUACIONES

En directo

To assist a customer in a store:

¿Qué desea?
What would you like?
(lit., *What do you desire?*)

¿En qué puedo ayudarlo/a?
How can I help you?

To request a product:

Quisiera...
I would like . . .

¿Podría ver...?
Could I see . . . ?

¿Podría mostrarme...?
Could you show me . . . ?

1. **Role A.** You are at a furniture store buying a sofa. Tell the salesperson which sofa you want and ask when they can deliver (**entregar**) it. Explain that you are not going to be home at that time, but that you can be home in the afternoon. Agree to the time and thank the salesperson.

   Role B. You are a salesperson at a furniture store. Tell the customer that the sofa he/she wants is a very good one and that you can deliver (**entregar**) it next Monday morning. Mention that you can deliver it between three and five o'clock in the afternoon if the customer prefers.

2. **Role A.** You and your little brother/sister have to do some chores at home. Since you are older, you tell your sibling three or four things that he/she has to do. Be prepared to respond to complaints and questions.

   Role B. You and your older brother/sister have to do some chores at home. Because you are younger, you get some orders from your sibling about what you have to do. You do not feel like working, and you especially do not like being bossed around, so respond to everything you hear with a complaint or a question.

4. Pointing out and identifying people and things: Demonstrative adjectives and pronouns

AGENTE: **Esta** casa blanca es muy moderna y el precio es bueno.

CLIENTE: Pero **esa** tiene jardín y **esta** no tiene, ¿verdad?

AGENTE: No, **esta** casa y **aquella** no tienen jardín. Por eso, la casa amarilla es más cara.

Piénselo. En su presentación, el señor Mendoza describe algunos tipos de vivienda para un grupo de salvadoreños que desean comprar una casa. Indique si cada una de las siguientes descripciones se refiere a la vivienda que está cerca (**C**), un poco lejos (**P**) o lejos (**L**) del señor Mendoza.

1. ___ **Esta** casa de dos pisos está en una ciudad. Tiene muchas ventanas en cada piso, pero no tiene jardín.
2. ___ **Aquella** casa donde están la madre y su hija es de material sólido y de un color alegre.
3. ___ **Esa** casa es de construcción sólida y tiene dos pisos y un garaje. Tiene una pequeña área verde enfrente.

Demonstrative Adjectives

■ Demonstrative adjectives agree in gender and number with the noun they modify. English has two sets of demonstratives (*this*, *these* and *that*, *those*), but Spanish has three sets.

this	**este** cuadro **esta** butaca	*these*	**estos** cuadros **estas** butacas
that	**ese** horno **esa** casa	*those*	**esos** hornos **esas** casas
that (over there)	**aquel** camión **aquella** casa	*those (over there)*	**aquellos** camiones **aquellas** casas

■ Use **este, esta, estos,** and **estas** when referring to people or things that are close to you in space or time.

Este escritorio es nuevo.	*This desk is new.*
Traen el sofá **esta** tarde.	*They will bring the sofa this afternoon.*

■ Use **ese, esa, esos,** and **esas** when referring to events, people, or things that are not relatively close to you. Sometimes they are close to the person you are addressing.

Esa lámpara es muy bonita.	*That lamp is very pretty.*
Ese amigo de Lola vende su auto, ¿verdad?	*That friend of Lola's is selling his car, isn't he?*

■ Use **aquel, aquella, aquellos,** and **aquellas** when referring to people or things that are more distant, or to events that are distant in time.

Aquel edificio es muy alto.	*That building (over there) is very tall.*
En **aquella** visita los niños jugaron en el parque.	*During that (long ago) visit, the children played in the park.*

Demonstrative pronouns

■ Demonstratives can be used as pronouns to mean *this one/these* or *that one/those*, thus avoiding repetition when speaking or writing.

Compran este espejo y **ese**.	*They are buying this mirror and that one.*
Estas lámparas y **aquellas** son mis favoritas.	*These lamps and those over there are my favorites.*

■ To refer to a general idea or concept, or to ask for the identification of an object, use **esto, eso,** or **aquello.** These forms are invariable.

Trabajan mucho y **eso** es muy bueno.	*They work a lot, and that is very good.*
¿Qué es **esto**?	*What is this?*
Es un espejo.	*It is a mirror.*
Aquello es un edificio de la universidad.	*That (over there) is a university building.*

5-29 Cerca, relativamente cerca o lejos. Decida qué adjetivo demostrativo debe usar de acuerdo con el lugar donde se encuentran los siguientes objetos.

Cerca de usted

1. ___ mesa es de Honduras.   a. Esta   b. Esa   c. Aquella
2. ___ cuadros también son de Honduras.   a. Estos   b. Esos   c. Aquellos

Relativamente cerca de usted

3. ___ sofá es muy grande.   a. Este   b. Ese   c. Aquel
4. ___ alfombra tiene unos colores muy alegres.   a. Esta   b. Esa   c. Aquella

Lejos de usted

5. ___ espejo es nuevo.   a. Este   b. Ese   c. Aquel
6. ___ lámparas son antiguas.   a. Estas   b. Esas   c. Aquellas

5-30 ¿Quién es? Coloque (*Place*) sus fotos en la clase de acuerdo con las instrucciones del profesor/de la profesora. Luego pregunte a un compañero/una compañera quién es el sujeto de cada foto.

MODELO: E1: *¿Quién es este/ese/aquel hombre?* (según la distancia de la foto de E1)

E2: *Este/Ese/Aquel hombre es Antonio Banderas.* (según la distancia de la foto de E2)

5-31 En una mueblería en Managua. Usted y su compañero/a van a hacer los papeles de dos amigos/as nicaragüenses que deciden vivir juntos/as. Van a una mueblería para comprar muebles y accesorios. Usen las palabras y frases para hablar sobre lo que ven. Sigan el modelo.

bonito/a	feo/a	(no) me gusta(n)
caro/a	me encanta(n)	

MODELO: E1: *¿Te gusta el sofá?*
E2: *¿Cuál? ¿Aquel sofá verde?*
E1: *No, ese sofá azul.*
E2: *Sí, me encanta.* O *No, es muy feo.*

5-32 Descripciones. Cada uno de ustedes va a pensar en tres objetos o muebles y va a decir en qué parte de la casa están. Su compañero/a va a hacerle preguntas para adivinar qué mueble u objeto es.

MODELO: E1: *Este mueble está generalmente en el comedor.*
E2: *¿Es grande?*
E1: *Puede ser grande o pequeño.*
E2: *¿Lo usamos para comer?*
E1: *Sí.*
E2: *Es la mesa.*

SITUACIONES

1. **Role A.** You have a good job and want to move to a nicer apartment. The property manager of several apartment complexes has already shown you pictures of one apartment (**ese apartamento**) and is now showing you pictures of a second one (**este apartamento**). Discuss with the property manager a) the rent (**el alquiler**); b) the number of rooms; and c) the facilities, such as laundry room (**lavandería**), garage, and pool, of both apartments. Say which of the two apartments you want to see and explain why.

   Role B. You are the property manager of several apartment complexes. You have already shown your client pictures of one apartment (**ese apartamento**) and now are showing pictures of a second one (**este apartamento**). Answer his/her questions by saying that a) the rent of the first apartment is $900 dollars per month and the second one is $1,100; b) both apartments have two bedrooms; and c) the first apartment comes with a one-car garage, while this one has a two-car garage. Also tell him/her the advantages of each of the two apartments.

2. **Role A.** You are in a car with a real estate agent, who is showing you some houses for sale in the neighborhood where you hope to live. You are interested in knowing more about one house on the side of the street closer to you (**esta casa**), another house on other side of the street (**esa casa**), and a third house (**aquella casa**) a couple of blocks away.

   Role B. You are a real estate agent driving with a client who is interested in three houses. Answer the client's questions about the three houses.

MOSAICOS

A escuchar

Antes de escuchar

ESTRATEGIA

Create mental images

You have already learned that visual cues can increase your listening comprehension. For example, seeing the pictures or objects that a speaker refers to can help you understand what is being said. Even when visuals are not present, you can form images in your mind by using your imagination or by making associations with experiences you have had. As you listen, practice creating mental images to help you develop your listening skills in Spanish.

5-33 Preparación. Usted va a escuchar la descripción de una casa. Antes de escuchar, piense en las casas que conoce y haga una lista de cuatro cuartos y de tres objetos (muebles, aparatos eléctricos o accesorios) que usted espera encontrar en cada uno de los cuartos.

Escuchar

5-34 ¿Comprende usted? Now, look at the following drawing, and as you hear the different statements about the location of pieces of furniture and objects, mark (✓) the appropriate column to indicate whether each of the statements is true (**Cierto**) or false (**Falso**).

CD 2 Track 31 or CD 3 Track 6

	CIERTO	FALSO
1.	——	——
2.	——	——
3.	——	——
4.	——	——
5.	——	——
6.	——	——
7.	——	——
8.	——	——

Después de escuchar

5-35 Ahora usted. Describa su vivienda (número de cuartos, colores, muebles, etc.) a un compañero/una compañera. Él/Ella va a tomar notas para describirle su casa a otra persona de la clase. Verifique si la información es correcta. Luego, intercambien roles.

A conversar

Antes de conversar

5-36 Preparación. Usted necesita alquilar un apartamento. Escriba algunas características esenciales y algunas secundarias del apartamento que usted necesita.

Conversar

5-37 Entre nosotros. Usted y su mejor amigo/a estudian en San Salvador este año y quieren alquilar un apartamento. Van a conversar por teléfono sobre unos apartamentos que se anuncian en el periódico.

PRIMERA FASE. Trabajando individualmente, piense en las características esenciales y secundarias de un buen apartamento. Lea los anuncios y decida qué apartamento prefiere. Organice mentalmente lo que va a decir. Luego, piense en el lenguaje que va a usar para expresarse y para negociar con su amigo/a, por ejemplo, *en mi opinión…, entiendo tu punto de vista pero…, (no) estoy de acuerdo porque…*

ALQUILERES

1. Se alquila condominio residencial privado, 3er nivel, 2 dormitorios, 1 baño, cuarto y baño empleada, cocina con despensa, sala y comedor separados, garaje 2 carros, área recreación niños. SVC 4.500 vigilancia incluida. 22 24 46 30.

2. Alquilo apartamento cerca de centro comercial. Transporte público a la puerta. Ideal para profesionales. 1 dormitorio, 1 baño con jacuzzi, con muebles y electrodomésticos, terraza, sistema de seguridad, garaje doble. SVC 7.500. Tfno. 22 65 16 92.

3. Alquilo apartamento, cerca zona universitaria. 3 dormitorios. 1ra planta. Ideal para estudiantes. (SVC 1.800) Contactar al 22 35 37 83.

4. Alquilo preciosa habitación en casa particular. Semi-amueblada. Amplia, enorme clóset, cable gratis. Alimentación opcional. Información al teléfono 22 63 28 07.

SEGUNDA FASE. Hable con su amigo/a por teléfono para llegar a un acuerdo sobre el apartamento que los/las dos quieren alquilar. En su conversación, pueden referirse a algunos de los siguientes temas: el alquiler, la localización, el número de habitaciones y baños, si tiene muebles o no, si tiene aire acondicionado/calefacción.

Después de conversar

5-38 Un poco más. Ya que usted y su compañero/a saben qué apartamento les gusta más, tienen que dar el próximo paso (*next step*). Conversen para decidir lo siguiente:

1. ¿Por qué es este apartamento el favorito de ustedes?
2. ¿Qué preguntas quieren hacerle al dueño del apartamento para obtener más información?

Tomen apuntes, porque van a presentar sus ideas a la clase.

ESTRATEGIA

Plan what you want to say

Speaking consists of more than knowing the words and structures you need. You also have to know what you want to say. Planning what you want to say—both the information you want to ask for or convey and the language you will need to express yourself—before you start to speak will make your speech more accurate and also more coherent.

En directo

To find out who is answering your call:

¿Con quién hablo?
With whom am I speaking?

To request to talk with someone specific:

¿Está… [nombre de la persona], por favor?
Is . . . [person's name] there, please?

Deseo hablar con… [nombre de la persona].
I would like to speak with . . . [person's name].

A leer

Antes de leer

5-39 Preparación. Muchas casas modernas tienen los aparatos que aparecen en la siguiente lista. Para cada función, escriba el/los aparato(s) correspondiente(s).

aire acondicionado central	red (*network*) inalámbrica
música ambiental en todos los cuartos	reproductor de DVD
computadora	sensor de temperatura
fotocopiadora	teléfono
lámpara	televisor
microondas	ventilador

FUNCIÓN   **APARATOS**

1. para trabajar desde (*from*) casa   _____
2. para hacer trabajos domésticos   _____
3. para controlar la temperatura de la casa _____
4. para comunicarse con otras personas   _____
5. para entretenerse (*have fun*) en casa   _____

Leer

5-40 Primera mirada. El siguiente artículo describe la casa del futuro. Léalo y pase un marcador (*highlighter*) por las palabras en cada párrafo que se asocian con tecnología.

Segunda mirada. Lea el artículo otra vez y haga lo siguiente.

1. En el primer párrafo, el autor del artículo da una definición de una casa inteligente. Escriba la definición.
2. El segundo párrafo contrasta la casa inteligente con la casa tradicional. ¿Cuál es la diferencia? Escríbala.
3. El segundo párrafo también indica algunas formas en que la casa inteligente ayuda a las personas que viven en ella. Indique una función útil para una persona de su familia. ¿Por qué es útil?
4. En el tercer párrafo, se mencionan algunas de las funciones múltiples de los aparatos eléctricos y electrónicos. ¿Cuál de estas funciones múltiples es más beneficiosa para un/a estudiante? ¿Por qué?
5. En el cuarto párrafo se explica cómo la tecnología ayuda a los miembros de la familia a mantenerse en contacto (*to stay in touch*). ¿A su familia le gustaría (*would like*) usar esta tecnología?
6. En el quinto párrafo se mencionan algunos beneficios de la tecnología para divertirse en casa. ¿Cuál de las opciones le gusta más?
7. En el último párrafo, el autor introduce una duda sobre los beneficios de la casa del futuro. Subraye la frase donde se introduce la duda.

La casa inteligente del futuro

Las casas inteligentes o automatizadas ya existen en el presente. Tienen un gran número de aparatos eléctricos y electrónicos, controlados por una computadora, que se comunican entre ellos. Pero, ¿cuáles son las diferencias entre una casa tradicional y una inteligente?

Básicamente, la casa inteligente incorpora los últimos avances tecnológicos en beneficio de las personas que viven en ella. A través de complejos dispositivos[1] y sensores, estas casas facilitan el trabajo doméstico de sus dueños: abren y cierran cortinas y puertas, hacen funcionar electrodomésticos (microondas, ventiladores, etc.), el aire acondicionado y la calefacción central, por ejemplo. Los sensores también controlan el movimiento de unos robots móviles que limpian las alfombras y los pisos y, en el patio, limpian la piscina y cortan el césped.

Además, la casa inteligente ofrece un uso más eficiente y múltiple de los aparatos eléctricos y electrónicos en su interior. Un microondas se puede usar para calentar comida y también para ver televisión. De la misma manera, un refrigerador puede conectarse a Internet y permitir a una persona navegar por la Red o enviar mensajes electrónicos.

La casa inteligente del futuro facilita también las relaciones entre los miembros de la familia. Por ejemplo, cuando los miembros de la familia no están juntos, pueden reunirse para cenar o para pasar tiempo juntos, gracias a las tecnologías de videoconferencia en Internet. Con el video y la voz sobre IP, los miembros de la familia en todo el mundo pueden conversar, interactuar y cenar juntos de forma virtual.

La sala en la casa inteligente es el centro de entretenimiento, donde todos los dispositivos están conectados a la red inalámbrica central. Los juegos bajo demanda están disponibles[2] a través de la televisión de banda ancha[3] y satélite. Las películas de alta definición, la televisión sin anuncios y el contenido digital a petición[4] son normales. También es normal distribuir música y películas a cada habitación de la casa desde el servidor central.

En resumen, la casa del futuro es una versión técnicamente más sofisticada de la casa del presente. Es difícil predecir con exactitud cómo vamos a vivir dentro de 50 años. Sin embargo, muchos se preguntan si esta abundancia de tecnología va a afectar nuestra vida positiva o negativamente.

[1]*devices* [2]*available* [3]*broadband* [4]*on demand*

Después de leer

5-41 Ampliación. PRIMERA FASE. Lea la siguiente nota que el arquitecto de una casa inteligente le escribe a uno de sus colegas. Complete los espacios en blanco con la palabra adecuada.

funcionar	juegos bajo demanda	tecnológicos
funciones	películas de alta definición	urgentemente
inteligente	sensores	ventanas

Manolo,

¡Te tengo una gran sorpresa! El diseñador (*designer*) Óscar de la Renta necesita (1) _____ construir una casa (2) _____ en Managua. Como sabes, de la Renta es muy rico y quiere los últimos avances (3) _____ en ella. Desea una casa con dispositivos para abrir y cerrar puertas y (4) _____ . También quiere incorporar electrodomésticos con (5) _____ múltiples. Quiere calefacción controlada por (6) _____ . Desde luego (*Of course*) quiere un centro de entretenimiento que le permita mirar (7) _____ y recibir programación digital y (8) _____ . Tú sabes mucho de sistemas automatizados y yo de construcción, y pienso que eres la persona ideal para ayudarme en este proyecto. Vamos a darle una casa espectacular. Todo va a (9) _____ perfectamente.

Debemos responder pronto. Llámame.

Ricardo

SEGUNDA FASE. Ahora comparen sus propias viviendas con la casa inteligente de la lectura. Hablen de la tecnología, los electrodomésticos y los aparatos electrónicos.

A escribir

Antes de escribir

5-42 Preparación. PRIMERA FASE. El periódico *La Prensa* de Tegucigalpa, Honduras, invita al público a participar en el concurso (*contest*) *La casa automatizada del futuro*. Uno de los requisitos del concurso es escribir un panfleto, según se explica en el anuncio del periódico.

> El diario *La Prensa* invita al público a participar en el concurso *La casa automatizada del futuro*.
>
> **Bases del concurso:**
>
> Los participantes deben enviar la siguiente información por correo electrónico al Comité de Selección de *La casa automatizada del futuro*:
>
> 1. información personal: nombre completo, dirección, teléfono y dirección de correo electrónico
> 2. un panfleto descriptivo de la casa automatizada con la siguiente información:
>   a. tamaño de la casa en pies (*feet*) o metros cuadrados (*square meters*)
>   b. número y nombre de las habitaciones
>   c. aparatos eléctricos y electrónicos de la casa y sus funciones
>   d. dispositivos y sensores y su(s) función(es)
> 3. si es posible, un dibujo o foto digital de la casa automatizada
>
> Fecha límite: el 30 de marzo
> Premio: Una computadora portátil de último modelo y alta resolución, con programas de alta capacidad y funcionalidad.

SEGUNDA FASE. Usted decide participar en el concurso con un proyecto excepcional. Para preparar su proyecto para el comité que selecciona a los ganadores (*winners*), tenga en cuenta las bases del concurso y tome notas de los puntos 1, 2 y 3 que aparecen en el anuncio.

Escribir

5-43 Manos a la obra. Ahora prepare su panfleto. Para hacer la descripción de *La casa automatizada del futuro*, use sus ideas de la *Segunda fase* de la actividad **5-42**. Recuerde incluir toda la información que pide el concurso. Considere la cantidad de información necesaria y el tono apropiado para sus lectores, los miembros del Comité de Selección. ¡Buena suerte!

Después de escribir

5-44 Revisión. Antes de presentar su panfleto, revise:

1. primero, la claridad de sus ideas
2. la cantidad y la sofisticación de la información dada
3. lo apropiado del tono (impersonal, serio) para un comité de periodistas
4. la precisión gramatical (el vocabulario común y corriente y el vocabulario más técnico, las estructuras que utiliza para describir, la concordancia, etc.)
5. finalmente, la ortografía y la acentuación

ESTRATEGIA

Select the appropriate content and tone for a formal description

To write a description using a formal tone, you will need to do the following:

■ Anticipate what your audience may know about the topic, including relevant details.

■ Adapt the language of your text to the level of your readership. For example, if you are writing about technology for computer experts, you do not have to explain basic terms like *servidor* or *voz sobre IP*. Focus on the amount and kind of information your readers will need.

■ Use an impersonal and formal tone. If you wish to address your reader(s) directly, use **usted/ustedes**.

ENFOQUE CULTURAL

La geografía espectacular de Nicaragua, El Salvador y Honduras

Una característica de la geografía de Nicaragua, El Salvador y Honduras es la gran cantidad de volcanes que hay en estos países. En realidad, toda la región centroamericana del Pacífico es rica en volcanes. Algunos son grandes montañas de una belleza impresionante; algunos están activos y producen explosiones de lava o ceniza; otros, en cambio, no tienen actividad volcánica notable. Algunos son muy viejos, otros, en cambio, como el Volcán de Cerro Negro, que nació en 1850, son relativamente jóvenes.

Muchos volcanes tienen una actividad constante que consiste en pequeñas explosiones internas, expulsión de gases y temblores de tierra que los humanos no perciben, pero que se pueden medir usando instrumentos científicos. Algunas veces, esa actividad normal aumenta sin presentar un peligro inmediato. Sin embargo, los científicos y el gobierno se preocupan cuando esto ocurre. El volcán de San Cristóbal, por ejemplo, tuvo un aumento importante (pero no peligroso) de su actividad normal en mayo de 2006.

El volcán Cerro Negro de Nicaragua durante una explosión en 1995

Otra característica importante de toda la región centroamericana es la propensión a producir terremotos. Managua, la capital de Nicaragua, constantemente se ve afectada por grandes terremotos. En 1931, por ejemplo, un terremoto destruyó muchos edificios y causó la muerte de más de mil personas. También en 1972, un terremoto destruyó una gran parte del centro de esta ciudad, como muestra la foto. El 13 de enero de 2001, un violento terremoto mató a más de 700 personas y dejó a más de medio millón de personas sin casa en El Salvador. Y el 13 de febrero de 2001, un terremoto de 6,6 de intensidad destruyó en El Salvador más de 30.000 casas y dejó más de 300 muertos.

El terremoto de 1972 destruyó muchas casas del centro de Managua.

Finalmente, esta región también se caracteriza por ser muy montañosa y por tener selvas y playas espectaculares. El Salvador, por ejemplo, aunque es el país más densamente poblado de las Américas, tiene montañas, selvas y playas naturales de gran belleza. Las playas salvadoreñas del Pacífico son bellísimas y son un paraíso para los aficionados al surfing. Más del 80% del terreno de Honduras consiste de montañas, pero tiene también selvas. Honduras es uno de los países con mayor biodiversidad, porque tiene muchas especies diferentes de plantas y animales.

Gustavo Estrasser en una competencia en La Libertad, El Salvador

5-45 Comprensión. PRIMERA FASE. **Reconocimiento de palabras clave.** Encuentre en el texto la palabra o expresión que mejor expresa el significado de las siguientes ideas.

1. ash   _____
2. increases   _____
3. danger   _____
4. earthquakes   _____
5. mountainous   _____
6. jungles   _____
7. paradise   _____

SEGUNDA FASE. **Oraciones importantes.** Subraye las afirmaciones que contienen ideas que se encuentran en el texto. Luego indique en qué parte del texto están.

1. Many volcanoes in this region are located near the Pacific Ocean.
2. Some volcanoes are amazingly beautiful.
3. One can find some young volcanoes in this region.
4. Volcanoes are dangerous, and people are afraid of them.
5. Most volcanoes are always active, although people may not be able to feel it.
6. Although small increments in volcano activity are not dangerous, scientists usually worry about them.
7. Central America is prone to earthquakes.
8. Earthquakes and volcanoes have destroyed the biodiversity of the surrounding area.

TERCERA FASE. **Ideas principales.** Escriba un párrafo breve en inglés resumiendo las ideas principales expresadas en el texto.

5-46 Use la información. Usted tiene $300.000 dólares y quiere comprar una casa en Nicaragua, Honduras o El Salvador. Siguiendo los enlaces, busque la mejor casa, apartamento o propiedad rural que puede comprar con ese dinero. Prepare un afiche (*poster*) para mostrar en la clase. Debe incluir: localización, tipo de propiedad, características más importantes de la propiedad y su precio. Incluya también información adicional de interés para usted. Para preparar esta actividad, visite la página web de *Mosaicos* y siga los enlaces útiles.

VOCABULARIO

CD 2
cks 32–43
or
CD 3
cks 7–18

La arquitectura — *Architecture*

el alquiler	*rent*
el apartamento	*apartment*
el edificio	*building*
el estilo	*style*
las ruinas	*ruins*
la vivienda	*housing*

En una casa — *In a home*

el aire acondicionado	*air conditioning*
el armario	*closet, armoire*
el baño	*bathroom*
la basura	*garbage, trash*
la calefacción	*heating*
la chimenea	*fireplace*
la cocina	*kitchen*
el comedor	*dining room*
el cuarto	*room; bedroom*
la escalera	*stairs*
el garaje	*garage*
la habitación	*bedroom*
la lavandería	*laundry room*
el pasillo	*corridor, hall*
la piscina	*swimming pool*
el piso	*floor; apartment*
la planta baja	*first floor, ground floor*
la sala	*living room*
la terraza	*terrace*

Los muebles y accesorios — *Furniture and accessories*

la alfombra	*carpet, rug*
la butaca	*armchair*
la cama	*bed*
la cómoda	*dresser*
la cortina	*curtain*
el cuadro	*picture, painting*
el espejo	*mirror*
la lámpara	*lamp*
el sofá	*sofa*

Los electrodomésticos — *Appliances*

la aspiradora	*vacuum cleaner*
la lavadora	*washer*
el lavaplatos	*dishwasher*
el (horno) microondas	*microwave (oven)*
el/la radio	*radio*
el refrigerador	*refrigerator*
la secadora	*dryer*
el ventilador	*fan*

Para la cama — *For the bed*

la almohada	*pillow*
la manta	*blanket*
la sábana	*sheet*

En el baño — *In the bathroom*

la bañera	*bathtub*
la ducha	*shower*
el inodoro	*toilet*
el jabón	*soap*

el lavabo	*bathroom sink*
la toalla	*towel*

En la cocina — *In the kitchen*

la estufa	*stove*
el fregadero	*kitchen sink*
el plato	*dish, plate*

En el jardín — *In the garden*

la barbacoa	*barbecue pit; barbecue (event)*
el césped	*lawn*
la hoja	*leaf*

Los lugares — *Places*

las afueras	*outskirts*
el barrio	*neighborhood*
la calle	*street*
el centro	*downtown, center*
cerca (de)	*near, close (to)*
lejos (de)	*far (from)*
el pueblo	*village*
la zona	*area*

Las descripciones — *Descriptions*

limpio/a	*clean*
ordenado/a	*tidy*
seco/a	*dry*
sucio/a	*dirty*

Verbos — *Verbs*

ayudar	*to help*
barrer	*to sweep*
cocinar	*to cook*
cortar	*to cut; to mow (lawn)*
creer	*to believe*
doblar	*to fold*
limpiar	*to clean*
ordenar	*to tidy up*
pasar la aspiradora	*to vacuum*
planchar	*to iron*
preparar	*to prepare*
recoger (j)	*to pick up*
regar (ie)	*to water*
sacar	*to take out*
tender (ie)	*to hang (clothes)*

Palabras útiles — *Useful words*

la desventaja	*disadvantage*
el trabajo	*work*
la ventaja	*advantage*
la vista	*view*

See page 157 for ordinal numbers.
See *Lengua* box on page 160 for more electronic items.
See page 167 for expressions with **tener**.
See page 171 for direct object pronouns.
See pages 175–176 for demonstrative adjectives and pronouns.

6

De compras

Simón Bolívar (1783-1830), nacido en Caracas, Venezuela, es un héroe de la independencia latinoamericana.

In this chapter you will learn how to:

- talk about clothing, prices, and shopping
- talk about past events
- express likes and dislikes

Mar Caribe

islas Los Roques

OCÉANO ATLÁNTICO

Isla Margarita

La industria del petróleo

Maracaibo
Barquisimeto

Valencia **Caracas**

Barcelona
Maturín

Lago Maracaibo

CORDILLERA DE MÉRIDA

Mérida

Río Orinoco

Ciudad Guayana

La moderna ciudad de Caracas

Ciudad Bolívar

V E N E Z U E L A

Las hayacas, un plato típico venezolano

Puerto Ayachucho

Salto Ángel

GUYANA

C O L O M B I A

El pájaro turpial, símbolo de Venezuela

Salto Ángel

B R A S I L

A vista de pájaro. Piense en lo que sabe de Venezuela e indique si la afirmación es cierta (**C**) o falsa (**F**).

1. ___ Venezuela es una república independiente.
2. ___ La fauna de Venezuela es muy variada.
3. ___ El río Amazonas pasa por Venezuela.
4. ___ El petróleo es la industria más importante de Venezuela.
5. ___ Caracas está cerca del océano Pacífico.
6. ___ Panamá está al sur de Venezuela.

A PRIMERA VISTA

))) Las compras

CD 3
Track 19

En este **centro comercial venden** de todo. Hay **tiendas** de **ropa** y de **zapatos**. También hay **tiendas** de muebles y accesorios para la casa, hay librerías, tiendas de **juguetes** para los niños e incluso hay un **supermercado**.

Muchas personas **van de compras** a los **mercados** al aire libre. Este es un mercado de la calle en Sabana Grande, Venezuela. En los mercados tradicionales venden **telas**, objetos de **artesanía**, **joyas**, **bolsos**, etc., pero a veces también hay discos, aparatos electrónicos y otras **cosas** para la casa.

En los mercados tradicionales los turistas a veces compran **regalos** para su familia y sus amigos. A esta señora le gustan las joyas artesanales. Ella compra un **collar** de **plata** para su mejor amiga, una **pulsera** para su hermana, unos **aretes** para su hija y un **anillo** de **oro** para sí misma (*herself*).

De compras

CD 3
Track 20

José Manuel va a un **almacén** a comprar un regalo para su novia. Él necesita la ayuda de la dependienta.

DEPENDIENTA: **¿En qué puedo servirle?**

JOSÉ MANUEL: **Quisiera** comprar un regalo para mi novia. Un bolso o una **billetera**, por ejemplo.

DEPENDIENTA: Hay unos bolsos de **cuero** preciosos y no son muy **caros**. **Enseguida** le **muestro** los que tenemos.

[La dependienta trae unos bolsos.]

JOSÉ MANUEL: No sé. M**e gustaría** comprar este bolso, pero no puedo **gastar** mucho. ¿Cuánto cuesta?

DEPENDIENTA: Sólo **vale** 80 bolívares. Es bastante **barato**.

JOSÉ MANUEL: Sí, no es mucho **dinero**. Es un buen **precio**.

DEPENDIENTA: Y **están** muy **de moda**. Las chicas jóvenes los **llevan** mucho.

JOSÉ MANUEL: Bueno, lo voy a comprar.

DEPENDIENTA: Muy bien, señor. ¿Va a **pagar** con **tarjeta de crédito** o **en efectivo**?

JOSÉ MANUEL: En efectivo.

> ### Lengua
>
> To soften requests, Spanish uses the forms **me gustaría** (instead of **me gusta**) and **quisiera** (instead of **quiero**). English does this with the phrase *would like*.
>
> **Me gustaría/Quisiera** ir a ese almacén.
> *I would like to go to that department store.*

6-1 ¿Adónde van? Las siguientes personas necesitan comprar algunas cosas. Indique a qué tienda deben ir.

1. ___ María necesita unos libros para su clase de literatura.
2. ___ Juan quisiera cocinar comida venezolana para sus amigos.
3. ___ Rosa piensa comprar unos regalos para sus sobrinos.
4. ___ Felipe necesita una cómoda para su cuarto.
5. ___ Olga necesita unos zapatos nuevos para una entrevista de trabajo.
6. ___ Catalina va a comprar un collar elegante para ir a una fiesta.

a. mueblería
b. juguetería
c. zapatería
d. supermercado
e. joyería
f. librería

6-2 ¿Qué tienen que hacer? Ustedes tienen que hacer muchas cosas esta semana. Hablen de lo que necesitan comprar y decidan a qué tiendas van a ir.

MODELO: planear nuestro viaje a Venezuela
Necesitamos comprar un billete de avión para Caracas. Vamos a ir a una agencia de viajes.

1. preparar un postre para la fiesta de Jaime
2. hacer un regalo para mi novio/a por su cumpleaños
3. entretener a mi sobrino de cinco años
4. comprar zapatos para mi viaje
5. amueblar el comedor de mi apartamento
6. leer una novela divertida

6-3 En el mercado tradicional. PRIMERA FASE. Túrnense para comprar unos recuerdos (*souvenirs*) en un mercado tradicional en Caracas. Pregunten el precio de los siguientes productos. Regateen (*haggle*) para obtener un precio más barato.

cuadros de Venezuela

bolsas de cuero

platos de artesanía

aretes

collares

anillos

casas en miniatura

joyas

pulseras

MODELO: E1: *Quisiera comprar este cuadro ¿Cuánto cuesta?*

E2: *Cuesta 50 bolívares.*

E1: *¡Uy, es muy caro! Lo compro por 38.*

E2: *Pero, es muy bonito. Tiene colores muy alegres.*

E1: *Sí, es muy bonito, pero no tengo suficiente dinero.*

E2: *Bueno, está bien. Lo vendo por 40.*

SEGUNDA FASE. Ahora está con su mejor amigo/a (otro compañero/otra compañera). Muéstrele sus compras y explique:

1. qué es
2. para quién lo compra
3. cuánto cuesta

MODELO: *Esto es un collar de plata para mi prima Isabel. Cuesta 35 bolívares.*

La ropa

CD 3
Track 21

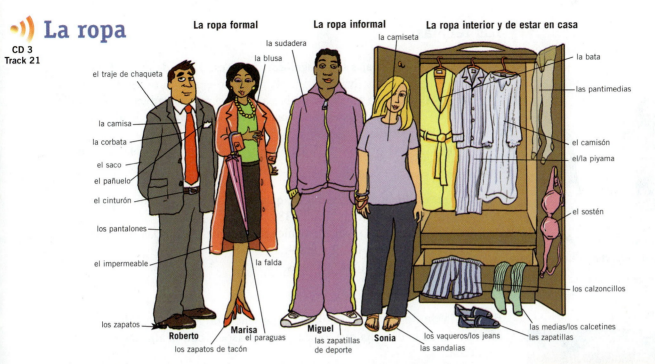

La ropa formal   **La ropa informal**   **La ropa interior y de estar en casa**

- la sudadera
- la blusa
- la camiseta
- el traje de chaqueta
- la camisa
- la corbata
- el saco
- el pañuelo
- el cinturón
- los pantalones
- el impermeable
- la falda
- los zapatos
- **Roberto**
- **Marisa**
- el paraguas
- los zapatos de tacón
- **Miguel**
- las zapatillas de deporte
- **Sonia**
- los vaqueros/los jeans
- las sandalias
- la bata
- las pantimedias
- el camisón
- el/la piyama
- el sostén
- los calzoncillos
- las medias/los calcetines
- las zapatillas

6-4 ¿Cuándo se usa? Indique qué prenda(s) (*article[s]*) de vestir se usa(n) en cada situación.

1. Para ir a correr o al gimnasio nos ponemos (*put on*) _____.
2. Para ir a dormir llevamos (*wear*) _____.
3. Para ir a una fiesta nos ponemos _____.
4. Después de bañarnos y antes de vestirnos nos ponemos _____.

Telas y diseño

CD 3
Track 22

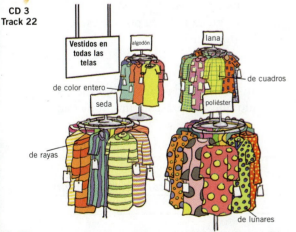

- Vestidos en todas las telas
- algodón
- lana
- de cuadros
- de color entero
- seda
- poliéster
- de rayas
- de lunares

6-5 ¿Qué ropa llevan? PRIMERA FASE. Túrnense para describir la ropa que llevan algunas personas de la clase y adivinen (*guess*) quiénes son.

SEGUNDA FASE. Cuenten (*Count*) cuántas personas de la clase llevan los siguientes accesorios y prendas de vestir. Después comparen sus números.

1. aretes en las orejas _____
2. anillos en las manos _____
3. zapatillas de deporte _____
4. camisas de cuadros _____
5. camisas de color entero _____
6. vestidos o faldas _____

En otras palabras

Some words referring to clothing differ from one region to another. For example, in Spain **el/la piyama** is **el pijama**, **medias** means *stockings*, but in some countries of Latin America it also means *socks*. Depending on the country, the words **aros**, **aretes**, **pendientes**, **pantallas**, or **zarcillos** are used for *earrings*. In Argentina and Uruguay **pollera** is used instead of **falda**.

Lengua

Here is some useful vocabulary for the body (**el cuerpo**): **la cabeza** (*head*), **las orejas** (*ears*), **la nariz** (*nose*), **los brazos** (*arms*), **las manos** (*hands*), **las piernas** (*legs*), **los pies** (*feet*). You will learn more words related to parts of the body in *Capítulo 11*.

Las rebajas

CD 3
Track 23

MARTA: Las **rebajas** son **magníficas**. Mira esa falda de rayas. Está **rebajada** de 60 bolívares a 50. ¿Por qué no vemos si tienen tu **talla**?

ANA: Sí, y **me pruebo** la falda para ver si **me queda** bien. Uso la talla 38 y a veces es difícil **encontrarla**. Esta falda es de algodón y es **preciosa**.

MARTA: O te pruebas la falda en casa y si te queda mal, la **cambias**.

[**Entran en** la tienda.]

ANA: Buenos días, señorita, **quisiera** probarme la falda que está en **el escaparate** en la talla 38.

DEPENDIENTA: Lo siento, pero las únicas tallas que **nos quedan** son más grandes, la 42 y la 44.

ANA: ¡Qué lástima! Gracias.

Le queda **estrecha**.   Le queda **ancha**.

La chaqueta y la falda están **rebajadas**.

6-6 La falda de rayas. Describa la experiencia de Ana, buscando la afirmación de la derecha que lógicamente se asocia con la afirmación de la izquierda.

1. ___ Ana necesita una falda en la talla 38.
2. ___ La falda no es de color entero.
3. ___ Ana prefiere las telas naturales.
4. ___ Ana entra en la tienda, pero no se prueba la falda.
5. ___ La falda no es muy cara.
6. ___ Marta dice que Ana debe cambiar la falda.

a. La dependienta dice que no tienen su talla.
b. Está rebajada.
c. Sabe que la talla 42 le va a quedar ancha.
d. Como no la va a comprar, no la va a cambiar.
e. Es de rayas.
f. Le gusta la falda porque es de algodón.

6-7 El cumpleaños de Nuria. Ustedes van a una tienda para comprarle un regalo a una buena amiga, pero cada artículo que ven presenta un problema. Piensen en la solución.

ARTÍCULO	PROBLEMA	SOLUCIÓN
collar	Es muy caro.	*Debemos buscar uno más barato.*
impermeable	Le queda ancho.	
vaqueros	Son de poliéster.	
sudadera	Es pequeña.	
blusa	Las rayas son muy anchas.	
bolso	No es de cuero.	

¡)) ¿Qué debo llevar?

CD 3
Track 24 En el **invierno** hace frío. ¿Qué ropa llevamos?

el suéter   los guantes   la chaqueta

las botas   el abrigo   la bufanda

Cuando hace calor en el **verano**, ¿qué nos ponemos para ir a la playa?

las gafas de sol   la gorra   el sombrero

los pantalones cortos   las sandalias

el traje de baño

la camisa de manga corta   el vestido de verano

Y cuando llueve en la **primavera** y en el **otoño**, usamos impermeable y paraguas.

6-8 ¿Frío o calor? Indique cuándo se usa la siguiente ropa, asociando las palabras de la izquierda con la oración más lógica de la derecha.

1. ___ los guantes
2. ___ el traje de baño
3. ___ las botas
4. ___ el suéter
5. ___ los pantalones cortos
6. ___ el sombrero

a. Sirve para protegernos del sol.
b. Los llevamos en las manos cuando hace frío.
c. Son más cómodos cuando hace buen tiempo.
d. Nos lo ponemos para ir a la playa.
e. Es de lana, para llevar cuando hace frío.
f. Las llevamos en los pies en invierno.

6-9 Vacaciones en Venezuela. PRIMERA FASE. Usted y su amigo/a van a pasar sus vacaciones en Venezuela. Primero escojan el plan que más les interesa de las siguientes opciones.

1. Quince días en Isla Margarita. Por el día: ir a la playa; por la noche: ir a las discotecas.
2. Tomar un curso de verano en la Universidad Central de Venezuela en Caracas. Por la mañana: clases de español; por las tardes: lugares de interés turístico.
3. Explorar la fauna y flora de la región de Canaima. Por el día: caminar mucho; por las noches: estar en un campamento.

SEGUNDA FASE. Ahora, preparen una lista de la ropa y accesorios que van a necesitar para su plan de vacaciones.

PLAN #____	YO	MI COMPAÑERO/A
por la mañana		
por la tarde		
por la noche		

TERCERA FASE. Informen a la clase sobre sus planes y la ropa y accesorios que van a necesitar.

MODELO: *Vamos a ir a la ciudad venezolana de Mérida. Yo necesito unos zapatos de tenis para caminar por la ciudad. Mi compañero/a necesita unos pantalones cortos. También necesitamos suéteres porque Mérida está en las montañas.*

6-10 Comprando ropa para todos. Cada uno/a de ustedes debe comprar ropa para hacer unos regalos a tres personas diferentes de la lista. Expliquen para quiénes son los regalos. Su compañero/a le va a dar algunas ideas de qué comprar y el lugar donde puede comprar, según la información de los anuncios.

1. su sobrinita de 6 años
2. su mamá para el Día de la Madre
3. un amigo/una amiga que necesita ropa informal
4. un hermano que va a pasar unos días en el Caribe
5. su padre para su cumpleaños
6. su novio/a para el Día de los Enamorados

LA ELEGANTE

Todo lo que está de moda este verano

Ave. Andrés Bello
con 3ª Transversal,
Local B, 576 38 21

BARCELÓ

Las mejores camisas
y guayaberas
a los mejores precios

Segunda Avenida,
Nº 40
271.88.20

ALMACENES CARRASCO

Llévate tus jeans ahora
a los mejores precios del año

30% menos

Ave. Teresa de la Parra
Edificio Codazzi
al lado del Banco Federal
661.45.81

LOS REYES MAGOS

Grandes rebajas

Ropa infantil de calidad

Plaza de las Américas
Local Q-15
985 13 31

6-11 Ropa para cada ocasión. You will listen to a brief conversation regarding the clothes people will wear for an event. Before you listen, list what you would wear on the following occasions.

CD 3
Track 25

fiesta elegante _____

fiesta informal _____

Now as you listen, indicate [✓] the clothes and event mentioned.

ROPA
—— ropa elegante
—— falda y chaqueta
—— traje pantalón y blusa
—— pantalones cortos y camiseta

EVENTO
—— entrevista de trabajo
—— reunión de jóvenes
—— excursión de fin de semana
—— fiesta formal

Diarios de bicicleta: Una camisa de moda

Antes de ver

6-12 En este segmento, Luciana y Gabi están preparándose para su musical. Marque (✓) los accesorios o ropa que probablemente van a llevar.

Accesorios:

___ un anillo
___ aretes
___ una bufanda
___ un collar
___ gafas de sol
___ una gorra

Ropa:

___ una falda y una blusa
___ pantalones cortos
___ una bata
___ un vestido
___ zapatos de tacón
___ una sudadera

Mientras ve

6-13 Indique si las siguientes afirmaciones son ciertas (**C**) o falsas (**F**) según este segmento. Si son falsas (**F**), corrija la información.

1. ___ Luciana y Gabi se están probando ropa para ir a una fiesta de graduación.
2. ___ Javier va a tener una cita (*date*) con Carmen.
3. ___ Luciana y Gabi creen que Javier debe probarse ropa distinta.
4. ___ Javier necesita comprar una nueva camisa.
5. ___ Marcos cree que está muy guapo con la camisa que le da Luciana.
6. ___Gabi dice que es muy torpe (*clumsy*).

Después de ver

6-14 ¿Qué puede recomendar usted para resolver los siguientes problemas?

1. La falda que le gusta a Gabi es muy formal.
2. La camisa que compró Javier no está de moda.
3. Los pantalones que se prueba Javier le quedan muy anchos.

FUNCIONES Y FORMAS

1. Talking about the past: Preterit tense of regular verbs

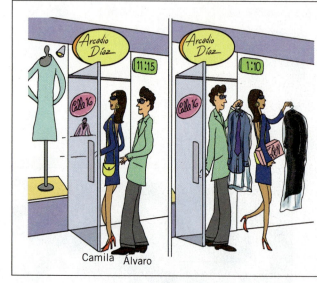

Querido diario,

Esta mañana Álvaro y yo **gastamos** mucho dinero en ropa para vernos bien en la fiesta de boda de mi cuñada Gabriela esta tarde. Yo **compré** un hermoso vestido de fiesta y un chal de encaje (*lace shawl*). Álvaro **compró** un traje, una camisa y una corbata.

A las 7:00 de la tarde, **empezó** la ceremonia religiosa. La fiesta con familia y amigos **comenzó** a las 9:00 y **terminó** a las 4:00 de la mañana. Todos **comimos**, **bailamos** y **cantamos** mucho. Vamos a recordar este día especial por mucho tiempo. Gabriela y Gonzalo son una pareja perfecta.

Ahora voy a dormir. Estoy muy cansada.
Camila

Piénselo. ¿Qué pasó el día de la boda? Ordene cronológicamente la siguiente información (1 = primer evento, etc.), según lo que Camila escribe en su diario.

___ La fiesta con familia y amigos **comenzó** a las 9:00.

___ Camila **compró** un hermoso vestido de fiesta y un chal de encaje.

___ La fiesta **terminó** a las 4:00 de la mañana.

___ Todos **comieron**, **bailaron** y **cantaron** mucho.

- Spanish has two simple tenses to express the past: the preterit and the imperfect (**el pretérito** y **el imperfecto**). Use the preterit to talk about past events, actions, and conditions that are viewed as completed or ended.

	HABLAR	COMER	VIVIR
yo	hablé	comí	viví
tú	hablaste	comiste	viviste
Ud., él, ella	habló	comió	vivió
nosotros/as	hablamos	comimos	vivimos
vosotros/as	hablasteis	comisteis	vivisteis
Uds., ellos/as	hablaron	comieron	vivieron

■ Note that the **nosotros/as** forms of the preterit of **-ar** and **-ir** verbs are the same as their present tense forms. Context will help you determine if a **nosotros/as** verb form is present or past.

Llegamos a la tienda a las tres.   { *We arrive at the store at three.*
                                          We arrived at the store at three.

Salí de la universidad a las dos y   *I left the university at two and we*
  llegamos a casa a las tres.   *arrived home at three.*

■ Stem-changing verbs ending in **-ar** and **-er** do not have a stem change in the preterit.

pensar:	pensé, pensaste, pensó, pensamos, pensasteis, pensaron
volver:	volví, volviste, volvió, volvimos, volvisteis, volvieron

■ Verbs ending in **-car** and **-gar** have a spelling change in the **yo** form of the preterit that reflects how the word is pronounced. Verbs ending in **-zar** have a spelling change in the **yo** form because Spanish rarely uses a **z** before **e** or **i**.

sacar:	sa**qué**, sacaste, sacó…
llegar:	lle**gué**, llegaste, llegó…
empezar:	empe**cé**, empezaste, empezó…

> ### ·: Lengua
>
> The **yo** and the **usted/él/ella** preterit verb forms are stressed on the last syllable and end in a vowel. Therefore, they carry a written accent: **hablé, comí, viví; habló, comió, vivió.**

■ There are some expressions you can use with the preterit to denote past time.

anoche	*last night*	**la semana pasada**	*last week*
anteayer	*day before yesterday*	**una semana atrás**	*a week ago*
ante(a)noche	*night before last*	**hace un día/mes/año (que)**	*it has been a day/month/year since*
ayer	*yesterday*		
el año/mes pasado	*last year/month*		

6-15 Ayer yo… PRIMERA FASE. Marque (✓) sus actividades de ayer y añada una actividad en cada grupo.

POR LA MAÑANA	POR LA TARDE	POR LA NOCHE
____ Desayuné.	____ Almorcé en la cafetería.	____ Preparé la cena.
____ Llegué a tiempo a mis clases.	____ Saqué libros de la biblioteca.	____ Miré televisión.
____ Estudié varias horas.	____ Lavé la ropa.	____ Planché mi ropa.
____ Llamé por teléfono a un amigo/una amiga.	____ Compré comida para toda la semana.	____ Salí con mis amigos.

SEGUNDA FASE. Comparen sus respuestas. ¿Tienen actividades semejantes o diferentes? Expliquen.

6-16 El sábado pasado. PRIMERA FASE. Miren las siguientes escenas y expliquen cómo pasaron el sábado Carmen y Rafael.

El sábado por la mañana   El sábado por la tarde

El sábado por la noche

SEGUNDA FASE. Escriban un párrafo para compartir oralmente con la clase sobre el sábado pasado de Carmen y Rafael.

6-17 ¿Cómo pasaron el fin de semana? PRIMERA FASE. Conversen sobre el fin de semana de ustedes.

1. ¿Cuáles fueron (*were*) las actividades de cada uno/a de ustedes?
2. ¿Dónde y con quién?
3. ¿A qué hora?
4. ¿Gastó mucho dinero? ¿Cómo lo gastó?

SEGUNDA FASE. Decidan qué persona de su grupo pasó el mejor fin de semana. Describan las actividades de esta persona en una presentación oral a la clase.

SITUACIONES

1. **Role A.** You run into a classmate whose parents visited campus the previous weekend. Ask a) what day and time his/her parents arrived; b) where they ate breakfast and lunch; c) what places on campus they visited; and d) what time his/her parents left. Express your reactions to the information.

   Role B. Your classmate wants to know about your parents' visit to campus last weekend. Answer his/her questions in as much detail as possible. Ask if your classmate's parents are going to visit soon.

2. **Role A.** Your classmate and his/her significant other (**pareja**) went on a shopping spree last weekend. Ask a) what store(s) they shopped in; b) what each of them bought; c) what time they returned home; and d) what his/her plans are for wearing or using the items he/she bought.

   Role B. Answer your classmate's questions about your shopping spree with your significant other (**pareja**) over the weekend. Then find out if your classmate went shopping over the weekend, played a sport, or watched a lot of TV.

2. Talking about the past: Preterit of *ir* and *ser*

CLIENTA: Compré este vestido aquí el sábado pasado. Pero ahora me queda estrecho.

SUPERVISORA: ¿Quién **fue** el vendedor que le vendió el vestido, señorita?

CLIENTA: No sé su nombre, pero **fue** su compañero, un señor alto y delgado.

SUPERVISORA: ¿Qué pasó? ¿Lavó el vestido en casa?

CLIENTA: Claro que no. Hay que lavar este vestido en seco (*dry clean*). **Fui** a una lavandería (*dry cleaner*).

SUPERVISORA: Los irresponsables **fueron** los empleados de la lavandería. No limpiaron en seco su vestido. Lo lavaron.

Una semana después...

Piénselo. Indique si las siguientes afirmaciones son ciertas (**C**) o falsas (**F**), según la conversación entre la clienta y la supervisora.

1. ___ El vendedor **fue** el compañero de la supervisora.
2. ___ La clienta **fue** a una tienda especializada para limpiar el vestido.
3. ___ Lavar el vestido **fue** un error por parte de los empleados de la lavandería.
4. ___ La supervisora **fue** amable con la clienta porque trató de comprender el problema.
5. ___ Los vendedores de la tienda de ropa **fueron** las personas responsables del problema con el vestido.

■ The verbs **ir** and **ser** have identical forms in the preterit. They are used often in speaking and writing, and the context will help you to determine the meaning.

IR and SER			
yo	**fui**	nosotros/as	**fuimos**
tú	**fuiste**	vosotros/as	**fuisteis**
Ud., él, ella	**fue**	Uds., ellos/as	**fueron**

■ You will also be able to differentiate between **ir** and **ser** in the preterit because **ir** is often followed by the preposition **a**.

Ernesto **fue** a la tienda.	*Ernesto went to the store.*
Fue vendedor en esa tienda por dos años.	*He was a salesman at that store for two years.*

6-18 ¿Quién fue a este lugar? Las siguientes personas fueron a Venezuela para conocer algunos lugares, según sus intereses personales. Primero, lea cada situación y luego, relacione las fotos con cada una de ellas.

A. Salto Ángel

B. Isla Margarita

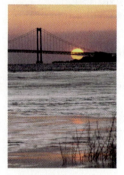

D. El puente Angostura sobre el río Orinoco

C. Maracaibo

1. ___ Andrés visitó un lugar con agua para navegar. Le fascinan los deportes acuáticos, pero no le gusta el mar.

2. ___ Alguien habló sobre este lugar espectacular y único en el mundo. Dice que es semejante a las cataratas de Niágara. Usted decidió ir para ver el lugar.

3. ___ Los estudiantes del primer año de español de su universidad fueron de viaje a una playa exótica. Allí conocieron a otros turistas de muchas partes del mundo. Hablaron mucho español y un poco de inglés.

4. ___ Los ingenieros Roberto y Angélica decidieron ir a un lugar para investigar las últimas tecnologías en el procesamiento del petróleo. Por eso, fueron a este lugar con una población de más de dos millones y medio de personas.

 6-19 ¿Quiénes fueron estas personas? Investiguen la siguiente información sobre uno de estos famosos y hagan una breve presentación en clase.

Alfonso X	Atahualpa	Roberto Clemente	Frida Kahlo
Doroteo Arango Arámbula	Simón Bolívar Pablo Casals	Ernesto Guevara Nicolás Guillén	Mario Molina Pablo Luis Picasso

1. ¿Quién fue él/ella?
2. ¿Dónde nació, vivió y murió (*died*) esta persona?
3. ¿Por qué fue famoso/a? Indiquen como mínimo dos o tres hechos (*facts*) sobre su vida.

SITUACIONES

1. **Role A.** A classmate tells you that he/she went to a concert last weekend. Ask a) where the concert was; b) what time it started; c) with whom he/she went; d) what time the concert ended; and e) where he/she went afterward. Express your reactions to the information.

   Role B. Your classmate wants to know about the concert you went to last weekend. Answer your classmates questions to find out if he/she went to a party or concert over the weekend, if he/she went out with friends, and so on. Ask for details about where, when, and with whom he/she went.

2. **Role A.** As part of your coursework in Spanish, you have been asked to interview a classmate to find out about the role some people may have had in his/her life. Ask a) who was an important authority figure (*figura de autoridad*) in his/her childhood (**infancia**); b) who was his/her best childhood friend; and c) who was his/her favorite teacher in elementary school (**escuela primera**). Express your reactions and ask additional questions.

   Role B. Your classmate will interview you to find out about some important people in your childhood (**infancia**). Answer the questions in as much detail as possible.

3. Indicating to whom or for whom an action takes place: Indirect object nouns and pronouns

LUCY: Oye, Panchito, ¿qué **te** compran tus padres para tu cumpleaños, ropa, chocolates o qué?

PANCHITO: No **me** dan ni ropa ni chocolates. Siempre **me** compran libros súper interesantes. Y tus padres, ¿qué **te** compran a ti, Lucy?

LUCY: Mi mamá siempre **nos** compra ropa a mi hermano y a mí. A mí **me** gusta mucho la ropa nueva.

PANCHITO: ¿Y qué **les** das tú a tus padres para sus cumpleaños?

LUCY: ¡A mi mamá **le** doy muchos besitos y a mi papá **le** doy muchos problemas porque no hago mi tarea!

Piénselo. Primero, identifique **quién hace** la acción: Lucy, Panchito, Lucy y su hermano, los padres de Panchito, la mamá o el papá de Lucy. Luego, en la línea de la derecha, indique **quién recibe** el beneficio de la acción.

1. _____ **le** compran libros a _____ .
2. _____ **les** compra ropa a _____ .
3. _____ **le** da muchos besos a _____ .
4. _____ **le** causa problemas a _____ porque no hace la tarea.

■ Indirect object nouns and pronouns tell *to whom* or *for whom* an action is done, in other words, who is affected by an action.

INDIRECT OBJECT PRONOUNS			
me	*to/for me*	**nos**	*to/for us*
te	*to/for you* (familiar)	**os**	*to/for you* (familiar)
le	*to/for you* (formal), *him, her, it*	**les**	*to/for you* (formal), *them*

■ Indirect object pronouns have the same form as direct object pronouns except in the third person: **le** and **les**.

Mi madre **me** compró ropa la semana pasada.	*My mother bought me clothes last week. [My mother bought clothes for me last week.]*
Yo **te** presto mis zapatos para la fiesta.	*I will lend you my shoes for the party. [I will lend my shoes to you for the party.]*
¿El dependiente? Ella **lo** ve todas las mañanas. (*direct object*)	*The salesperson? She sees him every morning.*
¿El dependiente? Ella **le** da los recibos por la mañana. (*indirect object*)	*She gives him the receipts in the morning.*

■ Place the indirect object pronoun before a conjugated verb form. It may be attached to a present participle, in which case an accent mark is added, or to an infinitive.

Les voy a vender mi carro.⎫
Voy a vender**les** mi carro. ⎬ *I am going to sell them my car.*

Juan **nos** está preparando la cena.⎫
Juan está preparándo**nos** la cena. ⎬ *Juan is preparing dinner for us.*

■ Use indirect object pronouns even when the indirect object noun is stated explicitly.

Yo **le** presté mi libro a **Victoria**. *I lent my notes to Victoria.*

■ To eliminate ambiguity, **le** and **les** are often used with the preposition **a +** *pronoun*.

Le hablo **a usted**. *I am talking to you.* (not to *him/her*)

Siempre **les** cuento mis secretos *I always tell my secrets to them.*
a ellos. (not to *you/ustedes*)

■ For emphasis, use **a mí, a ti, a nosotros/as**, and **a vosotros/as** with indirect object pronouns.

Pedro **te** habla a **ti**. *Pedro is talking to you.* (not to someone else)

■ **Dar** is almost always used with indirect object pronouns. Notice the difference in meaning between **dar** (*to give*) and **regalar** (*to give as a gift*). Other verbs of transmission (of things, ideas, words) that are generally used with indirect object pronouns include **decir, describir, escribir, explicar, mostrar, prestar**, and **vender**.

Ella le **da** el cinturón a Pedro. *She gives (hands) Pedro the belt.*
Ella le **regala** el cinturón a Pedro. *She gives Pedro the belt (as a gift).*

6-20 La Academia de la Moda. Ustedes están tomando una clase (Elegancia con Poco Dinero) en La Academia de la Moda. Marquen (✔) las sugerencias que su profesor les da a ustedes.

1. _____ Nos da nombres de tiendas de ropa buena y barata.
2. _____ A mí me recomienda artículos sobre la moda actual.
3. _____ Nos muestra telas que son elegantes y que no son muy caras.
4. _____ A mí me da ejemplos de cómo combinar ropa y accesorios.

6-21 Para estar a la última moda. Cada uno/a de ustedes desea o necesita lo que se indica en la lista a continuación. Explíquense (*to each other*) la situación. Después pidan y den una recomendación.

MODELO: E1: *Quiero llevar zapatos muy cómodos. ¿Qué me recomiendas?*
E2: *Te recomiendo unas sandalias de la marca Teva.*

1. Quiero llevar pantalones de moda (*in style*).
2. Deseo protegerme del sol.
3. Quiero ropa buena y barata.
4. Quiero verme (*look*) más delgado/a.
5. Me gustaría llevar ropa elegante y fina a la entrevista de trabajo.

6-22 Afortunados. Ustedes ganaron la lotería ayer y quieren compartir su fortuna con su familia y sus compañeros de clase.

1. Hagan una lista de dos o tres miembros de su familia a quienes desean regalarles algo.
2. Indiquen el regalo que piensan hacerle a cada uno/a.

MODELO: E1: *A nuestros padres les vamos a regalar un crucero por el Caribe.*
E2: *A Sara vamos a comprarle una mochila.*

6-23 Entrevista. PRIMERA FASE. Basándose en la siguiente lista, pregúntense sobre sus hábitos de compras y los regalos que ustedes hacen y reciben de otras personas.

1. ir de compras: ¿Qué? ¿Tienda(s) favoritas?
2. comprar regalos caros: ¿A quién(es)? ¿Cuándo?
3. le compran regalos a usted: ¿Quién(es)?

SEGUNDA FASE. Escriba una comparación entre sus hábitos y los de su compañero/a en la *Primera fase*. Use las siguientes preguntas como guía (*as a guide*). Prepárese para compartir su texto con otro compañero/otra compañera.

1. ¿Tienen ustedes hábitos de compras semejantes o diferentes?
2. ¿Compran en las mismas tiendas? ¿Compran regalos semejantes o diferentes?
3. ¿A quién(es) le(s) dan regalos? ¿Quiénes les dan regalos a ustedes? ¿Qué tipos de regalos reciben?

SITUACIONES

1. **Role A.** You are a customer at a department store. Tell the salesperson a) you are looking for a present for a friend (specify male or female); b) you are not sure what you should buy for him/her; and c) the amount that you can spend.

   Role B. You are a salesperson. A customer asks for your advice. Inquire about the friend's age, taste, size, favorite color, and any other pertinent information. Make suggestions and offer information about the quality of the products, prices, sales, and so forth.

2. **Role A.** You are shopping for clothes for your new job. Tell the salesperson that you like a garment (specify) in the window and inquire if they have your size. Answer the salesperson's questions and decide what you want to try on.

   Role B. You are a salesperson. First ask the customer for more details to identify the garment the customer is referring to. Then explain that: a) you have it in brown, blue, gray, and black; b) you also have some new items that you can show him/her (describe the styles); and c) ask if he/she would like to see them.

4. Expressing likes and dislikes: *Gustar* and similar verbs

DEPENDIENTE: ¿**Le gustan** estas camisas?

JORGE: No, no **me gustan**, pero **me gusta** esta chaqueta.

DEPENDIENTE: Es una buena chaqueta para el otoño. ¿**Le interesan** los deportes, señor?

JORGE: **Me encanta** practicar deportes, pero no **me gusta** mirar los partidos en televisión. **Me fascinan** el tenis, el béisbol y el fútbol.

Piénselo. Indique si las siguientes afirmaciones son ciertas (**C**) o falsas (**F**), según la información en esta escena. Si no hay información suficiente para contestar, indique que usted no sabe (**NS**).

1. ___ A Jorge **le gusta** una de las camisas que le muestra el dependiente.
2. ___ A Jorge **le interesa** comprar una chaqueta.
3. ___ A Jorge **le queda** poco dinero, porque la chaqueta es muy cara.
4. ___ A Jorge **le encantan** varios deportes.
5. ___ A Jorge **le gusta** mirar los partidos de fútbol en la televisión.
6. ___ A los amigos de Jorge **les interesa** jugar al fútbol con él.

■ In previous chapters you have used the verb **gustar** to express likes and dislikes. As you have seen, **gustar** is not used the same way as the English verb *to like*. **Gustar** is similar to the expression *to be pleasing* (*to someone*).

Me gusta esta chaqueta. *I like this jacket.*
(lit. *This jacket is pleasing to me.*)

■ The subject of **gustar** is the person or thing that is liked. The indirect object pronoun shows to whom the person or thing is pleasing.

me		*I*
te		*you* (familiar)
le	gusta el traje.	*you* (formal), *he/she*	*like(s) the suit.*
nos		*we*
os		*you* (familiar)
les		*they, you*
		(formal and familiar)

■ The most frequently used forms of **gustar** in the present tense are **gusta** and **gustan** and for the preterit **gustó** and **gustaron**. If one thing is liked, use **gusta/gustó**. If two or more things are liked, use **gustan/gustaron**.

Me **gusta** ese **collar**.	*I like that necklace.*
No me **gustaron** los anillos.	*I did not like the rings.*

■ To express what people like or do not like to do, use **gusta** followed by one or more infinitives.

Nos **gusta caminar** por la mañana.	*We like to walk in the morning.*
¿No te **gusta correr** y **nadar**?	*Don't you like to run and swim?*

■ Some other Spanish verbs that follow the pattern of **gustar** are **encantar** and **fascinar** (*to like a lot, to love*), **interesar** (*to interest; to matter*), **parecer** (*to seem*), and **quedar** (*to fit; to have something left*).

No te **interesan** las humanidades.	*You are not interested in the humanities.*
Leí la novela y me **encantó**.	*I read the novel and I loved it.*
El curso me **parece** muy difícil.	*The course seems very difficult to me.*
No me **queda** mucho dinero.	*I don't have much money left.*
No le **quedan** bien los pantalones.	*His/her pants don't fit well.*
Nos **fascina** la moda europea.	*We love European fashion.*

■ To express that you like or dislike a person, use **caer bien** or **caer mal**, which follow the pattern of **gustar**.

Les cae bien Miriam.	*They like Miriam.*
Esa dependienta **me cae mal**.	*I do not like that salesclerk.*

■ To emphasize or clarify to whom something is pleasing, use **a + mí, a + ti, a + él/ella, a + usted**(es), etc. or **a +** *noun*.

A mí me gustaron los zapatos, pero **a Pedro** no le gustaron.	*I liked the shoes, but Pedro did not like them.*

6-24 Mis preferencias en la ropa. PRIMERA FASE. Indique si le encanta(n), le gusta(n) o no le gusta(n) la ropa que sigue.

la ropa deportiva	los suéteres de lana	los vaqueros
las chaquetas de cuero	las gorras	los pantalones cortos

SEGUNDA FASE. Comparen sus preferencias, y luego, explíquenle al resto de la clase si ustedes coinciden en sus gustos.

MODELO: E1: *A dos de nosotros nos gusta la ropa deportiva.*
E2: *Y a todos nos encantan los vaqueros.*

6-25 ¿Cuánto dinero les queda? Lean estas situaciones y calculen cuánto dinero queda.

MODELO: Pilar tiene 50 bolívares. Paga 25 bolívares por un vestido y 10 por unos aretes. ¿Cuánto dinero le queda?
Le quedan 15 bolívares.

1. Ernesto tiene 75 bolívares. Le da 15 a su hermano. ¿Cuánto dinero le queda?
2. Érica tiene 25 bolívares. Va al cine y a cenar con una amiga. El cine cuesta 5 y la cena 12. ¿Cuántos bolívares le quedan?
3. Gilberto tiene 40 bolívares. Compra un suéter por 39. ¿Cuánto dinero le queda?
4. Mis amigos tienen 30 bolívares. Van a la playa y almuerzan en un restaurante por 25 bolívares. ¿Cuántos les quedan?

En directo

To state that doing something is appropriate or not:

(No) Es apropiado + *infinitivo…*

Es inapropiado + *infinitivo…*

To explain why some clothes are inappropriate:

… no es apropiado/a porque la ocasión es formal/informal.

En un/a… (*evento*) **no es elegante/apropiado llevar…**

(*Ropa*)… no va bien con… (*accesorio*)

6-26 ¿Qué les parece a ustedes? Los famosos en las siguientes fotos asisten a eventos públicos. Den su opinión sobre su ropa y accesorios.

MODELO: E1: *No me gusta el traje de… No es apropiado llevar un traje blanco en el invierno.*

E2: *Me gusta la combinación de colores del hombre, pero la corbata no va bien con la camisa.*

La jugadora de tenis Serena Williams llega a una recepción formal.

La Reina Isabel II de Inglaterra con Ricky Martin, Paul McCartney y otros cantantes

El cantante puertorriqueño Yandel, Jennifer López y Enrique Iglesias.

SITUACIONES

1. **Role A.** You are shopping at an outdoor market where haggling is the norm. You select an item that you plan to give as a gift. In your interaction with the vendor a) say how much you like what the vendor is selling; b) ask the price of the item you are interested in; c) react to what you hear and offer a lower price; d) comment on the item, saying whom you plan to give it to; and e) come to an agreement on the price.

   Role B. You are a vendor at an outdoor market. A customer is interested in an item of yours. In your interaction with the customer a) respond to his/her compliments; b) give the price of the item; c) explain why you cannot accept the customer's offer of a lower price; d) respond to his/her comments on the item; and e) come to an agreement on the price.

2. **Role A.** You are at the store where you bought a pair of shorts last week. Tell the clerk that a) you tried them on at home and they didn't fit well; b) you don't like the color; and c) you want to return (**devolver**) them.

   Role B. You are the clerk at a clothing store. A customer wants to return (**devolver**) a pair of shorts. Listen to his/her case, and a) ask why the customer bought them if they didn't fit well and he/she didn't like the color; b) explain that the he/she can exchange the shorts for something else (**otra cosa**), but cannot return them; and c) show the person some other shorts and ask if he/she likes them.

5. Describing people, objects, and events: More about *ser* and *estar*

ABUELA: Cuidado, Susana, el café **está** muy caliente. [*A la madre*] ¡La niña **está** muy grande!

MADRE: Claro, tiene cinco años. **Es** muy alta para su edad.

SUSANA: Abuelita, ¿qué **es** ese cuadro?

ABUELA: **Son** montañas de la cordillera de los Andes en Chile.

Piénselo. Clasifique las frases a continuación de acuerdo con la función de **ser** o **estar**.

	CONDICIÓN	CARACTERÍSTICA
1. El café **está** caliente.	——	——
2. ¡La niña **está** muy grande!	——	——
3. **Es** muy alta para su edad.	——	——
4. **Son** montañas de los Andes.	——	——
5. La nieve (*snow*) en las montañas **es** fría.	——	——

■ In *Capítulo 2*, you learned to use **ser** to identify, describe, and express nationality, ownership, and origin. You also learned to use **ser** to talk about dates and time and to tell where an event takes place.

Víctor **es** de Venezuela.	*Victor is from Venezuela.* (nationality)
Es un bailarín profesional.	*He is a professional dancer.* (profession)
Es alto y delgado y **es** muy fuerte.	*He is tall and thin, and he is very strong.* (distinguishing characteristics)
Estas figuras pintadas **son** de Víctor, tiene una colección grande.	*These painted figures belong to Victor; he has a big collection.* (possession)
El próximo espectáculo de su compañía de baile **es** mañana a las ocho. **Va a ser** en el Centro de Bellas Artes.	*The next performance of his dance company is tomorrow at eight o'clock. It is going to take place in the Fine Arts Center.* (time/location of event)

■ **Ser** is also used to talk about what something is made of.

El reloj **es** de oro.	*The watch is (made of) gold.*

■ You also learned in *Capítulo 2* that **estar** is used to indicate location, to talk about health and similar conditions, and to describe changes in feelings or perceptions. It is also used to express ongoing actions, presented in *Capítulo 4*.

El Centro de Bellas Artes **está** en el centro.	*The Fine Arts Center is downtown.* (location)
Víctor **estaba** (*was*) enfermo la semana pasada, pero ahora **está** bien.	*Victor was sick last week, but now he is fine.* (health)
Víctor **está** nervioso antes del espectáculo, pero siempre **está** contento después.	*Victor is nervous before the performance, but he is always happy afterward.* (feelings, condition)
Algunos bailarines **están** ensayando ahora.	*Some dancers are rehearsing now.* (ongoing action)

■ When describing people or objects, use **ser** to convey an intrinsic characteristic. Use **estar** to convey a feeling or perception. The difference in meaning is sometimes so pronounced that the adjectives have different English translations.

ADJECTIVE	WITH SER	WITH ESTAR
aburrido/a	*boring*	*bored*
bueno/a	*good* (character)	*well* (health); *physically attractive*
grave	*serious* (situation)	*seriously ill*
listo/a	*clever*	*ready*
malo/a	*bad* (character)	*ill*
muerto/a	*dead* (atmosphere)	*deceased*
rico/a	*rich, wealthy*	*delicious* (food)
verde	*green*	*unripe*
vivo/a	*lively* (personality)	*alive*

Javier **es** malo, les roba dinero a sus compañeros y dice mentiras.	*Javier is bad; he steals money from his classmates and tells lies.*
Roberto Tovares **es** rico. Tiene una casa en California, un rancho en México y un apartamento en París.	*Roberto Tovares is wealthy. He has a house in California, a ranch in Mexico, and an apartment in Paris.*
¡Esta sopa **está** riquísima! ¿Usaste una receta diferente?	*This soup is delicious! Did you use a different recipe?*

6-27 Una familia va de compras. Observen la foto de una familia venezolana que sale de un centro comercial en Caracas. Describan a las personas que ven, e incluyan la información de las preguntas. Si es necesario, usen su imaginación.

1. ¿Quiénes son las personas?
2. ¿Cómo son?
3. ¿Dónde están?
4. ¿Cómo están?
5. ¿Qué están haciendo?

6-28 La mañana horrible de Javier. Lea el cuento sobre la mañana de Javier y complételo con la forma apropiada de **ser** o **estar**.

Javier se despierta temprano. (1) ~~es~~ *son* las seis de la mañana. La casa (2) *está* muy fría, y el agua en la ducha (3) *está* fría también. ¡Javier no (4) *está* nada contento! Su reunión con la profesora de historia (5) *es* a las 10:00 y él no (6) *está* listo. Necesita leer un artículo antes de la reunión, pero no sabe dónde (7) *está*. Tiene hambre, pero no hay pan, los plátanos (8) *están* verdes y (9) *es* demasiado tarde para hacer café. La situación (10) *es* grave, piensa Javier.

Javier entra en la oficina de la profesora Guzmán a las 10:00. Ella (11) *está* ~~normalmente~~ relajada, pero hoy (12) *está* tensa. Le dice a Javier que su borrador (*draft*) no (13) *es* bueno y que tiene que trabajar mucho más. Cuando sale de la reunión, Javier (14) *está* muy preocupado.

6-29 ¿Quiénes son y cómo están? Mire las siguientes fotos y explique quiénes son estas personas, cómo son y cómo están en estas situaciones.

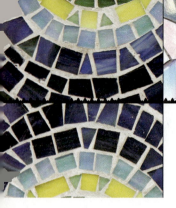

MOSAICOS

A escuchar

Take notes to recall information

When you want to remember something that you are listening to, like an academic lecture, you benefit from taking notes. Taking notes in other situations is helpful also. For example, when you ask for directions, you will remember them better if you take notes.

Antes de escuchar

6-30 Preparación. Usted va a escuchar una conversación entre Andrea, una adolescente, y sus padres. Andrea habla con ellos sobre la ropa que va a necesitar durante el año escolar. Antes de escuchar, prepare una lista de las cosas que usted tuvo que comprar para el invierno antes del comienzo de las clases este año.

accesorios de invierno: _____

ropa de invierno: _____

Escuchar

6-31 ¿Comprende usted? Now listen to the conversation between Andrea and her parents. As you listen, take notes on what she needs. Write at least three items per category that Andrea mentions.

CD 3
Track 26

1. Para ir a clases Andrea necesita. . .
2. Para practicar deportes Andrea tiene que comprar. . .
3. Para salir con sus amigos Andrea quiere. . .

Después de escuchar

6-32 Ahora usted. Responda oralmente a las siguientes preguntas. Su compañero/a debe tomar apuntes. Luego, intercambien papeles. Finalmente, cada uno debe verificar si su compañero/a tiene la información correcta.

1. ¿Qué ropa, muebles para su cuarto y/o aparatos electrónicos compró cada uno/a de ustedes antes de comenzar sus clases en la universidad este semestre?
2. ¿Qué accesorios compró cada uno/a de ustedes? ¿Dónde los compró?
3. ¿Fueron ustedes a las rebajas? ¿Gastó cada uno/a mucho dinero?

A conversar

Negotiate a price

In Hispanic cultures, negotiating the price of an item in an open-air market or other location in which the price is not fixed is an activity that has both linguistic and cultural rules. You should haggle over a price only if you intend to buy the item. Your initial offer, while lower than the selling price given by the vendor, should be reasonable, because an excessively low price may be insulting. In your negotiation, which may last several turns, you may include a brief comment about the desirability of the item and a reaction to the price suggested by the vendor.

En directo

To haggle:
CLIENTE/A
Me gusta este/a _____, pero no tengo tanto dinero.

Sólo puedo pagar...

¡Es muy caro/a!

¿Qué le parece(n)... bolívares/dólares (etc.)?

Le doy... bolívares/dólares (etc.).

VENDEDOR/A
¡Imposible!

Me cuesta(n) más...

El material es importado/de primera calidad.

Lo siento, pero no puedo darle... por ese precio.

Antes de conversar

6-33 Preparación. Usted quiere comprar unos regalos o algunas cosas para su cuarto/apartamento en un mercado al aire libre. Complete la tabla con la información.

¿QUÉ QUIERE COMPRAR?	¿PARA QUIÉN(ES)?	DESCRIPCIÓN DEL PRODUCTO

Conversar

6-34 Entre nosotros. Usted está en un mercado al aire libre. Pregúntele al vendedor/a la vendedora (su compañero/a) el precio de los productos que usted desea comprar. Regatee (*Haggle*) para obtener el mejor precio posible. Use las expresiones más apropiadas. Luego, cambien de papel.

Después de conversar

6-35 Un poco más. Conversen sobre su experiencia de regateo en el mercado al aire libre de la actividad **6-34**. Cuéntense lo siguiente:

1. qué productos compró y para quién los compró
2. qué precio le dio el vendedor/la vendedora por cada producto
3. cuánto dinero le ofreció usted
4. cuánto pagó finalmente

A leer

ESTRATEGIA

Use context to figure out the meaning of unfamiliar words

All readers encounter unknown words and phrases, even in their native language. In our native language we automatically use the surrounding context and our overall comprehension of the text to figure out the meaning of these unknown words and phrases, and we can learn to use the same strategy in the second language. As you read, think about what each sentence or paragraph means. When you come to a word you don't know, reread the last line or two, focusing on the overall meaning. In many cases, this strategy will enable you to understand the unknown word without using a dictionary.

Antes de leer

6-36 Preparación. PRIMERA FASE. Mire rápidamente el texto en la actividad **6-37** y use su conocimiento del tema para responder a las preguntas. Hay más de una respuesta correcta.

1. ¿Qué tipo de texto es?
   a. sugerencias para comprar en Internet
   b. publicidad (*advertising*) para una tienda virtual
   c. una lista de tiendas que venden sus productos por Internet
2. ¿Qué información lo/la ayudó a responder a la pregunta 1?
   a. el título
   b. los gráficos
   c. unas palabras clave (*key*) en el texto
3. Según su experiencia, ¿qué información sobre las compras espera encontrar en el texto?
   a. productos que están a la venta (*for sale*) y los precios
   b. formas de pago
   c. precios especiales para algunos productos

SEGUNDA FASE. Converse con su compañero/a sobre lo siguiente:

1. ¿Les gusta comprar en Internet, o prefieren ir a las tiendas? ¿Por qué?
2. ¿Conocen algunas megatiendas en Internet? ¿Cuál(es)?
3. ¿Qué cosas compran en las megatiendas en Internet?
4. ¿Qué cosas no compran en Internet? ¿Por qué?

Leer

6-37 Primera mirada. Lea la página web de CompreenInternet.net que aparece a continuación.

Bienvenido a CompreenInternet.net

Menú	Nuestro Proceso	Beneficios

Menú

- Nuestra compañía
- Nuestros servicios
- Cómo puede comprar
- Recomendaciones prácticas
- Preguntas frecuentes
- Nuestras filiales

- Póngase en contacto con nosotros
- Recomiéndenos y gane puntos
- Búsqueda

Dirección en EE.UU.

1438 Flagler Street

Miami, Florida (Fl)

Código Zip: 33166

Tel : 305-328-6289

Utilice esta dirección para su envío (shipping)

- Asistencia para afiliados
- Actualizar datos personales
- Modificación de clave
- Salida

Nuestro Proceso

1. Hágase miembro
2. Busque su producto
3. Calcule los gastos de su envío
4. Pague con tarjeta de crédito
5. Espere su envío y disfrútelo

3. Calcule los gastos de su envío

2. Busque su producto

4. Pague con tarjeta de crédito

1. Hágase miembro

5. Espere su envío y disfrútelo

Beneficios

- Excelentes precios
- Pagos en bolívares
- Entrega en todo el país
- Nuestras filiales de Nueva York o Miami hacen los envíos

Servicios

Compra de una gran variedad de productos en Internet:

- Aparatos eléctricos/electrónicos
- Muebles accesorios, ropa, juguetes, software, etc.
- Asistencia de expertos durante y después de su compra
- Envío gratis en Venezuela
- Descuentos por recomendarnos a otras personas
- Lista de las mejores tiendas en Internet
- Ofertas y gangas de la semana

Ahora, indique si las siguientes afirmaciones son correctas (**C**) o incorrectas (**I**). Si son incorrectas (**I**), corrija la información.

1. ___ Los productos y servicios que CompreenInternet.com ofrece son principalmente para personas que viven fuera de Venezuela.
2. ___ La sección **Nuestro proceso** de la página web les indica a los clientes las fases de una compra en Internet.
3. ___ Las tiendas que promociona (*advertises*) CompreenInternet.com incluyen sólo tiendas que están en Venezuela.
4. ___ CompreenInternet.com tiene su oficina central en Venezuela.
5. ___ Los clientes pueden comprar ropa solamente.
6. ___ Los clientes pueden ahorrar (*save*) dinero si compran en Internet.

6-38 Segunda mirada. Lea otra vez la página web de CompreenInternet.net y seleccione la alternativa correcta.

1. En el **Menú** de CompreenInternet.net, la frase **Nuestras filiales** significa...
   a. los clientes de CompreenInternet.net.
   b. las tiendas asociadas con CompreenInternet.net.
   c. un producto que vende CompreenInternet.net.
2. Los clientes que compran en CompreenInternet.net pagan en...
   a. dólares
   b. bolívares
   c. dólares y bolívares
3. La expresión **Hágase miembro** en la sección **Nuestro proceso** probablemente significa que para comprar, las personas deben...
   a. subscribirse a una lista de clientes de la tienda en Internet.
   b. trabajar para la compañía para comprar a precios especiales.
   c. comprar un mínimo al año.
4. La expresión **envío gratis** significa que los clientes...
   a. van a un almacén (*warehouse*) para recoger sus compras.
   b. no pagan por recibir los productos en su casa.
   c. pagan un precio reducido por algunos productos.

Después de leer

6-39 Ampliación. Lean una vez más la página web de CompreenInternet.net y completen la tabla con los productos que, según ustedes, las chicas, los chicos o ambos visitan con más frecuencia. Compartan sus respuestas con las de otra pareja.

LAS CHICAS	LOS CHICOS	AMBOS

A escribir

ESTRATEGIA

Sequence events

In our interactions with others, we all talk about or write about experiences and events that occur over time in a sequence. That sequence can serve as the basis of the step-by-step chronological organization of the piece we are writing. Using the correct connectors to indicate the succession of events or transitions will help you make your writing clearer and easier for readers to follow.

Antes de escribir

6-40 Preparación. Usted compró un producto en Internet (ropa, un mueble, un accesorio, etc.), pero el producto resultó ser diferente de sus expectativas. Usted está muy decepcionado/a (*disapppointed*) y decide escribirle una carta a alguien de su familia para contarle su experiencia. Haga lo siguiente:

1. Escriba el nombre de la tienda donde usted compró el producto.
2. Indique qué producto compró en Internet y si compró más de uno.
3. Prepare una lista de nombres y adjetivos para describir lo que usted compró, por ejemplo, un vestido negro largo, una camisa blanca ancha, un plato decorativo de cerámica.
4. Narre lo que ocurrió en orden cronológico. ¿Cuándo hizo (*did you make*) la compra en Internet? ¿Qué ocurrió después de hacer la compra? ¿Qué hizo usted primero, después, más tarde, etc.? ¿Cuánto costó y cómo pagó usted, con una tarjeta de crédito?
5. Escriba la razón de su insatisfacción con el producto.

Escribir

6-41 Manos a la obra. Ahora escríbale la carta a alguien de su familia para contarle qué le ocurrió. Use la información que preparó en la actividad **6-40**. Incluya la fecha, el saludo, el cierre de la carta y la despedida.

Después de escribir

6-42 Revisión. Ahora lea su carta por lo menos dos veces. Piense en la persona que la va a leer. Verifique lo siguiente:

1. ¿Incluyó usted toda la información necesaria?
2. ¿Escribió en su carta la fecha, el saludo, el cierre de la carta y la despedida?
3. ¿Organizó los eventos cronológicamente para contar paso a paso lo que ocurrió? ¿Usó algunas expresiones que indican transición temporal para hacer más comprensible su narración?
4. ¿Revisó la gramática de su texto: el vocabulario correcto, la concordancia (*agreement*), el tiempo (presente, pasado)?
5. ¿Usó la puntuación y ortografía correctas?

En directo

To indicate the succession of events or temporal transitions, you may use the following connectors: **primero**, **luego**, **más tarde**, **antes de eso**, **después (de eso)**, **finalmente**

Cultura

Although big department stores are increasingly popular in Spanish-speaking countries, people still enjoy shopping at local neighborhood stores. For example, instead of buying bread from a large supermarket, some prefer to go to the neighborhood bakery (**panadería**), where they probably have a long-standing relationship with the bakery owner and employees.

ENFOQUE CULTURAL

El mundo fascinante de Simón Bolívar

El nombre completo de Bolívar es Simón José Antonio de la Santísima Trinidad Bolívar y Ponte Palacios y Blanco. Nace en Caracas en 1783 en una familia aristocrática y muy rica. Cuando Bolívar tiene siete años de edad, su padre muere y dos años después también muere su madre. El joven Simón vive entonces con un tío y es educado por dos de los más importantes intelectuales de la época, Simón Rodríguez y Andrés Bello. A los catorce años es un oficial en el ejército español y a los quince, viaja por primera vez a Europa. Allí se casa con una mujer española y regresa a Venezuela. Ocho meses después, su joven esposa muere, posiblemente de una enfermedad tropical, y a los 20 años, Bolívar regresa a Europa, se une a los movimientos revolucionarios de esa época y promete ganar la independencia de los países americanos.

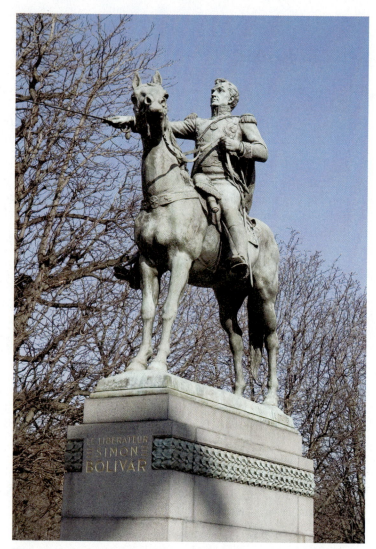

Estatua de Simón Bolívar, el Libertador, en París

Manuela Sáenz

En otras palabras

Expresiones venezolanas

¡Cónchale!
Darn!

Amaneció con **la cara amarrada**.
He woke up in a bad mood.

¿Dónde están mis **corotos?**
Where are my things?

Está cayendo una **lata de agua**.
It's raining cats and dogs.

Su vida es muy apasionada y romántica, llena de aventuras, amor y heroísmo. Las guerras de la independencia son muy violentas y demandan mucho esfuerzo e inteligencia política. Bolívar viaja a caballo por Venezuela, Colombia, Ecuador, Perú y Bolivia en condiciones muy difíciles. Varias veces casi lo asesinan sus adversarios y sólo milagrosamente salva su vida. Durante muchos años mantiene una relación amorosa con Manuela Sáenz, una mujer de carácter fuerte y muy valiente, reconocida como una de las primeras feministas de la América hispana.

Durante más de veinte años, hasta su muerte en 1830, Bolívar es el líder político y militar más importante de la América española. Consigue la independencia de Venezuela en 1813; la de Colombia y Panamá en 1820; la de Ecuador en 1823; y la de Perú y Bolivia en 1825. Durante once años, Bolívar unifica estos cinco países, bajo el nombre de la Gran Colombia, pero después de su muerte, la Gran Colombia se divide nuevamente.

Estos países tienen mucho en común. En primer lugar, frecuentemente se llaman *países bolivarianos* porque Bolívar los liberó. Para ellos Bolívar es tan importante como George Washington para los estadounidenses. Muchos latinoamericanos recuerdan el ideal de Bolívar de hacer un país grande y fuerte de las antiguas colonias españolas. Y este ideal está presente en los Juegos Bolivarianos que se celebran cada cuatro años en distintas ciudades de estos países (en Armenia y Pereira, Colombia, en 2005 y en Sucre, Bolivia, en 2009).

Jugadoras de baloncesto en los juegos bolivarianos

6-43 Comprensión. PRIMERA FASE. **Reconocimiento de palabras clave.** Encuentre en el texto la palabra o expresión que mejor expresa el significado de las siguientes ideas.

1. at age fourteen   _____
2. officer   _____
3. disease   _____
4. wars   _____
5. travels by horse   _____
6. several times   _____
7. feminists   _____
8. unifies   _____

SEGUNDA FASE. **Oraciones importantes.** Subraye las afirmaciones que contienen ideas que se encuentran en el texto. Luego indique en qué parte del texto están.

1. There was a difference of fifteen years in the ages of Bolivar's parents.
2. After both of his parents died, Bolivar lived with an uncle.
3. Bolívar had a long and happy marriage to a Spanish woman.
4. Many times Bolívar came close to being assassinated, but managed to escape with his life.
5. He had a long love affair with a woman known as an early Latin American feminist.
6. Bolivar's ideal was to create one large, strong country out of all of the old Spanish colonies.
7. The games in honor of Bolívar are played regularly in Caracas.
8. Venezuela won the most gold medals in the most recent games.

TERCERA FASE. **Ideas principales.** Escriba un párrafo breve en inglés resumiendo las ideas principales expresadas en el texto.

6-44 Use la información. Prepare una presentación oral sobre algo relacionado con el nombre de Bolívar. Puede ser un país, una región de un país, una ciudad, dinero, una universidad, etc. Explique cuál es el objeto de su presentación, en qué país está y otras características interesantes. Para preparar esta actividad, visite la página web de *Mosaicos* y siga los enlaces útiles.

VOCABULARIO

Los accesorios — *Accessories*

el anillo — *ring*
el arete — *earring*
la billetera — *wallet*
la bolsa/el bolso — *purse*
la bufanda — *scarf*
el cinturón — *belt*
el collar — *necklace*
las gafas de sol — *sunglasses*
la gorra — *cap*
el guante — *glove*
la joya — *piece of jewelry*
el pañuelo — *handkerchief*
el paraguas — *umbrella*
la pulsera — *bracelet*
el sombrero — *hat*

Las compras — *Shopping*

el almacén — *department store; warehouse*
el centro comercial — *shopping center*
el escaparate — *store window*
el mercado — *market*
el precio — *price*
la rebaja — *sale*
el regalo — *present*
el supermercado — *supermarket*
la tarjeta de crédito — *credit card*
la tienda — *store*

La ropa — *Clothes*

el abrigo — *coat*
la bata — *robe*
la blusa — *blouse*
las botas — *boots*
los calcetíns — *socks*
los calzoncillos — *boxer shorts*
la camisa — *shirt*
la camiseta — *T-shirt*
el camisón — *nightgown*
la chaqueta — *jacket*
la corbata — *tie*
la falda — *skirt*
el impermeable — *raincoat*
las medias — *stockings, socks*
los pantalones — *pants*
los pantalones cortos — *shorts*
las pantimedias — *pantyhose*
el/la piyama — *pajamas*
la ropa interior — *underwear*
el saco — *blazer, jacket*
las sandalias — *sandals*
el sostén — *bra*
la sudadera — *sweatshirt; jogging suit*
el suéter — *sweater*
el traje — *suit*
el traje de baño — *bathing suit*
el traje de chaqueta — *suit*
el traje pantalón — *pantsuit*
los vaqueros/los jeans — *jeans*
el vestido — *dress*

las zapatillas — *slippers*
las zapatillas de deporte — *tennis shoes*
los zapatos — *shoes*
los zapatos de tacón — *high-heeled shoes*

Verbos — *Verbs*

cambiar — *to change, to exchange*
dar — *to give, to hand*
encantar — *to delight, to love*
encontrar (ue) — *to find*
entrar (en) — *to go in, to enter*
fascinar — *to fascinate, to be pleasing to*
gastar — *to spend*
gustar — *to be pleasing to, to like*
interesar — *to interest*
llevar — *to wear, to take*
mostrar (ue) — *to show*
pagar — *to pay (for)*
parecer (zc) — *to seem*
ponerse — *to put on*
probarse (ue) — *to try on*
quedar — *to fit; to be left over*
regalar — *to give (a present)*
valer — *to be worth*
vender — *to sell*

Las descripciones — *Descriptions*

ancho/a — *wide*
barato/a — *inexpensive, cheap*
caro/a — *expensive*
estrecho/a — *narrow, tight*
magnífico/a — *great*
precioso/a — *beautiful*
rebajado/a — *marked down*

Palabras y expresiones útiles — *Useful Words and Expressions*

la artesanía — *handicrafts*
la cosa — *thing*
el cuero — *leather*
el dinero — *money*
en efectivo — *in cash*
¿En qué puedo servirle(s)? — *How may I help you?*
enseguida — *immediately*
estar de moda — *to be fashionable*
ir de compras — *to go shopping*
el juguete — *toy*
Me gustaría… — *I would like . . .*
el oro — *gold*
Quisiera… — *I would like . . .*
la plata — *silver*
la talla — *size (clothes)*

See *Lengua* box on p. 193 for body parts.
See p. 193 for a list of **telas** and **diseños**.
See *Lengua* box on page 194 for expressions relating to clothing size and footwear.
See p. 195 for the seasons of the year.
See p. 199 for a list of expressions denoting past time.

Los deportes

Hamlet y Ophelia de Juan Carlos Liberti, pintor argentino (1930-)

In this chapter you will learn how to:

- talk about sports and physical activities
- ask and answer questions about weather
- discuss past events

Cultural focus: Argentina, Uruguay

Una parrillada de carne

PARAGUAY

BRASIL

OCÉANO PACÍFICO

CHILE

CORDILLERA DE LOS ANDES

Tucumán

ARGENTINA

Córdoba

Mendoza

Distrito de La Boca

Buenos Aires

LA PAMPA

URUGUAY

Paysandú

Colonia

Punta del Este

Montevideo

Las playas de Punta del Este

Mar del Plata

Bahía Blanca

OCÉANO

ATLÁNTICO

Bariloche

LA PATAGONIA

Un gaucho dirigiendo el ganado

Río Gallegos

Glaciar Perito Moreno

Ushuaia

A vista de pájaro. Piense en lo que sabe de estos países y conteste las preguntas.

1. ___ Argentina está en...	**a.** Centroamérica.	**b.** el Cono Sur de América.	**c.** el Caribe.
2. ___ La capital de Uruguay es...	**a.** Montevideo.	**b.** Buenos Aires.	**c.** Santiago.
3. ___ La parrillada argentina típica se hace con...	**a.** pescado.	**b.** pollo.	**c.** carne de vaca o res.
4. ___ El deporte favorito de la mayoría de los uruguayos es...	**a.** el esquí.	**b.** el fútbol.	**c.** la natación.
5. ___ En la Patagonia hay...	**a.** playas famosas.	**b.** glaciares.	**c.** pistas de esquí.

A PRIMERA VISTA

⋙)) Los deportes

CD 3
Track 33

El **fútbol** es el **deporte** número uno en los países hispanos.

Hay excelentes **equipos** de fútbol en Argentina, Uruguay, Colombia, México y otros países hispanos. Los mejores **jugadores** de los equipos locales forman un equipo nacional. Esta selección representa al país en los **juegos** de los **campeonatos** internacionales y participa, **cada** cuatro años, en la Copa **Mundial**.

> ### En otras palabras
>
> While the majority of Spanish speakers use **jugar + al + deporte**, as does *Mosaicos*, some omit **al** (**jugar tenis**, **jugar golf**, etc.).
>
> Some speakers say **básquetbol**, with the stress on the first syllable, rather than **baloncesto**. **Vóleibol** has several variants, including **volibol**, with the stress on the last syllable.

En la zona del Caribe, el **béisbol** es el deporte más popular y muchos jugadores, como Alex Rodríguez "A-Rod" y Carlos Beltrán, son originarios de allí y juegan en los mejores equipos de Estados Unidos.

El **esquí** es un deporte que practican muchas personas en Argentina, Chile y España. Aquí vemos a unos jóvenes que van a **esquiar** en las **pistas** de Bariloche, Argentina, uno de los centros de esquí más importantes de la América del Sur.

El **ciclismo**, el **tenis** y el **golf** son otros deportes que cuentan con figuras renombradas en Hispanoamérica y España. Los españoles Miguel Indurain, Roberto Heras y Alberto Contador fueron **campeones** del Tour de France. En esta **carrera**, que **dura** más de 20 días, los **ciclistas recorren** a veces unos 200 kilómetros, el equivalente de 120 millas, en un solo día. Por otro lado, el jugador Sergio García, conocido como "El Niño", es la promesa del golf español.

En cuanto al tenis, David Nalbandian, argentino, y Fernando González, chileno, son actualmente dos de los **tenistas** más conocidos del Cono Sur. Pero la figura más importante del tenis hispano en la actualidad es el español Rafael Nadal.

7-1 Deportes: ¿Quién es? PRIMERA FASE. Asocie los deportes de la columna de la izquierda con los jugadores hispanos a la derecha.

1. ____ ciclismo
2. ____ tenis
3. ____ béisbol
4. ____ golf

a. Sergio García
b. Alex Rodríguez
c. Rafael Nadal
d. Alberto Contador
e. David Nalbandian

SEGUNDA FASE. Ahora hablen entre ustedes de dos de sus jugadores favoritos/jugadoras favoritas. Expliquen quiénes son y a qué deporte juegan, dónde juegan, qué campeonatos ganaron y por qué son sus jugadores favoritos/jugadoras favoritas.

Deportes y equipos deportivos

CD 3
Track 34

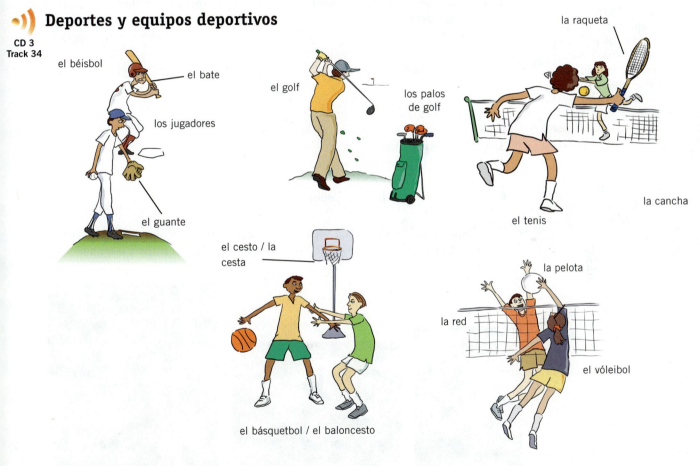

7-2 ¿Qué necesitamos para jugar? PRIMERA FASE. Escriba el equipo que se necesita para practicar cada deporte.

DEPORTE	EQUIPO
béisbol	
golf	
vóleibol	
baloncesto	
tenis	

SEGUNDA FASE. Entreviste a su compañero/a para conversar sobre el equipo que necesita para practicar deportes.

1. ¿Qué deporte(s) practicas? ¿Por qué?
2. ¿Qué equipo necesitas para practicarlo(s)?
3. ¿Dónde compras el equipo y la ropa que necesitas?

7-3 ¿Qué deporte es? Túrnense para identificar los siguientes deportes.

1. Hay nueve jugadores en cada equipo y usan un bate y una pelota.
2. Es un juego para dos o cuatro jugadores; necesitan raquetas y una pelota.
3. En este deporte los jugadores no deben usar las manos.
4. Para practicar este deporte necesitamos tener una bicicleta.
5. En cada equipo hay cinco jugadores que lanzan (*throw*) el balón a un cesto.
6. Para este deporte necesitamos una red y una pelota. Mucha gente lo juega en la playa.

7-4 Su deporte favorito. Háganse las preguntas necesarias para averiguar lo siguiente.

1. el deporte favorito para practicar
2. el lugar donde lo practica, con quién y cuándo
3. el deporte favorito para ver
4. el lugar y las personas con quienes ve su deporte favorito
5. los nombres de sus equipos favoritos/as
6. la marca (*brand*) de ropa deportiva que más le gusta

7-5 Concurso. Ustedes van a organizar un concurso sobre deportes. En grupos de tres o cuatro, elijan a uno/a de los/las deportistas en las fotos y hagan lo siguiente en tres minutos:

1. Identifiquen al/a la atleta y su deporte. (5 pts)
2. Digan algún campeonato/torneo (*tournament*) que este/a atleta ganó. (5 pts)
3. Digan el equipo que necesita para practicar su deporte. (5 pts)
4. Cuenten algún dato personal o profesional de esta persona. (5 pts)

SEGUNDA FASE. Compartan con la clase la información sobre este/a atleta. El grupo con la información más completa es campeón.

En otras palabras

Different words are used in Spanish for *ball*, depending on the context. The ball in basketball and volleyball is usually called a **balón**. Both **pelota** and **balón** are used for the soccer ball. **Pelota** is also used in golf and tennis. **Bola** or **bolo** is used in bowling.

El tiempo y las estaciones

CD 3
Track 35
Verano

¿Qué tiempo hace? Hace buen tiempo y hace calor. Es un día perfecto para jugar al vóleibol en la playa. El cielo **está despejado** y **hace** mucho **sol.**

Otoño

Hace fresco y mucho **viento.** No es fácil jugar al golf cuando hace viento. Pero el otoño es muy bonito porque muchos **árboles** cambian de color antes de **perder** las hojas.

Invierno

Hoy hace mal tiempo. Anoche **nevó** y hoy hace frío. Hay mucha **nieve** y **hielo** en las calles. Los **lagos** también **se congelaron** y algunas personas **aprovechan** para **patinar sobre el hielo.**

Primavera

Hoy **está nublado** y **está lloviendo.** Por eso, estos chicos no pueden jugar al fútbol y están **jugando a los bolos.** Pero **la lluvia** es muy buena para las plantas y las flores, y además limpia la **atmósfera contaminada.**

> ### En otras palabras
>
> In some Spanish-speaking countries the expressions **jugar (al) boliche** or **ir de bowling** are preferred to **jugar a los bolos**.

7-6 Condiciones meteorológicas. Asocie la situación de la columna de la izquierda con la oración más lógica de la derecha.

1. ___ Las calles están blancas.
2. ___ Las personas llevan impermeable y paraguas.
3. ___ La casa es un horno y vamos a ir a la playa.
4. ___ Los árboles se mueven (*move*) mucho.
5. ___ Vamos a celebrar mi cumpleaños en el parque porque el clima está perfecto.
6. ___ El cielo (*sky*) está cubierto (*overcast*) y parece que va a llover.

a. Hace muy buen tiempo.
b. Hace mucho viento.
c. Está lloviendo.
d. Hace mucho calor.
e. Está nevando.
f. Está nublado.

7-7 ¿Qué tiempo hace? Un amigo/Una amiga lo/la llama por teléfono desde otra ciudad. Pregúntele qué tiempo hace allí y averigüe cuáles son sus planes. Su amigo/a debe hacerle preguntas a usted también.

MODELO: E1: *¿Qué sorpresa! ¿Dónde estás?*
          E2: _____
          E1: *¿Qué tiempo hace allí?*
          E2: _____

> ### En directo
>
> To thank a friend for calling:
>
> **Mil gracias por llamar. ¡Fue un gusto escucharte!**
> *Many thanks for calling. It was a pleasure to hear your voice!*
>
> **Gracias por llamar. ¡Qué placer escucharte!**
> *Thanks for calling. What a pleasure to hear from you!*

7-8 El tiempo y las actividades. PRIMERA FASE. Túrnense para explicar qué les gusta hacer a usted y a sus amigos en las siguientes condiciones.

1. Cuando llueve yo…
2. Cuando hace mucho calor me gusta…
3. A veces cuando nieva…
4. Mis amigos y yo… cuando hace mal tiempo.

5. En invierno…
6. Los estudiantes… cuando hace buen tiempo.
7. Cuando está nublado…
8. Hoy hace viento pero…

SEGUNDA FASE. Preparen un breve diálogo que incluya al menos (*at least*) los siguientes elementos:

1. una pregunta
2. tres expresiones de tiempo
3. un deporte

MODELO: E1: *Hola, Carmen. ¿Vamos a la playa esta tarde? Hace mucho calor.*
E2: *Sí, pero en la televisión dicen que esta tarde va a llover.*
E1: *Está nublado pero pienso que no va a llover.*
E2: *Bueno, pues vamos. Es mejor jugar al vóleibol cuando está nublado.*

7-9 Las temperaturas. PRIMERA FASE. Escojan una ciudad de este mapa de Uruguay y túrnense para completar la siguiente conversación.

E1: ¿Qué temperatura hace en _____?
E2: _____ grados. Su equivalente en Fahrenheit es _____.
E1: ¿Y qué tiempo hace allí?
E2: _____. ¿Y qué temperatura hace en _____?

SEGUNDA FASE. Siguiendo el modelo de la *Primera fase*, preparen un pronóstico del tiempo (*weather report*) de su región para presentar por televisión. Indiquen:

1. la temperatura de tres ciudades
2. el tiempo que hace hoy
3. el tiempo que va a hacer mañana

Cultura

In Hispanic countries the Celsius system is used. To convert degrees Fahrenheit to the Celsius system, subtract 32, multiply by 5, and divide by 9.

86°F – 32 = 54

54 x 5 = 270

270/9 = 30°C

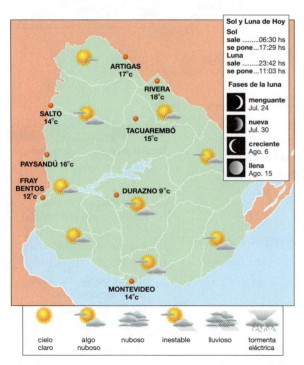

)) ¿Qué pasó ayer?

CD 3
Track 36 **Un partido importante**

Ayer fue el juego decisivo del campeonato de fútbol.

Rigoberto **se despertó** temprano.

Se levantó.

Se vistió.

Se sentó a comer un buen desayuno. Después **se fue** para el **campo** de fútbol.

Durante el partido el árbitro **pitó** un **penalti**.

Un jugador del equipo **contrario se enfadó** y **discutió** con el **árbitro**, pero el equipo de Rigoberto **metió un gol** y **ganó**.

Después del partido Rigoberto **se quitó** el uniforme, **se bañó** y **se puso la ropa**.

Luego fue a una fiesta para celebrar el triunfo.

Volvió a casa muy tarde, **se acostó** y **se durmió** enseguida.

7-10 ¿Qué significa? Busque la definición de estas palabras relacionadas con los deportes.

1. ___ ganar
2. ___ equipo
3. ___ gol
4. ___ partido
5. ___ árbitro
6. ___ campeón/campeona

a. jugador/a número 1 en un deporte
b. persona que mantiene el orden en un partido
c. tener más puntos al terminar un juego
d. juego entre dos equipos o individuos
e. punto en un partido de fútbol
f. un grupo de jugadores

7-11 El partido de Rigoberto. Contesten las preguntas sobre las actividades de Rigoberto el día del partido.

1. ¿Qué hizo (*did*) Rigoberto primero?
2. ¿Qué hizo después de levantarse?
3. ¿Qué desayunó Rigoberto?
4. ¿Por qué se enfadó un jugador del equipo contrario?
5. ¿Quién ganó el partido?
6. ¿Adónde fue Rigoberto después del partido?

7-12 ¿Las actividades de ayer? PRIMERA FASE. Háganse preguntas para obtener la siguiente información sobre las actividades de cada uno/a de ustedes ayer.

1. hora de despertarse y de levantarse ayer
2. desayuno que tomó
3. número de horas de estudio
4. deporte(s) que practicó y por cuánto tiempo
5. hora de acostarse

SEGUNDA FASE. Después, comparen sus actividades, contestando las siguientes preguntas:

1. ¿Quién de ustedes se levantó más temprano ayer?
2. ¿Quién tomó un desayuno más nutritivo?
3. ¿Quién estudió más?
4. ¿Quién practicó deportes por más tiempo?
5. ¿Quién se acostó más tarde?

7-13 El clima en Hispanoamérica. You will listen to the weather forecast for four cities in Latin America. Before you listen, write down the information that you might hear in a weather forecast in each season.

CD 3
Track 37

primavera _____
verano _____
otoño _____
invierno _____

Now, focus on the general idea of what is said. As you listen, indicate (✓) whether each forecast predicts good or bad weather.

	BUEN TIEMPO	MAL TIEMPO
Montevideo	_____	_____
Buenos Aires	_____	_____
Caracas	_____	_____
Ciudad de México	_____	_____

EN ACCIÓN

Diarios de bicicleta: Aficionados al fútbol

Antes de ver

7-14 Los deportes juegan un papel importante en el mundo hispano. Escriba los nombres de algunos atletas españoles y latinoamericanos que usted asocia con los siguientes deportes: tenis, béisbol, fútbol y boxeo.

Mientras ve

7-15 Ponga en orden cronólogico las siguientes acciones de Javier, según lo que le dice a Daniel.

___ Me desperté.
___ Fui al parque.
___ Me invitaron a jugar al fútbol.
___ Me senté junto a un árbol.
___ Me encontré con un señor y me dijo cómo llegar al parque.
___ Me dormí por unos minutos.
___ Me encontré con Martín y Claudia.
___ Dejé la bicicleta junto al árbol.
___ Ahora necesito encontrar mi bicicleta.
___ No usé el candado de mi bicicleta.

Después de ver

7-16 Cuéntele a su compañero/a una experiencia en la que usted perdió algo. Incluya el mayor número de detalles posible.

FUNCIONES Y FORMAS

1. Talking about the past: Preterit of reflexive verbs and pronouns

REPORTERO: ¡Felicitaciones por el triunfo! ¡Jugaron como campeones!

RODOLFO: Gracias. El triunfo es de todo el equipo. Fue un partido difícil, pero **nos preparamos** bien.

REPORTERO: ¿Y cómo empezó este día de victoria para ti, Rodolfo?

RODOLFO: Bueno, anoche **me acosté** temprano. Hoy, yo **me levanté** a las 5:30, **me duché** muy rápido para el entrenamiento, **me vestí** y **me fui** a la cancha.

REPORTERO: ¿Y cómo **se prepararon** ustedes para enfrentar al equipo rival?

RODOLFO: Eh… Primero, es fundamental **sentirse** ganador y también es importante tener un buen entrenador como el nuestro.

Rodolfo

Piénselo. Indique si las siguientes afirmaciones son probables (**P**) o improbables (**I**), según la conversación entre Rodolfo y el reportero.

1. ___ Todos los jugadores del equipo **se acostaron** tarde la noche antes del partido.
2. ___ Rodolfo **se levantó** temprano el día del partido.
3. ___ Rodolfo **se duchó** rápidamente para llegar a tiempo a la cancha.
4. ___ El equipo no **se preparó** bien para el partido, por eso, ganó.
5. ___ Según Rodolfo, lo más importante para ganar es **sentirse** nervioso.

■ In *Capítulo 4* you learned about reflexive verbs. Now you will use these verbs in the preterit. The rules that apply to reflexive verbs are the same in the past tense as in the present.

■ As you have seen, reflexive verbs express what people do *to* or *for themselves*.

Los jugadores **se levantaron** a las cinco.	*The players got up at five o'clock.*
Yo **me preparé** rápidamente.	*I got ready quickly.*

LEVANTARSE			
yo	**me levanté**	nosotros/as	**nos levantamos**
tú	**te levantaste**	vosotros/as	**os levantasteis**
Ud., él, ella	**se levantó**	Uds., ellos/as	**se levantaron**

■ With a conjugated verb followed by an infinitive, place the reflexive pronoun before the conjugated verb or attach it to the infinitive.

Yo **me** empecé a preparar a las cinco.
Yo empecé a preparar**me** a las cinco. } *I started to get ready at five.*

■ With the present progressive (**estar + -ndo**), place the reflexive pronoun before the conjugated form of **estar** or attach it to the present participle. When attaching a pronoun to the present participle, add a written accent mark to the stressed vowel (the vowel preceding **-ndo**).

Amelia **se** está duchando ahora.
Amelia está duch**á**ndo**se** ahora. } *Amelia is taking a shower now.*

Nosotros **nos** estamos lavando los dientes.
Nosotros estamos lav**á**ndo**nos** los dientes. } *We are brushing our teeth.*

■ Remember that when referring to parts of the body and clothing, the definite articles are used with reflexive verbs.

Me lavé **el** pelo. | *I washed my hair.*

Alicia se quitó **la** sudadera. | *Alicia took off her sweatshirt.*

■ Some verbs that use reflexive pronouns do not necessarily convey the idea of doing something to or for oneself. These verbs normally convey the idea of mental or physical states.

María **se enfermó** gravemente la semana pasada. | *María got seriously sick last week.*

Nos preocupamos mucho cuando fue al hospital. | *We got very worried when she went to the hospital.*

■ Reflexive verbs that convey the idea of mental or physical states do not take an object. The following verbs are in that category.

arrepentirse (ie)	*to regret*	**enfadarse**	*to get upset, angry*
atreverse	*to dare*	**quejarse**	*to complain*
divertirse (ie)	*to have fun*	**sentirse (ie)**	*to feel*
disculparse	*to apologize*		

La entrenadora **se disculpó** de no asistir a la práctica del viernes pasado. | *The coach apologized for not attending last Friday's practice.*

El público **se quejó** del pobre desempeño de los jugadores. | *The public complained about the poor performance of the players.*

Lengua

Do you know why the verb forms **duchándose** and **lavándonos** have an accent mark?

7-17 ¿Cómo fue su día ayer? Ponga estas actividades en el orden más lógico.

___ Me preparé para un examen. ___ Me desperté temprano.
___ Me dormí. ___ Me senté a desayunar.
___ Me levanté. ___ Me bañé.
___ Me fui a la universidad. ___ Al final del día, me sentí
___ Me acosté. cansado/a.

7-18 ¿Cómo reaccionan? PRIMERA FASE. Cuando ustedes tienen un partido importante, ¿hacen actividades semejantes o diferentes? ¿Reaccionan bien o mal?

MODELO: E1: *Yo me acuesto temprano la noche anterior.*
E2: *Yo no. Yo me acuesto a la hora de siempre.*

1. Yo me despierto…
2. A veces yo me enfado si…
3. Nuestro entrenador se queja cuando nosotros…
4. Cuando el entrenador está enfadado, yo no me atrevo a…
5. Cuando los jugadores cometen un error en la cancha, ellos…
6. Cuando esperamos el comienzo de un partido importante, nosotros siempre…
7. Cuando jugamos muy bien, nosotros…
8. Después de un partido difícil, siempre…

SEGUNDA FASE. Comparen la información de la *Primera fase* con la de otra pareja. ¿Son semejantes o diferentes sus actividades? ¿Reaccionan igual o de una manera diferente?

MODELO: E1: *Juan y yo nos despertamos muy temprano el día de un partido importante. ¿Y ustedes?*
E2: *Yo me despierto temprano también, pero Susana se levanta tarde. Dice que no está nerviosa antes de los partidos.*

7-19 Mis actividades de ayer. Haga una lista de por lo menos tres actividades físicas que usted hizo ayer para cuidar de su salud.

7-20 ¿Qué les ocurrió a estas personas? Lean las siguientes situaciones y hablen de lo que hicieron (*did*) estas personas después. Usen los verbos de la lista u otros propios. Después, comparen sus opiniones con las de otros compañeros/otras compañeras.

| afeitarse | despertarse | lavarse | mirarse | perfumarse | quitarse |
| bañarse | enfadarse | maquillarse | peinarse | probarse | secarse |

MODELO: Bernardo se despertó cuando sonó el despertador.
E1: *Luego se levantó lentamente. En tu opinión, ¿qué pasó después?*
E2: *Probablemente se afeitó.*

1. Teresa se miró en el espejo.
2. Juan y Tomás entraron en el vestuario (*locker room*) del gimnasio después del partido.
3. Marisa y Erica salieron de una tienda deportiva.
4. Ramón salió de la ducha.
5. Marta no está contenta. Habló con la capitana del equipo de unos temas personales y luego la capitana les contó todo a otras jugadoras.
6. Pablo llegó tarde a la cancha.

7-21 Nuestra preparación para el campeonato. El mes pasado ustedes representaron a su universidad en un campeonato de tenis en Montevideo. Digan lo que hicieron (*you did*)…

1. para prepararse físicamente.
2. para prepararse mentalmente.
3. para cumplir (*to fulfill*) con las responsabilidades académicas.

7-22 Loreta se levantó con el pie izquierdo (*got up on the wrong side of the bed*). PRIMERA FASE. Observen las siguientes escenas y cuenten lo que ocurrió. Usen su imaginación y los verbos de la lista u otros, si es necesario.

acostarse	ducharse	explicar	practicar
despertarse	enfadarse	golpear (*to knock*)	sentarse
disculparse	enojarse	levantarse	sonar

SEGUNDA FASE. Cuenten lo que ocurrió entre las 8:00 y las 9:00 de la mañana.

SITUACIONES

1. **Role A.** You are a well-known athlete who is greatly admired by young people in your country. A television reporter will interview you to prepare a special feature about your life. Answer the reporter's questions as fully as possible. Remember that you are considered a role model by young people.

   Role B. You are a television reporter. Today you are interviewing a highly respected and admired sports figure. After introducing yourself and greeting the athlete, find out a) what school he/she went to; b) when he/she started to play; c) what his/her daily routine is to keep in shape (**estar en forma**); and d) what sports he/she practiced yesterday.

2. **Role A.** You are visiting a friend who is preparing for the Olympics (**Olimpiadas**) at a training resort (**centro de entrenamiento**). Ask a) how many athletes are there; b) what time the athletes went to bed last night; c) what time they got up today; d) when they started practice today; e) what they ate for breakfast and where they ate; and d) if these activities are similar to his/her usual routine.

   Role B. A friend is visiting you today at the training resort (**centro de entrenamiento**) where you are preparing for the Olympics. Answer your friend's questions and add any information of interest.

2. Talking about the past: Preterit of *-er* and *-ir* verbs whose stem ends in a vowel

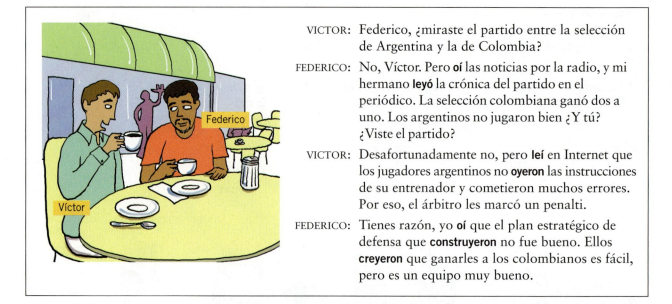

VICTOR: Federico, ¿miraste el partido entre la selección de Argentina y la de Colombia?

FEDERICO: No, Víctor. Pero **oí** las noticias por la radio, y mi hermano **leyó** la crónica del partido en el periódico. La selección colombiana ganó dos a uno. Los argentinos no jugaron bien ¿Y tú? ¿Viste el partido?

VICTOR: Desafortunadamente no, pero **leí** en Internet que los jugadores argentinos no **oyeron** las instrucciones de su entrenador y cometieron muchos errores. Por eso, el árbitro les marcó un penalti.

FEDERICO: Tienes razón, yo **oí** que el plan estratégico de defensa que **construyeron** no fue bueno. Ellos **creyeron** que ganarles a los colombianos es fácil, pero es un equipo muy bueno.

Piénselo. ¿Quién lo hizo (*Who did it*): Federico (**F**), Víctor (**V**), el hermano de Federico (**HF**), los jugadores argentinos (**JA**)?

1. ___ **Oyó** las noticias del partido por la radio.
2. ___ **Leyó** la crónica en el periódico.
3. ___ **Leyó** en Internet comentarios sobre el partido.
4. ___ No **oyeron** las instrucciones.
5. ___ **Creyeron** que ganar es fácil.
6. ___ **Construyeron** (*They built*) una mala estrategia de defensa.

■ You have already learned the preterit forms of regular **-er** and **-ir** verbs. For verbs whose stem ends in a vowel, the preterit ending for the **usted/él/ella** form is **-yó** and for the **ustedes/ellos/ellas** form, the ending is **-yeron**.

LEER			
yo	leí	nosotros/as	leímos
tú	leíste	vosotros/as	leísteis
Ud., él, ella	leyó	Uds., ellos/as	le**yeron**

OÍR			
yo	oí	nosotros/as	oímos
tú	oíste	vosotros/as	oísteis
Ud., él, ella	o**yó**	Uds., ellos/as	o**yeron**

Los jugadores **oyeron** los comentarios negativos de los reporteros deportivos.

The players heard the negative comments of the sports commentators.

Cuando el entrenador **oyó** el pitazo final, abrazó a los jugadores.

When the coach heard the final whistle, he hugged the players.

Los miembros del equipo **construyeron** una casa con la organización Hábitat para la Humanidad.

The members of the team built a house with Habitat for Humanity.

> ### Lengua
>
> Note that **-er** and **-ir** verbs whose stems end in a vowel (**creer, leer, oír**) have an accent mark on the **i** in the infinitive and in the preterit endings that begin with **i**.
>
> No la **oí** llegar anoche.
> *I didn't hear her arrive last night.*

7-23 ¿Cómo se enteraron (*found out*) de los resultados? El fin de semana pasado se jugó la Copa Davis. Las siguientes personas son fanáticas del tenis. Indique cómo se enteró cada uno de ellos de los resultados de los partidos. Use los verbos creer, leer, mirar y oír.

1. Paula y su novio pasaron el fin de semana en las montañas y _oyeron_ los resultados en la radio durante su viaje de regreso a la ciudad.
2. Mercedes trabajó en la biblioteca todo el fin de semana. Cuando su hermano le contó los resultados, ella no lo _creyó_
3. Ricardo participó en un partido de fútbol entre su universidad y una universidad rival. Él _leyó_ los resultados en el periódico.
4. Los Belmar salieron a hacer ejercicio a la hora del partido. Prefieren el aire libre a mirar televisión y _leyeron_ los resultados en el periódico al día siguiente.

7-24 La semana pasada. Miren la lista de actividades e indiquen en cuáles participaron todos ustedes la semana pasada.

concluir un proyecto importante

construir algo

contribuir con su tiempo a una organización sin fines de lucro (*non-profit*)

ir a la biblioteca

leer el periódico de la universidad

mirar una película para una clase

oír música en español

SITUACIONES

1. **Role A.** You have just written a book on Hispanics in professional sports in the United States. A reporter for your local newspaper is interviewing you. Respond to the reporter's questions about your work.

   Role B. You are a newspaper reporter interviewing the author of a new book on professional Hispanic athletes in the United States. After introducing yourself, ask a) what sports he/she wrote about; b) whether he/she read newspapers from Latin America to write the book; c) what contributions the first Hispanic players made to professional sports in the United States; and d) what he/she concluded from the research (**investigación**).

2. **Role A.** Call a friend to invite him/her to go to a sports event with you. Mention a) what the event is; b) that you read about it in the newspaper; and c) that you want to see the city's new stadium (**estadio**).

   Role B. Your friend calls to invite you to a sports event. Respond to the invitation with questions and comments. Then decide if you want to go and either accept or decline the invitation.

3. Talking about the past: Preterit of stem-changing *-ir* verbs

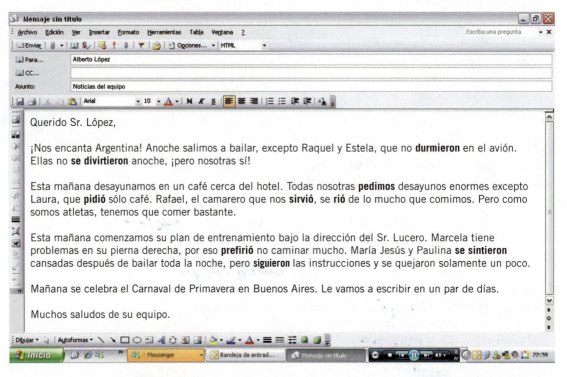

Para... Alberto López
CC...
Asunto: Noticias del equipo

Querido Sr. López,

¡Nos encanta Argentina! Anoche salimos a bailar, excepto Raquel y Estela, que no **durmieron** en el avión. Ellas no **se divirtieron** anoche, ¡pero nosotras sí!

Esta mañana desayunamos en un café cerca del hotel. Todas nosotras **pedimos** desayunos enormes excepto Laura, que **pidió** sólo café. Rafael, el camarero que nos **sirvió**, se **rió** de lo mucho que comimos. Pero como somos atletas, tenemos que comer bastante.

Esta mañana comenzamos su plan de entrenamiento bajo la dirección del Sr. Lucero. Marcela tiene problemas en su pierna derecha, por eso **prefirió** no caminar mucho. María Jesús y Paulina **se sintieron** cansadas después de bailar toda la noche, pero **siguieron** las instrucciones y se quejaron solamente un poco.

Mañana se celebra el Carnaval de Primavera en Buenos Aires. Le vamos a escribir en un par de días.

Muchos saludos de su equipo.

Piénselo. Después de cada oración, escriba a qué persona(s) se refiere, según la breve nota anterior.

1. No **durmieron** en el avión. _____ y _____
2. No desayunó esta mañana; **pidió** un café solamente. _____
3. Se **rió** de lo mucho que comieron las jugadoras. _____
4. **Prefirió** no caminar mucho. _____
5. No **se divirtieron** anoche porque no salieron con sus amigas. _____ y

   _____
6. **Se sintieron** cansadas, pero **siguieron** el plan de entrenamiento. _____ y

   _____

■ In the preterit, stem-changing **-ir** verbs change **e → i** and **o → u** in the **usted, él, ella** and **ustedes, ellos/as** forms. The endings are the same as those of regular **-ir** verbs.

Marta **prefirió** salir temprano.   *Marta preferred to leave early.*

Las jugadoras **durmieron** tranquilamente.   *The players slept calmly.*

PREFERIR (e → i)			
yo	preferí	nosotros/as	preferimos
tú	preferiste	vosotros/as	preferisteis
Ud., él, ella	prefirió	Uds., ellos/as	prefirieron

DORMIR (o → u)			
yo	dormí	nosotros/as	dormimos
tú	dormiste	vosotros/as	dormisteis
Ud., él, ella	durmió	Uds., ellos/as	durmieron

■ The following are other stem-changing **-ir** verbs:

despedirse · *to say goodbye* · Los hinchas se despidieron de su equipo.
The fans said goodbye to their team.

divertirse · *to have fun* · Todos se divirtieron con la presentación de las barras paralelas.
Everyone had fun with the performance of the parallel bars.

morir · *to die* · Un hincha murió de un ataque al corazón cuando su equipo perdió.
A fan died of a heart attack when his team lost.

pedir · *to ask for/order* · El entrenador pidió agua para los jugadores.
The coach asked for water for the players.

reír · *to laugh* · El árbitro se rió cuando un perro cruzó la cancha.
The referee laughed when a dog crossed the field.

repetir · *to repeat* · El reportero repitió el nombre del jugador que marcó el gol.
The reporter repeated the name of the player who scored the goal.

seguir · *to follow* · Los jugadores siguieron las instrucciones de su entrenador.
The players followed the instructions of their coach.

sentirse · *to feel* · Todos se sintieron felices con el triunfo.
Everyone felt happy about the victory.

servir · *to serve* · Los hinchas le sirvieron perros calientes gratis al público.
Fans served free hot dogs to the public.

vestirse · *to get dressed* · Los jugadores se vistieron para ir a celebrar.
The players got dressed to go out and celebrate.

7-25 Carrera de un campeón. Un famoso deportista recibió muchas medallas durante su carrera. ¿Cómo lo logró (*accomplished*)? Marque (✓) la alternativa más apropiada, según usted.

1. ___ a. Durmió poco antes de cada partido.
   ___ b. Siempre durmió por lo menos ocho horas.

2. ___ a. Prefirió evitar el alcohol.
   ___ b. Prefirió beber alcohol moderadamente.

3. ___ a. Se preparó solo.
   ___ b. Prefirió prepararse con un entrenador.

4. ___ a. Prefirió comer poco, pero bien.
   ___ b. Comió mucho durante toda su vida, pero hizo mucho ejercicio físico.

5. ___ a. Practicó sólo antes de los partidos importantes.
   ___ b. Practicó constantemente.

6. ___ a. Repitió sus victorias con frecuencia.
   ___ b. Raras veces repitió sus victorias.

7. ___ a. Cuando no ganó un partido, se sintió deprimido y no continuó tratando.
   ___ b. Se sintió triste cuando no ganó un partido, pero pidió ayuda para mejorar.

7-26 Momentos cruciales. Indique lo que hicieron las siguientes jugadoras del equipo femenino de básquetbol unos minutos antes del partido.

1. Marta (vestirse) _____ con la camiseta número 3.
2. Ana y Luisa Fernanda (seguir) _____ con atención los pasos del calentamiento (*warm-up*).
3. Carmen (preferir) _____ no beber agua antes del partido.
4. Las jugadoras del equipo contrario (reírse) _____ cuando su entrenador les hizo una broma (*joke*).
5. La entrenadora les (repetir) _____ las instrucciones a todas las jugadoras.
6. El equipo (sentirse) _____ animado (*encouraged*) con los aplausos del público.

 7-27 Celebrando la victoria. Uno de los equipos de su universidad ganó un campeonato importante y ustedes organizaron una fiesta en su honor. Explíquenle a otra pareja los siguientes detalles de la fiesta. Usen los verbos de la lista.

despedirse	pedir	repetir	servir
divertirse	reír	sentirse	vestirse

1. hora y lugar de la fiesta
2. número de personas que asistieron y cómo se vistieron para la fiesta
3. tipo de cooperación que ustedes pidieron para los gastos de la fiesta
4. cómo se divirtieron en la fiesta
5. comida y bebida que sirvieron en la fiesta y tipo de música que escucharon
6. reconocimiento (*recognition*) que les dieron a los jugadores
7. sentimientos de los jugadores durante la fiesta
8. a qué hora los invitados se despidieron y se fueron de la fiesta

SITUACIONES

1. **Role A.** You had to work late last night and missed an important basketball game at your school. Call a friend who went to the game. After greeting your friend, a) explain why you did not go; b) ask questions about the game; c) answer your friend's questions; and d) accept your friend's invitation to go to another game next Saturday.

   Role B. A friend calls to find out about last night's basketball game. Answer your friend's questions and then a) say that there is another game on Saturday; b) find out if your friend is free that evening; and c) if free, invite him/her to go with you.

2. **Role A.** You read in today's newspaper that your favorite football (**fútbol americano**) player was interviewed on TV last night. Call your friend, who watched the interview, to find out a) on which channel (**canal**) he/she watched the interview; b) the time of the interview; c) who interviewed (**entrevistar**) the football player; and d) what they talked about.

   Role B. Your friend calls to get the details of a TV interview of his/her favorite football (**fútbol americano**) player. Answer all of your friend's questions in as much detail as possible.

4. Emphasizing or clarifying information: Pronouns after prepositions

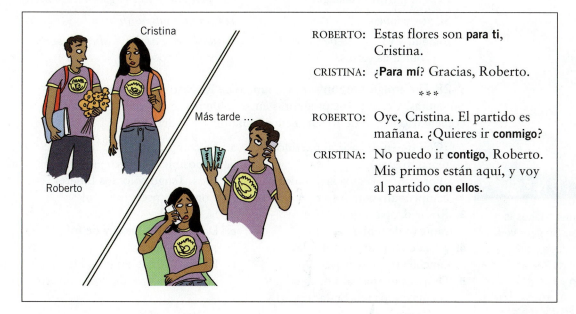

ROBERTO: Estas flores son **para ti**, Cristina.

CRISTINA: **¿Para mí?** Gracias, Roberto.

* * *

ROBERTO: Oye, Cristina. El partido es mañana. ¿Quieres ir **conmigo**?

CRISTINA: No puedo ir **contigo**, Roberto. Mis primos están aquí, y voy al partido **con ellos**.

Piénselo. Indique quién dice cada oración, Roberto (**R**) o Cristina (**C**).

1. _R_ ¿Quieres ir **conmigo**?
2. _R_ Estas flores son **para ti**.
3. _C_ No puedo ir **contigo**.
4. _C_ ¿**Para mí**?
5. _C_ Voy **con ellos**.

■ In *Capítulo 6* you used **a + mí**, **a + ti**, and so on, to clarify or emphasize the indirect object pronoun: **Le di el suéter a él**. These same pronouns are used after other prepositions, such as **de**, **para**, and **sin**.

a		mí
de		ti
para		usted, él, ella
por	+	nosotros/as
sin		vosotros/as
sobre		ustedes, ellos/as

Siempre habla **de ti**.	*He is always talking about you.*
Las raquetas son **para mí**.	*The racquets are for me.*
No quieren ir **sin nosotros**.	*They do not want to go without us.*

■ In a few cases, Spanish does not use **mí** and **ti** after prepositions. After **con**, use **conmigo** and **contigo**. After **entre**, use **tú** y **yo**.

¿Vas al partido **conmigo**?	*Are you going to the game with me?*
Sí, voy **contigo**.	*Yes, I am going with you.*
Entre tú y **yo**, ella tiene unos problemas serios.	*Between you and me, she has some serious problems.*

7-28 Un amigo preguntón. Un amigo de Rosario le hace muchas preguntas. Conecte sus preguntas en la columna de la izquierda con un comentario lógico de Rosario en la columna de la derecha.

1. ¿Con quién vas a ir al partido de tenis, Rosario? _c_
2. ¿Por qué no vemos las finales del campeonato con Sofía? _f_
3. Rosario, ¿para quién es esta raqueta de tenis? _a_
4. ¿Pueden mis amigos ir a la cancha con nosotros? _b_
5. Después del partido de ayer encontramos una sudadera. ¿Es de Carlos? _d_
6. ¿De quién van a recibir el trofeo los ganadores? _e_

a. La compré para ti. ¿Te gusta?
b. Imposible. No podemos ir con ellos. Tengo sólo dos billetes.
c. Contigo, ¡por supuesto!
d. Sí, es de él.
e. De nosotros. De ti y de mí. ¡Qué emocionante!
f. Prefiero verlas sin ella. Habla mucho y no puedo concentrarme.

7-29 Haciendo planes. ¿Cuándo van a hacer las siguientes actividades? Escojan individualmente una opción en cada número y, luego pregúntense entre ustedes.

MODELO: E1: *¿Cuándo puedes ir al cine conmigo?*
E2: *Puedo ir contigo el sábado.*

1. estudiar español/historia/biología
2. ir al parque/al partido de béisbol/al concierto
3. jugar al golf/al tenis/al vóleibol

7-30 ¿Con quién va? Completen el siguiente diálogo, usando pronombres.

JULIA: Yo salgo ahora. ¿Vienes conmigo?
CELIA: No, no puedo ir _contigo_. Tengo que trabajar media hora más en la tienda.
JULIA: ¡Cuánto lo siento! Entonces, ¿vas a ir con Roberto?
CELIA: Sí, voy a ir con ___él___ más tarde.
JULIA: Seguro que él no quiere ir sin ~~conmigo/ti~~. Tú eres su mejor amigo/a.
CELIA: Sí, somos muy buenos amigos. ¿Y sabes dónde te vas a sentar?
JULIA: Sí, voy a sentarme entre ___tú___ y ___él___.

SITUACIONES

1. **Role A.** One of your friends is a basketball player. He gave you two tickets for today's game, but you have no transportation. Call a friend who has a car. After greeting him/her a) explain how you got the tickets for the game; b) invite your friend to go with you; and c) explain that you have no transportation.

Role B. A friend calls you to invite you to today's basketball game. After exchanging greetings, a) thank your friend for the invitation; b) respond that you would be delighted to go with him/her; c) say that you can pick him/her up in your car; and d) agree on a time and place.

2. **Role A.** Your friend calls to chat and tells you that he/she went to a surprise party (*una fiesta sorpresa*) last weekend. Ask a) who gave the party; b) who it was for; c) who your friend went with; and d) what happened at the party.

Role B. You call a friend to chat. Talk about the surprise party (*fiesta sorpresa*) you went to last weekend. Answer your friend's questions about the party in as much detail as possible.

5. Talking about the past: Some irregular preterits

ABUELA: ¡Bienvenidos! Pasen, por favor. ¿No **vino** Carmencita? ¿Está enferma?

MADRE: Está trabajando. **Estuvo** en la biblioteca hasta muy tarde anoche, pero no **pudo** terminar su proyecto. Nos **dijo** que es largo y difícil.

* * *

CARMENCITA: ¿Mis padres? **Tuvieron** que ir a la casa de mi abuela, pero no **quise** ir a otra cena aburrida. Les **dije** una pequeña mentira sobre un proyecto...

Piénselo. Marque (✓) si las afirmaciones en la columna de la izquierda probablemente expresan la **verdad**, una **mentira** (*lie*) o si **no se sabe,** según la información en las conversaciones.

	VERDAD	MENTIRA	NO SE SABE
1. Carmencita **tuvo** que terminar un proyecto.	——	——	——
2. Los padres de Carmencita **tuvieron** que ir a la casa de la abuela.	——	——	——
3. Carmencita no **quiso** ir a la casa de su abuela.	——	——	——
4. Carmencita **estuvo** en la biblioteca por muchas horas.	——	——	——
5. Carmencita **hizo** un proyecto para una clase.	——	——	——
6. Carmencita les **dijo** la verdad a sus padres.	——	——	——

■ Some verbs have irregular forms in the preterit because they use different stems than in the present tense. The preterit endings are added to those stems. Note that the **yo, usted, él,** and **ella** preterit endings of these verbs are unstressed and therefore do not have written accents.

■ The verbs **hacer, querer,** and **venir** have an **i** in the preterit stem.

INFINITIVE	NEW STEM	PRETERIT FORMS
hacer	**hic-**	hice, hiciste, hizo, hicimos, hicisteis, hicieron
querer[1]	**quis-**	quise, quisiste, quiso, quisimos, quisisteis, quisieron
venir	**vin-**	vine, viniste, vino, vinimos, vinisteis, vinieron

---

[1]The verb **querer** in the preterit followed by an infinitive normally means to *try* (*but fail*) *to do something.*
 Quise hacerlo ayer.   *I tried to do it yesterday.*

■ The verbs **estar**, **tener**, **poder**, **poner**, and **saber** have a **u** in the preterit stem.

INFINITIVE	NEW STEM	PRETERIT FORMS
estar	estuv-	estuve, estuviste, estuvo, estuvimos, estuvisteis, estuvieron
tener	tuv-	tuve, tuviste, tuvo, tuvimos, tuvisteis, tuvieron
poder[2]	pud-	pude, pudiste, pudo, pudimos, pudisteis, pudieron
poner	pus-	puse, pusiste, puso, pusimos, pusisteis, pusieron
saber[3]	sup-	supe, supiste, supo, supimos, supisteis, supieron

■ The verbs **decir**, **traer**, and all verbs ending in **-ducir** (e.g., **traducir**, *to translate*) have a **j** in the stem and use the ending **-eron** instead of **-ieron**. **Decir** also has an **i** in the stem.

INFINITIVE	NEW STEM	PRETERIT FORMS
decir	dij-	dije, dijiste, dijo, dijimos, dijisteis, dijeron
traer	traj-	traje, trajiste, trajo, trajimos, trajisteis, trajeron
traducir	traduj-	traduje, tradujiste, tradujo, tradujimos, tradujisteis, tradujeron

7-31 ¿Qué hizo usted ayer? PRIMERA FASE. De la siguiente lista de quehaceres (*chores*), usted sólo pudo hacer dos o tres. Marque (✓) lo que hizo y lo que no pudo hacer.

	SÍ	NO
1. lavar la ropa	_____	_____
2. comprar los zapatos de tenis	_____	_____
3. probarse el uniforme nuevo	_____	_____
4. conocer al nuevo entrenador	_____	_____
5. mirar el video del último partido	_____	_____
6. comentar las estrategias del próximo partido	_____	_____

SEGUNDA FASE. Hágale preguntas a su compañero/a para averiguar qué pudo hacer ayer.

MODELO: comprar el trofeo para el campeonato
        E1:   *¿Compraste el trofeo para el campeonato?*
        E2:   *Quise comprarlo, pero no pude.*
        E1:   *¿Por qué no pudiste comprarlo?*
        E2:   *Porque tuve que regresar al laboratorio.*

---

[2]**Poder** used in the preterit usually means *to manage to do something.*
    Pude hacerlo esta mañana.   *I managed to do it this morning.*
[3]**Saber** in the preterit normally means *to learn* in the sense of *to find out.*
    Supe que llegó anoche.   *I learned that he arrived last night.*

7-32 ¿Qué ocurrió? Expliquen qué le ocurrió a Javier el día de su cumpleaños. Den la mayor cantidad de información posible.

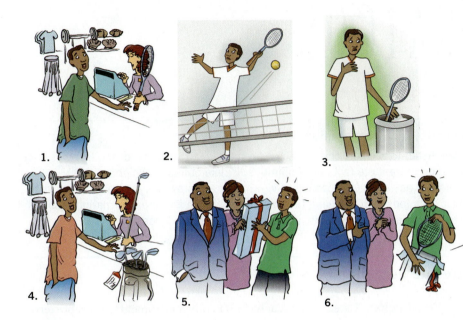

1.
2.
3.
4.
5.
6.

7-33 Unos días de descanso. Su compañero/a estuvo unos días en Argentina. Hágale preguntas sobre los siguientes puntos para saber más de su viaje.

1. lugares adonde fue
2. tiempo que estuvo en Argentina
3. cosas interesantes que hizo
4. los lugares que le gustaron más
5. si pudo hablar español y con quién(es)

SITUACIONES

1. **Role A.** Congratulations! You won a contest (**concurso**) to attend the World Cup. Tell your classmate that you won the contest and that you went to the World Cup. Answer all of his/her questions in detail.

   Role B. Your classmate won a contest and tells you about it. Ask a) how he/she found out about the contest; b) how long he/she was away; c) how many games he/she attended; d) with whom he/she went; and e) details about the last game.

2. **Role A.** Imagine that yesterday you went to a sports event and had the opportunity to meet your favorite sports star. Explain to a friend a) where you went; b) what happened and where; c) what you did when you saw this person; d) what he/she said to you; and d) what happened finally.

   Role B. Your friend tells you that he/she met a very famous sports star yesterday. Ask about what happened and what they talked about.

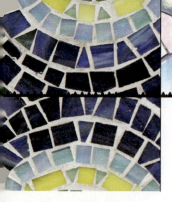

MOSAICOS

A escuchar

ESTRATEGIA

Differentiate fact from opinion

When you listen to a report or a newscast on the radio, television, or the Internet, you need to differentiate facts from opinions. Unlike opinions, which express personal attitudes, beliefs, or points of view, facts are provable. You may distinguish facts from opinions by identifying fact indicators, which include information that refers to data, statistics, numbers, and other verifiable evidence.

Antes de escuchar

7-34 Preparación. Usted va a escuchar una conversación entre un reportero y Nicolás, un esquiador argentino que habla sobre su viaje al centro de esquí en Bariloche, Argentina. Antes de escuchar la conversación, escriba una oración con información concreta sobre el tiempo o sobre las pendientes (*slopes*) en las pistas de esquí. Después escriba una opinión sobre la gente del lugar que, según usted, Nicolás probablemente va a conocer.

Escuchar

7-35 ¿Comprende usted? Now listen to the conversation and write down in Spanish three pieces of factual information and three opinions Nicolás offered about the place and/or the people.

CD 3
Track 38

información concreta:

1. _____
2. _____
3. _____

opinión personal:

1. _____
2. _____
3. _____

Después de escuchar

7-36 Ahora usted. Hágale preguntas a su compañero/a para averiguar la siguiente información.

1. un deporte que practica y dónde lo practica
2. el tiempo que hace cuando lo practica
3. su atleta favorito/a en ese deporte y por qué

A conversar

Focus on key information to report what was said

In *Capítulo 6* you practiced taking notes to comprehend and remember something you heard. In this chapter you will take the next step: turning your notes into a brief report that you will present to the class. To be successful, you should a) decide what aspects of the topic you want to report on; b) listen for and take notes on those aspects; and c) organize your notes for your presentation.

Antes de conversar

7-37 Preparación. PRIMERA FASE. Hagan una lista de los deportes que se practican en Argentina y/o Uruguay, según su conocimiento de la región.

SEGUNDA FASE. En la página web de *Mosaicos*, busquen los deportes que escribieron en la *Primera fase*. Elijan uno que se practica en Argentina o Uruguay, busquen la siguiente información sobre ese deporte y tomen apuntes.

1. el nombre del deporte
2. dos o tres datos históricos básicos sobre el deporte: a) cuándo empezó a practicarse; b) dónde empezó; c) algo interesante sobre los comienzos (*beginnings*) del deporte
3. una persona argentina o uruguaya famosa en la historia de este deporte: a) nombre, fecha y lugar de nacimiento y b) datos sobre su carrera deportiva

Conversar

7-38 Entre nosotros. Hagan una presentación de no más de un minuto sobre el deporte que investigaron, usando la información que aprendieron. Divídanse el trabajo de preparar y hacer su presentación entre ustedes. Pueden usar *PowerPoint* e imágenes de Internet para crear una presentación interesante.

Después de conversar

7-39 Un poco más. Elija un deporte y un/a atleta de las presentaciones que hicieron sus compañeros/as de clase. Usando sus apuntes, prepare dos informes breves (de no más de un minuto). Incluya la información indicada en las fichas (*note cards*) a continuación.

En directo

To discuss ideas while working in a group:

¿Qué te/le/les parece esto?
What do you think about this?

¿Qué te/le/les parece si decimos/organizamos... ?
How about if we say/organize . . . ?

¿Por qué no lees/hablas/miras... ?
Why don't you read/say/look at . . . ?

To propose a new idea:

¡Oigan, tengo una idea!
Listen, I have an idea.

Miren, tengo una propuesta.
Look, I have a suggestion.

En directo

To maintain the interest of listeners:

Hay hechos/datos interesantes sobre...

La información que tenemos sobre... es increíble.

¡Imagínense! Ganó el primer puesto en...

Este/a deportista juega al... como nadie.

Deporte
Nombre:
Dónde y cuándo empezó a practicarse:
Dónde se practica ahora:
Su popularidad:

Atleta
Nombre y nacionalidad:
Fecha de nacimiento:
Campeonatos que ganó:
Su reputación nacional e internacional:

A leer

Predict and guess content

You may enhance your comprehension of a text by predicting and guessing its content before you start to read. Begin by brainstorming the information you are likely to find in the text and identifying the text format. Try this with a magazine article in English and think consciously about how you rely on your own knowledge and reading experiences, as well as textual information, to anticipate what you will read. When you read in Spanish, try to use the strategies that you deploy automatically when you read in your native language.

Antes de leer

7-40 Preparación. PRIMERA FASE. Mire el texto "Los deportes: Una pasión uruguaya". Lea el título y examine las fotos. Tome un minuto máximo para escanear el texto, buscando nombres de lugares y deportes conocidos. Luego responda a las preguntas.

1. Después de examinar el texto, seleccione su tema entre las posibilidades a continuación.
   a. los lugares en Uruguay dónde se practican los deportes
   b. los atletas más famosos de Uruguay
   c. el amor de los uruguayos por los deportes

2. Marque (✓) las ideas que usted anticipa encontrar en el texto.
   a. ___ los deportes más populares de Uruguay
   b. ___ el origen de los deportes de Uruguay
   c. ___ los lugares donde se practican algunos deportes en Uruguay
   d. ___ los campeonatos que ganaron los equipos de fútbol uruguayo
   e. ___ los deportes favoritos de los uruguayos en comparación con los de otros países latinoamericanos

SEGUNDA FASE. Ahora, respondan a estas preguntas.

1. ¿Les gustan los deportes individuales o prefieren los de equipo? ¿Por qué?
2. ¿Saben esquiar? ¿Esquían en la nieve o en el agua? ¿Esquían bien o regular?
3. ¿Qué tipos de surf conocen? ¿Han oído hablar (*Have you heard about*) del surf en la arena? ¿Qué saben acerca del deporte?
4. ¿Conocen el fútbol de salón? ¿Se practica en su país? ¿Dónde?

Leer

Los deportes: Una pasión uruguaya

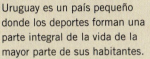

Uruguay es un país pequeño donde los deportes forman una parte integral de la vida de la mayor parte de sus habitantes.

Entre las grandes pasiones nacionales, desde luego, está el fútbol. Desde su infancia, muchos uruguayos acompañan fielmente a sus equipos predilectos. En varias ocasiones, la selección nacional uruguaya ganó títulos y campeonatos importantes.

Pero los uruguayos son un pueblo inquieto, de una personalidad versátil que no limita su interés a un solo deporte. El básquetbol, el ciclismo, el fútbol de salón, el rugby, el boxeo y la pelota de mano son otros deportes que tienen muchos aficionados.

Las hermosas y privilegiadas playas del Uruguay también favorecen los deportes acuáticos, como el surf, que, según los expertos, cuenta hoy con un gran número de aficionados. En 1993 en Uruguay se formó la Unión de Surf del Uruguay (USU). Ese mismo año, el país envió a sus representantes a competir internacionalmente en el Primer Campeonato Panamericano de Surf en Isla Margarita, Venezuela. Hoy en día la USU promueve el surf, arbitra las competencias clasificatorias a nivel nacional, apoya a los competidores nacionales, representa a Uruguay en competencias internacionales y compite en los Juegos Olímpicos con la Selección Uruguaya de Surf.

Sin duda, uno de los lugares predilectos de los uruguayos y turistas extranjeros para practicar el surf es Punta del Este. Ubicada al sureste del Uruguay, a 140 kilometros de Montevideo, Punta Este es una hermosa península de enormes playas, con arenas finas y gruesas, rocas y un entorno de bosques y médanos[1].

Precisamente en estos médanos nació, en el siglo pasado, una variante del surf que está despertando grandes polémicas en el país: el surf en la arena o sandsurf. Los brasileños inventaron este deporte en los años ochenta para no aburrirse cuando no había olas. La agradable temperatura de las playas uruguayas, la escasez de olas que a veces impide practicar el surf en el agua y la formación arenosa de algunas playas aumentaron considerablemente el número de personas que practican el surf en la arena. Por ejemplo, los médanos de Valizas son los más grandes de Sudamérica y los terceros más grandes del mundo, algunos con 30 metros de altura y una longitud de bajada[2] de aproximadamente 125 metros. Sin embargo, las autoridades uruguayas están controlando e incluso prohibiendo la práctica de este deporte por el posible deterioro ecológico que ocasiona. No hay duda de que la prohibición del surf en la arena no va a detener el espíritu activo de los uruguayos. Su creatividad los incentivará a buscar o inventar otras opciones para entretenerse.

[1]*dunes* [2]*slope*

7-41 Primera mirada. Diga si las siguientes citas textuales (*quotations*) representan información concreta (**C**) o una opinión (**O**) del autor.

1. ___ Desde su infancia, muchos uruguayos acompañan fielmente a sus equipos predilectos.
2. ___ Pero los uruguayos son un pueblo inquieto, de una personalidad versátil que no limita su interés a un solo deporte.
3. ___ En 1993 en Uruguay se formó la Unión de Surf del Uruguay (USU).
4. ___ Punta del Este es una hermosa península de enormes playas, con arenas finas y gruesas, rocas y un entorno de bosques y médanos.
5. ___ La agradable temperatura de las playas uruguayas, la escasez de olas que a veces impide practicar el surf en el agua y la formación arenosa de algunas playas aumentaron considerablemente el número de personas que practican el surf en la arena.
6. ___ No hay duda de que la prohibición del surf en la arena no va a detener el espíritu activo de los uruguayos.

Ahora, marque (✓) la estrategia que lo/la ayudó a predecir el contenido del texto.

a. ___ Hice una lluvia de ideas (*brainstorming*) antes de leer el texto.
b. ___ Usé mi experiencia personal con los deportes.
c. ___ Analicé el formato del texto.
d. ___ Observé los elementos visuales del texto como las fotos.

7-42 Segunda mirada. Lea el artículo otra vez y, según la información que aparece en él, haga lo siguiente:

1. Indique dos razones que explican la popularidad del fútbol en Uruguay.
2. Diga por qué los uruguayos tienen un carácter inquieto.
3. Nombre tres deportes que se juegan en equipo, dos que son principalmente deportes individuales y uno que no requiere una pelota.
4. Dé dos razones para explicar por qué Punta del Este es un lugar ideal para practicar el surf acuático.
5. Explique dos hechos que provocaron el nacimiento del surf en la arena.
6. En su opinión, ¿deben prohibir el surf en la arena? ¿Por qué?

Después de leer

7-43 Ampliación. Determinen cuál es el deporte favorito del grupo. Luego preparen una hoja descriptiva sobre ese deporte sin mencionar el nombre. Incluyan la siguiente información e intercambien su hoja con otro grupo que debe adivinar cuál es el deporte.

1. lugar donde se practica
2. deporte individual o en grupo (número de personas en el equipo)
3. clima ideal para practicarlo: Se practica en invierno… /cuando hace…
4. un jugador famoso/una jugadora famosa de este deporte
5. su opinión sobre ese jugador/esa jugadora

A escribir

Antes de escribir

7-44 Preparación. PRIMERA FASE. Los expertos afirman que el ejercicio físico beneficia a las personas. Respondan a las siguientes preguntas:

1. ¿Qué tipos de actividad física puede hacer una persona? Hagan una lista de posibles actividades físicas (ejercicio o deportes).
2. ¿Es la edad de la persona un factor importante en el tipo de actividad física que hace? ¿Por qué? Escriban una o dos razones, según los expertos.
3. ¿Son la frecuencia y la cantidad de actividad factores importantes en el ejercicio físico? ¿Por qué? Indiquen la frecuencia y la cantidad de actividad física que puede beneficiar a una persona joven y a una persona mayor, según los expertos.
4. ¿Cuáles son dos o tres beneficios del ejercicio físico, según los expertos? Escriban por lo menos una palabra (detalle) que apoye (*supports*) cada uno de los beneficios. ¿Conocen ustedes a alguna persona que se benefició con la actividad física? ¿Qué comenzó a hacer esta persona? ¿Cómo se benefició con el ejercicio?

Escribir

7-45 Manos a la obra. Como proyecto final en su clase *Ejercicio y longevidad*, usted debe escribir un artículo electrónico para los jóvenes hispanos de la escuela secundaria que no hacen actividad física. Usando la información que recogió en **7-44**, escriba su artículo. Incluya lo siguiente:

1. Los beneficios del ejercicio físico, según los expertos. Escriba detalles lógicos que apoyen cada uno de los beneficios.
2. Tipos de actividad física que pueden beneficiar a una persona joven. Escriba una o dos razones, según los expertos.
3. Indique cómo la frecuencia y la cantidad de actividad física benefician a una persona, según los expertos. Dé detalles.

Después de escribir

7-46 Revisión. Antes de presentar su proyecto, revise:

1. la organización y la cantidad de información: ¿Es lógica y clara la organización? ¿Hay suficientes detalles que apoyan la idea central de cada párrafo?
2. el vocabulario general y vocabulario especializado, las estructuras que utilizó para presentar la información, la concordancia, etc.
3. las expresiones para presentar la información factual o la opinión de los expertos
4. la división de los párrafos, la ortografía y la acentuación, etc.

ESTRATEGIA

Add supporting details

Supporting details are sentences, facts, examples, and ideas that follow the topic sentence or main idea and make up the body of a paragraph. Details should be sequenced logically and support the main idea of the paragraph. Paragraph structure may be visualized as follows:

Main idea
  Supporting detail #1
  Supporting detail #2
  Supporting detail #3
Closing sentence

As you write, think of how you will organize the supporting details to develop the main idea of each paragraph. Anticipate and use details that your reader can expect to see after reading the topic sentence.

En directo

To express facts:

Los expertos afirman/dicen/aseguran que…

La investigación indica que…

Los estudios muestran que…

To express an opinion:

A mí me parece que…

ENFOQUE CULTURAL

El arte del asado y la tradición ganadera en Argentina y Uruguay

Si le preguntamos a una persona de Argentina o de Uruguay cuál es su comida favorita, probablemente va a responder que es la carne. En efecto, en estos dos países la carne es más que un producto para la exportación. Es, también, el núcleo de muchas tradiciones y está unida a celebraciones, fiestas familiares y, en general, a la cultura de la región. En otras palabras, la ganadería y todo lo relacionado con el ganado contribuyen no solamente a la economía de los dos países, sino también al modo de vida y a las costumbres de sus habitantes.

Un asado argentino con carne de vaca

Indiscutiblemente, en Argentina y Uruguay el asado es un verdadero arte. Algunas personas comparan el asado de Argentina y Uruguay con la parrillada o *cook-out* de Estados Unidos, pero en realidad, son muy diferentes. Aunque la parrillada tradicional en Estados Unidos se compone principalmente de hamburguesas hechas de carne molida, también incluye pollo, costillas (*ribs*) y otros cortes de carne. Inclusive, en los últimos tiempos se han empezado a usar verduras y frutas, por consideraciones de salud. Por otra parte, el asado de Argentina y Uruguay incluye diferentes tipos de carne, además de algunos órganos internos de la vaca. La salsa típica que acompaña el asado argentino es el *chimichurri*, una salsa de aceite y una variedad de hierbas, mientras que en Estados Unidos frecuentemente se prepara una mezcla de salsa de tomate con salsa *Worcestershire* y azúcar.

La contribución de la ganadería a la economía es impresionante. En Uruguay, por ejemplo, la ganadería constituye cerca del 20% de la economía. Este porcentaje tan alto no lo produce solamente la carne, sino también el cuero y la lana que se usan para fabricar ropa, zapatos y otros artículos de vestir. El valor de las exportaciones de carne uruguaya supera los 500 millones de dólares, pero es necesario sumar unos 150 millones que valen las exportaciones de lana de ovejas y aproximadamente 300 millones por la venta de cueros. Estos resultados son todavía más impresionantes en el caso de Argentina, donde hay unos 40 millones de vacas y aproximadamente 25 millones de ovejas, en un país que tiene unos 40 millones de personas.

Los vaqueros que trabajan en la ganadería se llaman *gauchos*. Es cierto que el modo de vida de los gauchos está unido al arte, la literatura y la cultura de estos países. En la foto se puede ver a un gaucho en su traje típico. Las imágenes de estos vaqueros y su vida romántica y aventurera pertenecen a la literatura y el arte desde el siglo XIX. Por ejemplo, *Facundo* es uno de los más famosos libros latinoamericanos del siglo XIX. En él, Domingo Sarmiento describió con detalle la vida y las costumbres de los gauchos. José Hernández inventó otro de los grandes estereotipos gauchos en un largo poema en el que cuenta la vida, las aventuras y los sufrimientos de *Martín Fierro*, un gaucho argentino. De otra parte, Ricardo Güiraldes publicó *Don Segundo Sombra*, otro ejemplo de la representación literaria del gaucho, a principios del siglo XX.

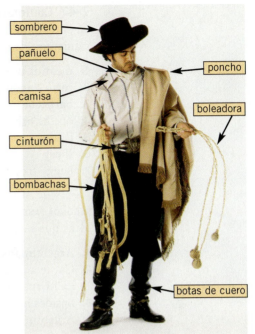

El traje típico del gaucho argentino

sombrero · pañuelo · camisa · cinturón · bombachas · poncho · boleadora · botas de cuero

Domingo Faustino Sarmiento (1811-1888), escritor, fue el primer presidente civil de República Argentina, desde 1868 a 1874.

En otras palabras

Expresiones argentinas

Che, **vos**, ¿dónde está la pelota?
Hey, you, where is the ball?

¡No te mandes la parte!
Don't brag!

En otras palabras

Expresiones uruguayas

Tengo un **gurí** y dos **gurisas**.
I have a boy and two girls.

¡Qué bárbaro!
Great!

7-47 Comprensión. PRIMERA FASE. **Reconocimiento de palabras clave.** Encuentre en el texto la palabra o expresión que mejor expresa el significado de las siguientes ideas.

1. meat or beef _____
2. cattle ranching _____
3. barbecue _____
4. on the other hand _____
5. leather _____
6. sheep _____
7. baggy trousers _____

SEGUNDA FASE. **Oraciones importantes.** Subraye las afirmaciones que contienen ideas que se encuentran en el texto. Luego indique en qué parte del texto están.

1. Argentinians value meat only as a commodity for export.
2. Cattle and cattle ranching are deeply embedded in the culture of Argentina and Uruguay.
3. Besides meat, some internal organs of the cow are used in a typical Argentinian *asado*.
4. There are more cows and sheep in Uruguay than there are in Argentina.
5. About one-fifth of the economy of Uruguay depends on cattle farming.
6. The combined exports of meat, wool and leather from Uruguay are worth close to one billion dollars.
7. Argentinian cowboys love to dance the tango.
8. Many authors have portrayed the life of Argentinian cowboys in their literature since the nineteenth century.

TERCERA FASE. **Ideas principales.** Escriba un párrafo breve en inglés resumiendo las ideas principales expresadas en el texto.

 7-48 Use la información. Haga un afiche para comparar tres de las más importantes regiones ganaderas del continente americano: Texas, los Llanos de Colombia y Venezuela, y la pampa argentina. Para preparar esta actividad, visite la página web de *Mosaicos* y siga los enlaces útiles. Incluya lo siguiente:

1. una foto de cada una de las regiones y una explicación breve para cada una de ellas
2. una descripción de tres características de cada una de las regiones, por ejemplo, el clima, la naturaleza, las personas, las costumbres, la ropa, la comida, etc.

VOCABULARIO

Los deportes	Sports
el baloncesto/el básquetbol	basketball
el béisbol	baseball
el ciclismo	cycling
el esquí	skiing, ski
el fútbol	soccer
el golf	golf
el tenis	tennis
el vóleibol	volleyball

El equipo deportivo	Sports equipment
el bate	bat
el balón/la pelota	ball
el cesto/la cesta	basket, hoop
el gol	goal
los palos	golf clubs
la raqueta	racquet
la red	net

Los eventos	Events
el campeonato	championship
la carrera	race
el juego/el partido	game

Los lugares	Places
el campo	field
la cancha	court, golf course
la pista	slope; court; track

Las personas	People
el árbitro	umpire, referee
el campeón/la campeona	champion
el/la ciclista	cyclist
el entrenador/la entrenadora	coach
el equipo	team; equipment
el jugador/la jugadora	player
el/la tenista	tennis player

La naturaleza	Nature
el árbol	tree
la atmósfera	atmosphere
el lago	lake

El tiempo	Weather
está despejado	it's clear
está nublado	it's cloudy
hace fresco	it's cool
hace sol	it's sunny
el hielo	ice
la lluvia	rain
la nieve	snow
el viento	wind

Las descripciones	Descriptions
contaminado/a	polluted, contaminated
contrario/a	opposing
mundial	world, worldwide

Verbos	Verbs
aprovechar	to take advantage
congelar(se)	to freeze
discutir	to argue
durar	to last
enfadarse	to get angry
esquiar	to ski
ganar	to win
ir(se)	to go away, to leave
jugar (ue) a los bolos	to bowl
llover (ue)	to rain
meter un gol	to score a goal
nevar (ie)	to snow
patinar	to skate
perder (ie)	to lose
pitar	to whistle
recorrer	to travel, to cover (distance)
traducir (zc)	to translate

Palabras y expresiones útiles	Useful Words and Expressions
cada	each
conmigo	with me
contigo	with you (familiar)
el penalti	penalty (in sports)

See page 233 for other reflexive verbs.
See page 239 for other stem-changing -ir verbs.

8 *Nuestras tradiciones*

La pintora mexicana Frida Kahlo pintó este cuadro en 1932. Su título es *Autorretrato entre México y Estados Unidos.*

In this chapter you will learn how to:

- talk about holidays, traditions, and celebrations
- express ongoing actions in the past
- narrate past events
- make comparisons

Cultural focus: México

ESTADOS UNIDOS

Tijuana

Una banda de mariachis

La Paz

Chihuahua

Monterrey

Golfo de California

Río Grande

Golfo de México

Las ruinas prehispánicas de Teotihuacán

MÉXICO

Zacatecas

El Zócalo en Ciudad de México

Cancún

Mérida

Las ruinas de Tulum

OCÉANO PACÍFICO

Bahía de Campeche

Guadalajara

Ciudad de México

Morelia

Puebla

Oaxaca

BELICE

GUATEMALA

El mole poblano, una de las especialidades de la comida mexicana

A vista de pájaro. Complete las siguientes oraciones con sus propias palabras.

1. Los mariachis son…
2. La Catedral Metropolitana está en…
3. La playa de Cancún está en…
4. Algunos platos típicos de la comida mexicana son…
5. Frida Kahlo es…
6. Los mayas y los aztecas construyeron…

A PRIMERA VISTA

CD 4
Track 1

·)) Las fiestas y las tradiciones

Estas **carretas adornadas** y sus dueños hicieron el **camino** para llegar a El Rocío, un pequeño pueblo de la provincia de Huelva, en el suroeste de España, donde está la Ermita (*Hermitage*) de la Virgen del Rocío. En el pueblo **se reúnen** cada año cerca de un millón de personas para celebrar la fiesta de la Virgen del Rocío.

El Día de los **Muertos**, también conocido como el Día de los **Difuntos**, se conmemora el 2 de noviembre. Mucha **gente** va al **cementerio** ese día o el día anterior para **recordar** y llevarles flores a sus familiares o amigos difuntos. Especialmente en México, los **preparativos** para el Día de los Muertos **comienzan** con mucha anterioridad y hay familias que pasan la noche del primero al 2 de noviembre **acompañando** a sus muertos en el cementerio, como se ve en esta foto tomada en Pátzcuaro.

Las fiestas y los bailes que se celebran en diversas partes del mundo ayudan a **mantener** las **costumbres** de los **antepasados**. La Diablada es uno de los **festivales** folclóricos con más colorido en Hispanoamérica. Se celebra durante el **carnaval** de Oruro en Bolivia y también en el norte de Chile y en otros países, entre ellos, Perú.

La música, el baile y la **alegría** reinan en los carnavales. Hay **desfiles** de **carrozas** y **comparsas** que bailan en las calles, muchas personas **se disfrazan** y todo el mundo **se divierte**. El **último** día de Carnaval es el martes antes del **comienzo** de la Cuaresma (*Lent*).

Esta es una de las **procesiones** de Semana Santa en Antigua, Guatemala. Esta ciudad fue la antigua capital de Guatemala y es famosa por su arquitectura colonial y las **maravillosas** alfombras que se hacen con flores, **semillas** y **aserrín** para el paso de las procesiones.

El Día de San Fermín, el 7 de julio, se inicia la **celebración** de los sanfermines en Pamplona, España. Esta celebración, que dura del 7 al 14 de julio, es famosa mundialmente por los encierros. Los jóvenes corren por las calles seguidos de los **toros**, hasta llegar a la plaza donde **encierran** a los toros y más tarde tienen lugar las **corridas**.

8-1 Definiciones. Asocie el nombre de la festividad en la columna de la izquierda con su descripción en la columna de la derecha.

1. _e_ San Fermín
2. _a_ La Diablada
3. _f_ El Rocío
4. _b_ Carnaval
5. _c_ El Día de los Muertos
6. _d_ Semana Santa

a. Se celebra durante el carnaval de Oruro en Bolivia. personas bailan en las calles disfrazadas de demonios.
b. Muchas personas se disfrazan y bailan en comparsas por las calles.
c. Todos van al cementerio a hacer ofrendas a los seres queridos que están muertos.
d. Hay procesiones por las calles y en Antigua, Guatemala, se hacen unas alfombras de aserrín, flores y semillas.
e. Los jóvenes corren por las calles delante de los toros.
f. Es una fiesta en el sur de España. La gente va en carretas hasta una ermita.

8-2 Describir las imágenes. PRIMERA FASE. Describan las fotos anteriores detalladamente contestando las siguientes preguntas.

1. ¿Qué están haciendo las personas en las fotos?
2. ¿Qué ropa llevan las personas? ¿Qué colores hay en las fotos?
3. ¿Qué objetos hay en las fotos? ¿Para qué sirven?
4. ¿Hay animales? ¿Qué hacen estos animales?
5. ¿Piensan que la festividad de la foto es religiosa? ¿Por qué?
6. Según ustedes, ¿es la festividad divertida? ¿Por qué?

SEGUNDA FASE. Elijan una de las fotos y descríbanla en un párrafo. Incluyan las ideas sobre las que conversaron en la *Primera fase*.

8-3 Contextos. PRIMERA FASE. Hablen sobre las ideas, sentimientos o costumbres que evocan las siguientes palabras.

MODELO: el carnaval
La palabra carnaval me hace pensar en música, baile, alegría, carrozas, desfiles, calles.

1. los cementerios
2. los toros
3. las flores
4. los disfraces
5. las alfombras de aserrín
6. el baile

SEGUNDA FASE. Elijan una de las palabras de la *Primera fase* y escriban una oración en la que la palabra aparezca en un contexto familiar para ustedes. Compartan esta oración con la clase.

MODELO: *Cuando visitamos a los amigos llevamos flores.*

Cultura

El Día de Acción de Gracias (*Thanksgiving*) no se celebra en los países hispanos y tampoco es tradicional el Día de las Brujas (*Halloween*), aunque empieza a celebrarse en algunas ciudades de Hispanoamérica y de España. Por otro lado, debido a la importancia e influencia de la religión católica en los países hispanos, algunas fiestas católicas se consideran también fiestas oficiales y son días feriados. Pero lo más importante es la gran diversidad de fiestas locales. Muchas personas trabajan todo el año para garantizar el éxito de estas celebraciones en las que la gente baila y se divierte durante días enteros.

Otras celebraciones

CD 4
Track 2

la Nochebuena

la Navidad

la Nochevieja

el Año Nuevo

el Día de la Independencia de México

la Pascua

el Día de la Madre

el Día del Padre

el Día de Acción de Gracias

el Día de las Brujas

el Día de los Enamorados/del Amor y la Amistad

8-4 Asociaciones. PRIMERA FASE. Asocie las fechas de la izquierda con los días festivos de la derecha.

1. _h_ el 25 de diciembre
2. _g_ el 2 de noviembre
3. _f_ el 6 de enero
4. _a_ el 4 de julio
5. _c_ el 24 de diciembre
6. _d_ el 31 de diciembre
7. _e_ el 14 de febrero
8. _b_ el 31 de octubre

a. el Día de la Independencia de Estados Unidos
b. el Día de las Brujas
c. la Nochebuena
d. la Nochevieja/el Fin de Año
e. el Día de los Enamorados/del Amor y la Amistad
f. el Día de los Reyes Magos
g. el Día de los Muertos
h. la Navidad

SEGUNDA FASE. Comenten entre ustedes las respuestas a las siguientes preguntas.

1. ¿Cuál(es) de estas fiestas celebra cada uno/a de ustedes?
2. ¿Cuál es la fiesta favorita de la mayoría de las personas del grupo, y por qué?
3. ¿En cuál de estas fiestas reciben regalos? ¿Qué tipo de regalos?
4. ¿En cuál de estas fiestas hay una comida especial?

8-5 Festivales o desfiles. Piense en algunos festivales o desfiles importantes y complete el cuadro. Su compañero/a va a hacerle preguntas sobre ellos.

MODELO: E1:   *¿En qué fiesta o desfile importante estás pensando?*
    E2:   *En el Cinco de Mayo.*
    E1:   *¿Dónde lo celebran?*
    E2:   *En México y en algunas ciudades de Estados Unidos, como Austin, Texas.*

FESTIVAL O DESFILE	FECHA	LUGAR	DESCRIPCIÓN	OPINIÓN

El Cinco de Mayo es una fiesta que celebra la victoria de México contra Francia en la Batalla de Puebla en 1862. Ese día hay desfiles y los mexicanos visten sus trajes típicos.

8-6 Unos días festivos. Hablen sobre cómo celebran ustedes estas fechas.

MODELO: E1:   *¿Cómo celebras tu cumpleaños?*
    E2:   *Lo celebro con mi familia y mis amigos. Recibo regalos, y mi madre prepara mi comida favorita con pastel de chocolate de postre. Después escuchamos música, conversamos y a veces bailamos.*

1. la Nochevieja/el Fin de Año
2. el Día de las Brujas
3. el Día de Acción de Gracias
4. el Día de la Independencia
5. el Año Nuevo
6. el Día de la Madre

8-7 Una celebración importante. **PRIMERA FASE.** Escojan una celebración importante del mundo hispano (Carnaval, Semana Santa, Año Nuevo, Las Posadas, La Diablada, Día de la Independencia, etc.) y busquen información en Internet sobre:

1. el lugar donde se celebra
2. la época del año
3. las actividades
4. los vestidos o disfraces
5. la comida

Lengua

The words **fiesta**, **festividad**, and **festival** are often used interchangeably. **Fiesta** may mean a holiday or a party or celebration. **Festividad** normally refers to a public festivity or a holiday. **Festival** often involves a series of events or celebrations of a public nature. Another term for holiday is **día festivo**. **Día feriado** is a legal holiday.

SEGUNDA FASE. Imagínese que usted y su compañero/a estuvieron en un país hispano durante la celebración que investigaron en la *Primera fase*. Explíquenles a otros/as dos compañeros/as cómo celebraron y qué pasó. Ellos les van a hacer preguntas para obtener más información.

·)) Las invitaciones

CD 4
Track 3 **¿Quieres salir conmigo?**

LUISA: Hola, Arturo, ¿cómo estás?

ARTURO: Bien, Luisa, ¿y tú?

LUISA: Estupendamente. Mira, me gustaría **invitarte** a cenar conmigo el sábado. Es la ocasión perfecta para hablar de tu viaje a México.

ARTURO: La verdad es que me gustaría mucho, pero mañana no puedo porque tengo un partido de fútbol.

LUISA: ¡Qué lástima! ¿Y el domingo, día 15?

ARTURO: El domingo está bien. Si quieres, podemos **quedar** antes para **dar un paseo** por la ciudad. Las calles están adornadas para las fiestas, y la ciudad está muy **animada**.

LUISA: ¡Qué buena idea! Nos vemos en la plaza a las seis.

ARTURO: Bueno, pues nos vemos allí y luego decidimos adónde vamos a cenar.

LUISA: Gracias, Arturo, hasta el domingo.

ARTURO: Hasta el domingo.

En directo

To accept an invitation:

Gracias. Me encanta la idea.

Con mucho gusto.

Encantado/a.

Será un placer.
It will be a pleasure.

To apologize:

Me gustaría ir, pero...

¡Qué lástima/pena! Ese día tengo que...

No puedo, tengo un compromiso.
I can't, I have a prior engagement.

8-8 Una invitación. PRIMERA FASE. Completen el siguiente cuadro según la conversación de Luisa y Arturo.

FECHAS DE LAS INVITACIONES	EXPRESIONES QUE USA ARTURO
primera invitación:	para disculparse por no aceptar:
segunda invitación:	para aceptar la invitación:

SEGUNDA FASE. Ahora invite a su compañero/a a cenar, o a ir al teatro o a un partido importante. Después, su compañero/a va a invitarlo/la a usted. Pueden usar las expresiones del diálogo y de *En directo*.

Celebraciones personales

CD 4 Track 4

La boda del príncipe Felipe en mayo de 2004 fue un gran acontecimiento histórico y social en España y millones de hispanos pudieron ver por televisión. En los países hispanos, el padrino de la boda es la persona que acompaña a la novia al altar y generalmente es su padre. La madrina está en el altar con el novio y normalmente es su madre.

8-9 Una invitación de boda. Lean la invitación de boda y la de la recepción, y contesten las preguntas. Luego preparen una lista con las diferencias que encuentran ustedes entre estas invitaciones y las de su país.

Agradecemos su presencia
después de la ceremonia religiosa
en el Club de Golf Chapultepec
Av. Conscripto Nº 425, Lomas
Hipódromo

R.S.V.P.
529-99-43
520-16-85

Personal

Pedro Martín Salda
Juana Montoya de Martín

Eduardo Calderón Solís
Elisa Noriega de Calderón

participan el matrimonio de sus hijos

Estelita
y
Alberto

y tienen el honor de invitarle a la ceremonia religiosa que se celebrará el viernes 9 de febrero, a las diecinueve treinta horas en el Convento de San Joaquín, Santa Cruz Cocalco Nº 15, Legaria, dignándose impartir la bendición nupcial
el R.P. José Ortuno S. J.
Ciudad de México

1. ¿Cómo se llaman los padres de la novia? ¿Y los del novio?
2. ¿Cómo se llaman los novios?
3. ¿Qué día es la boda?
4. ¿A qué hora es?
5. ¿En qué país se celebra esta boda?
6. ¿Adónde van a ir los invitados después de la ceremonia?

8-10 Una ocasión memorable. Lean la invitación y contesten las preguntas.

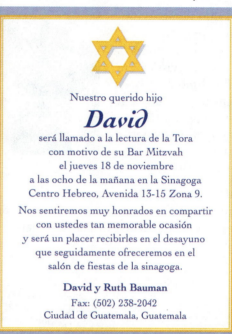

Nuestro querido hijo

David

será llamado a la lectura de la Tora
con motivo de su Bar Mitzvah
el jueves 18 de noviembre
a las ocho de la mañana en la Sinagoga
Centro Hebreo, Avenida 13-15 Zona 9.

Nos sentiremos muy honrados en compartir
con ustedes tan memorable ocasión
y será un placer recibirles en el desayuno
que seguidamente ofreceremos en el
salón de fiestas de la sinagoga.

David y Ruth Bauman
Fax: (502) 238-2042
Ciudad de Guatemala, Guatemala

1. ¿Cuál es el motivo de la celebración?
2. ¿Qué día es la celebración? ¿A qué hora?
3. ¿Hay otra actividad, además de la celebración religiosa?
4. ¿Quiénes son David y Ruth Bauman?
5. ¿En qué país tiene lugar esta celebración?

8-11 Una fiesta especial. PRIMERA FASE. Piense en una celebración o fiesta en la que usted participó recientemente. Escriba algunas notas sobre lo siguiente:

1. ¿Cuál es el nombre de la fiesta?
2. ¿Dónde se celebró? ¿Cuántos invitados asistieron?
3. Describa la comida que sirvieron.
4. ¿Cómo se divirtió la gente? ¿Tocaron música?
5. ¿Gastaron mucho los anfitriones (*hosts*)?

SEGUNDA FASE. Ahora explíquense los detalles de esta fiesta. Incluyan detalles de la *Primera fase*.

8-12 Identificar la fiesta. You will listen to four short dialogues about different holidays celebrated in the Hispanic world. Before you listen, write down the names of two holidays that you have studied or read about in this chapter.

CD 4
Track 5

Pay attention to the general idea of what is said. As you listen, identify the holiday each conversation refers to by writing the appropriate conversation number next to it.

___ el Día del Amor y la Amistad/Día de los Enamorados
___ el Día de los Muertos
___ el Día de los Reyes Magos
___ el Día de las Brujas

EN ACCIÓN

Diarios de bicicleta: La ponchera

Antes de ver

8-13 En este segmento, Marcos, Luciana y Javier están organizando una fiesta de cumpleaños para Gabi. Escriba cinco preguntas para averiguar si todo está listo para la fiesta.

MODELO: *¿Hicieron el pastel de cumpleaños?*

Mientras ve

8-14 Indique si las siguientes afirmaciones se refieren a Marcos (**M**), a Luciana (**L**) o a Javier (**J**).

1. ____ Quería hacer un pastel de cumpleaños.
2. ____ Invitó a toda la gente.
3. ____ Pusieron la mesa.
4. ____ Dejó caer (*dropped*) la ponchera.

Después de ver

8-15 Responda a las siguientes preguntas.

1. ¿Cuándo recibió la ponchera la mamá de Luciana y Marcos?
2. Según Marcos, ¿quién rompió la ponchera?
3. Según su hermana, ¿de quién fue la culpa?
4. ¿Quién le dijo la verdad a la mamá?

FUNCIONES Y FORMAS

1. Expressing ongoing actions and descriptions in the past: The imperfect

ABUELA: **Antes** la música **era** suave y romántica. **Tenía** más melodía y las orquestas **eran** magníficas. **Hoy en día** no **hay** música, sólo ruido, y a la gente **no le interesa** bailar.

NANCY: **Antes** las familias **cenaban** juntas. **Conversaban** mientras **comían**, y los hijos **se aburrían** (*got bored*) mucho. ¡**Era** una tortura! **Ahora** es mucho mejor. Cuando **tengo** hambre, **preparo** algo para comer. Además, los padres no **controlan** tanto la vida de sus hijos.

Piénselo. Indique (✔) a qué función se refiere cada afirmación.

ACTIVIDAD	DESCRIPCIÓN EN EL PASADO	ACCIÓN O DESCRIPCIÓN HABITUAL EN EL PASADO	ACCIÓN EN EL PRESENTE
1. La música del pasado **tenía** más melodía.	X	X	
2. Hoy en día no **hay** música.			X
3. Antes las familias **cenaban** juntas.		X	
4. Los hijos **se aburrían** mucho.	X	X	
5. Cuando **tengo** hambre, **preparo** algo para comer.			X
6. Los padres no **controlan** tanto la vida de sus hijos.		X	X

- You have already learned to use the preterit to talk about actions in the past. In these scenes, the grandmother and granddaughter use a different past tense, the **imperfect**, because they are focusing on how things used to be and what usually took place 50 or 60 years ago. If they were talking about a specific completed action, like something they did yesterday, they would use the preterit. Generally, the imperfect is used to:

- express habitual or repeated actions in the past (without focus on the completion of the action).

  Nosotros **íbamos** a casa para cenar todos los días a las seis.   *We used to go home to eat dinner every day at six o'clock.*

■ express an action or state that was in progress in the past (not whether the action or state was completed).

Todos los invitados **hablaban** y **bailaban**. **Estaban** muy contentos.

All the guests were talking and dancing. They were very happy.

■ describe characteristics and conditions in the past.

El desfile **era** muy largo y **había** muchos espectadores.

The parade was very long and there were many spectators.

■ tell time in the past.

Era la una de la tarde; no **eran** las dos.

It was one in the afternoon; it was not two.

■ express a person's age in the past.

Ella **tenía** quince años entonces.

She was fifteen years old then.

■ Some expressions of time and frequency that often accompany the imperfect to express ongoing or repeated actions or states in the past are **mientras, a veces, siempre, generalmente,** and **frecuentemente.**

	HABLAR	COMER	VIVIR
IMPERFECT			
yo	hab**laba**	com**ía**	viv**ía**
tú	hab**labas**	com**ías**	viv**ías**
Ud., él, ella	hab**laba**	com**ía**	viv**ía**
nosotros/as	hab**lábamos**	com**íamos**	viv**íamos**
vosotros/as	hab**labais**	com**íais**	viv**íais**
Uds., ellos/as	hab**laban**	com**ían**	viv**ían**

■ Note that the endings for **-er** and **-ir** verbs are the same and have a written accent over the **í** of the ending.

■ The Spanish imperfect has several English equivalents.

Mis amigos **bailaban** mucho.

> *My friends danced a lot.*
> *My friends were dancing a lot.*
> *My friends used to dance a lot.*
> *My friends would dance a lot.*
> (implying a repeated action)

■ There are no stem changes in the imperfect.

Ella no d**ue**rme bien ahora, pero antes d**o**rmía muy bien.

She does not sleep well now, but she used to sleep very well before.

■ Only three verbs are irregular in the imperfect.

ir iba, ibas, iba, íbamos, ibais, iban

ser era, eras, era, éramos, erais, eran

ver veía, veías, veía, veíamos, veíais, veían

■ The imperfect form of **hay** is **había** (*there was, there were, there used to be*). It is invariable.

Había una invitación en el correo.　　*There was an invitation in the mail.*

Había muchas personas en la fiesta.　　*There were many people at the party.*

8-16 Cuando tenía cinco años. Marque (✓) cuáles eran sus actividades cuando usted tenía cinco años.

1. _____ Jugaba en el parque con mi perro.
2. _____ Ayudaba a mi mamá en la casa, especialmente cuando teníamos invitados.
3. _____ Salía con mis padres los fines de semana.
4. _____ Iba a la playa en el verano.
5. _____ Veía televisión hasta muy tarde.
6. _____ Celebraba el Año Nuevo con mis amigos.
7. _____ Asistía a las fiestas de la familia.
8. …

8-17 En mi escuela secundaria. PRIMERA FASE. Marque (✓) la frecuencia con que usted y sus amigos/as hacían estas cosas. Luego compare sus respuestas con las de su compañero/a.

MODELO: decorar los salones de clase
Frecuentemente decorábamos los salones de clase.

ACTIVIDADES	SIEMPRE	FRECUENTEMENTE	A VECES	NUNCA
hablar sobre las competencias deportivas en las clases				
organizar reuniones para aumentar el espíritu de la escuela (*pep rallies*)				
ir a los partidos de fútbol y otros deportes				
asistir a conciertos y obras de teatro				
participar en un equipo, en la banda, etc.				
otra actividad				

SEGUNDA FASE. Hablen de los siguientes temas.

1. ¿Cuáles eran las tradiciones en su escuela para celebrar y aumentar el espíritu de equipo (*team spirit*) que realizaban con más frecuencia?
2. ¿Cuáles eran sus actividades favoritas?

8-18 El apagón (*blackout*). El sábado pasado los señores Herrera organizaron una fiesta en su casa. Desafortunadamente durante la fiesta hubo un apagón en su barrio. Basándose en el dibujo escriba un párrafo para explicar lo que hacían las personas cuando se fue la luz.

8-19 Mi casa. Descríbale a su compañero/a cómo era la casa o apartamento donde usted vivía cuando era niño/a. Después, su compañero/a debe hacer lo mismo.

8-20 Las fiestas infantiles. Comenten cómo eran las fiestas de cumpleaños cuando ustedes eran pequeños/as. Incluyan los siguientes puntos:

1. lugar de la celebración
2. horas (comienzo y final)
3. dos o tres actividades que hacían
4. personas que participaban
5. comida y bebida que servían
6. ropa que llevaban

8-21 Antes y ahora. Expliquen cómo era la vida antes y cómo es ahora con respecto a los siguientes temas:

1. la familia (tamaño, grado de movilidad, porcentaje de divorcios)
2. la mujer en la sociedad (participación en el mundo del trabajo/de la política, su independencia económica)
3. las ciudades (tamaño, los problemas ambientales (*environmental*) como la contaminación, la delincuencia, el crimen)

> ### En directo
>
> To talk about how things used to be:
>
> **Entonces...**
>
> **Por aquel entonces...**
>
> **En aquellos tiempos...**

SITUACIONES

1. **Role A.** You are a famous public figure (a singer, professor, scientist, athlete, etc.) being interviewed by a television reporter. Offer as many details about your background as possible.

   Role B. You are interviewing a famous person for a television program. Ask a) what his/her family life and hometown were like when he/she was young; b) the type of music he/she used to listen to; c) the books he/she used to read; d) the holidays he/she celebrated most.

2. **Role A.** You are an exchange student and would like to find out about your host's weekend and summer activities when he/she was in high school. Ask a) what activites there were for high school students in his/her community, b) what he/she generally did on Saturday evenings and with whom; and c) what he/she usually did in the summer.

   Role B. You are the host of an exchange student. Answer his/her questions about your weekend and summer activities when you were in high school. Describe a summer trip to a friend's house in Guadalajara, Mexico, and say that you a) spoke Spanish every day; b) went to the outdoor markets often; c) listened to the mariachis very often; and d) used to eat excellent Mexican food every day.

2. Narrating in the past: The preterit and the imperfect

Había una vez una chica que **vivía** con su padre, porque su madre **estaba** muerta. La chica **se llamaba** Cenicienta. **Era** muy bella y muy buena, y todos los vecinos la **querían** mucho. Pero un día, su vida **cambió**. Su padre **se casó** con una mujer muy mala que **tenía** dos hijas. La mujer y sus hijas **vinieron** a vivir a la casa de Cenicienta. Las hijas **eran** muy crueles y **odiaban** (*hated*) a Cenicienta, su hermanastra...

Piénselo. Lea las afirmaciones y marque (✓) su función en el cuento: contar los eventos, o dar información de fondo (*background information*) sobre el contexto o los personajes.

	CONTAR LOS EVENTOS	DAR INFORMACIÓN DE FONDO
1. La chica **se llamaba** Cenicienta.	_____	_____
2. **Era** muy bella y muy buena.	_____	_____
3. Todos los vecinos la **querían** mucho.	_____	_____
4. Pero un día, su vida **cambió**.	_____	_____
5. Su padre **se casó** con una mujer muy mala.	_____	_____
6. La mujer y sus hijas **vinieron** a vivir a la casa de Cenicienta.	_____	_____

■ The preterit and the imperfect are not interchangeable. They fulfill different functions when telling a story or talking about an event in the past.

■ Use the preterit:

1. to express a sequence of actions completed in the past (note that there is a forward movement of narrative time).

   Oyeron un ruido, se **levantaron**, y **bajaron** las escaleras.   *They heard a noise, got up, and went downstairs.*

2. to talk about the beginning or end of an event, action, or condition.

   Pepito **leyó** a los cinco años.   *Pepito read (began to read) at age five.*

   El niño **se enfermó** el sábado.   *The child got sick (became sick) on Saturday.*

   Pepito **leyó** el cuento.   *Pepito read (finished) the story.*

   El niño **estuvo** enfermo ayer.   *The child was sick yesterday (and is no longer sick).*

3. to talk about an event, action, or condition that occurred over a specified period of time.

   Vivieron en México por diez años.   *They lived in Mexico for ten years.*

■ Use the imperfect:

1. to talk about customary or habitual actions, events, or conditions in the past.

Todos los días **llovía** y por eso **leíamos** mucho.

It used to rain every day, and that's why we read a lot.

2. to express an ongoing part of an event, action, or condition.

En ese momento **llovía** mucho y los niños **estaban** muy tristes.

At that moment it was raining a lot, and the children were very sad.

■ In a story, the imperfect provides the background information, whereas the preterit tells what happened. Frequently an action or situation (expressed with the imperfect) is ongoing when something else (expressed with the preterit) suddenly happens.

Era Navidad. Todos **dormíamos** cuando los niños **oyeron** un ruido en el techo.

It was Christmas. All of us were sleeping when the children heard a noise on the roof.

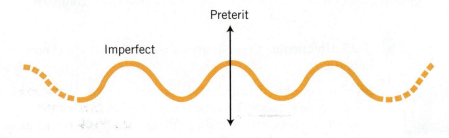

Preterit

Imperfect

8-22 ¡Qué día más malo! Ayer iba a ser un día especial para Pedro, pero sus planes terminaron mal. Marque (✓) las tres cosas más graves que le ocurrieron a Pedro mientras trataba de realizar sus planes.

1. ____ Mientras se bañaba temprano por la mañana, se cayó en el baño.
2. ____ Mientras desayunaba tranquilamente, el teléfono sonó y no pudo terminar de comer.
3. ____ Iba a la tienda para comprarle un anillo a su novia cuando alguien le robó el dinero.
4. ____ Mientras llamaba por teléfono a un restaurante para reservar una mesa, el restaurante se incendió.
5. ____ Iba a proponerle matrimonio a su novia cuando su ex-novia lo llamó por teléfono.
6. ____ Mientras preparaba una cena deliciosa para celebrar el cumpleaños de su novia, el perro se comió el pastel.

8-23 La última vez. Túrnense para preguntarse cuándo fue la última vez que cada uno de ustedes hizo estas cosas y cómo se sentía mientras las hacía.

MODELO: ver un partido de béisbol
E1: *¿Cuándo fue la última vez que viste un partido de béisbol?*
E2: *Vi un partido de béisbol la semana pasada.*
E1: *¿Y cómo te sentías mientras veías el partido?*
E2: *Estaba aburrido/a, porque no me gusta mucho el béisbol.*

1. participar en un campeonato
2. ganar un premio
3. estar en un desfile
4. disfrazarse
5. bailar en un carnaval
6. …

Compradores en un mercado de Mérida.

8-24 Una visita al mercado. Imagínese que usted fue de compras a un mercado al aire libre de Mérida y ahora le cuenta a un amigo/una amiga lo que pasó. Complete las oraciones usando el imperfecto del verbo en la primera columna y el pretérito del verbo en la segunda columna.

MODELO: Ser las once cuando...
Eran las once cuando llegué al mercado.

1. Caminar al mercado cuando...	ver unas botellas bonitas
2. Mirar las botellas cuando...	hablarme la vendedora
3. Probarse un cinturón de cuero cuando...	empezar a llover
4. Ser las dos de la tarde cuando...	ver a mi amigo José
5. Tomar un café para escapar de la lluvia cuando...	(nosotros) volver al mercado para hacer nuestras compras

8-25 Un cuento. Completen esta narración usando el pretérito o el imperfecto.

En el mes de abril del año pasado mi familia y yo (1) __fuimos__ (ir) a México de vacaciones. Primero nosotros (2) __estuvimos__ (estar) en Ciudad de México por dos días. Allí (3) __vimos__ (ver) a unos parientes y (4) __visitamos__ (visitar) lugares muy interesantes, como el Museo Nacional de Antropología, donde (5) __pudimos__ (poder) admirar una excelente colección de objetos de la cultura azteca, y a las tiendas de la Zona Rosa, donde mi mamá (6) __compramos__ (comprar) unas blusas preciosas.

En la mañana del tercer día, nosotros (7) __nos fuimos__ (irse) a Iztapalapa, que está bastante cerca de la capital. (8) __Hacía__ (Hacer) un tiempo fabuloso. Como (9) __era__ (ser) primavera, muchos árboles y plantas (10) __tenían__ (tener) flores, y todo (11) __estaba__ (estar) muy verde. Nosotros (12) __salimos__ (salir) del hotel cerca de las cinco de la tarde y poco después (13) __llegamos__ (llegar) a una plaza donde (14) __había__ (haber) mucha gente. Allí (15) __vimos__ (ver) las procesiones de la Semana Santa. El ambiente (16) __era__ (ser) impresionante; las personas (17) __llevaban__ (llevar) túnicas largas y (18) __caminaban__ (caminar) lentamente por la calle. ¡Nunca vamos a olvidar esa experiencia!

8-26 Un evento inolvidable. Cuéntele a su compañero/a algo inesperado que le ocurrió el año pasado. Indique qué pasó, dónde y cuándo. Describa la escena y los personajes.

SITUACIONES

1. **Role A.** Tell your friend about your nephew's first birthday party, which you attended recently.

   Role B. Your friend is going to tell you about his/her nephew's first birthday party. Ask a) where the party took place; b) who went to the party; c) what people did; and d) how the little boy reacted to all the attention.

2. **Role A.** You have just come back from a vacation in Mexico. Tell your classmate about a particular place you visited. Explain what it was like and what you did there.

   Role B. Your classmate has just returned from a vacation to Mexico. Ask about a particular place he/she visited while there. Find out a) what the place looked liked; b) what he/she did there; c) what special event he/she can tell you about.

3. Comparing people and things: Comparisons of inequality

Número de días del Carnaval de la Primavera	3	2
Asistencia del público	25.390	18.864
Mujeres	6.000	2.000
Hombres	4.000	5.000
Niños	25.000	27.000
puesto (Budget)	150.000.,000	180.000.,000

Para planificar el Carnaval de la Primavera debemos mirar las estadísticas de los años recientes. ¿Vamos a celebrar el carnaval **más de** dos días? En el año 2008, la asistencia fue **mayor que** la del 2009. En el 2008, había **más** mujeres **que** hombres, pero en el 2009 participaron **menos** mujeres **que** en el año anterior. Para tener un **mejor** carnaval **que** en años anteriores, vamos a necesitar **más** dinero **que** en los años pasados.

Piénselo. Indique si las siguientes afirmaciones son ciertas (**C**), falsas (**F**) o posibles (**P**), según las estadísticas.

1. ____ En el año 2009 había **menos** participación del público **que** en el 2008.
2. ____ En el año 2009 participaron **menos** niños **que** adultos en el carnaval.
3. ____ Los organizadores probablemente gastaron **más** dinero en el año 2009 **que** en el 2008.
4. ____ En el futuro el carnaval va a durar **más de** dos días.
5. ____ En el futuro, los carnavales van a ser **mejores que** los del pasado.

■ Use **más... que** or **menos... que** to express comparisons of inequality with nouns, adjectives, and adverbs.

COMPARISONS OF INEQUALITY		
Cuando Alina era joven tenía { **más** / **menos** } amigos que Pepe.	When Alina was young she had { more / fewer } friends than Pepe.	
Ella era { **más** / **menos** } activa que él.	She was { more / less } active than he.	
Salía { **más** / **menos** } frecuentemente que él.	She went out { more / less } frequently than he.	

■ Use **de** instead of **que** before numbers.

En el año 2008, había **más de** diez carrozas en el desfile.

*In 2008, there were **more than** ten floats in the parade.*

El año pasado había **menos de** diez carrozas.

*Last year there were **fewer than** ten floats.*

■ The following adjectives have both regular and irregular comparative forms.

bueno/a	**más bueno/a** o **mejor**	*better*
malo/a	**más malo/a** o **peor**[1]	*worse*
pequeño/a	**más pequeño/a** o **menor**	*smaller*
joven	**más joven** o **menor**	*younger*
grande	**más grande** o **mayor**	*bigger*
viejo/a	**más viejo/a** o **mayor**[2]	*older*

Esta banda es { **mejor** / **peor** } que aquella. *This band is { better / worse } than that one.*

■ **Bien** and **mal** are adverbs. They have the same irregular comparative forms as the adjectives **bueno** and **malo**.

bien → mejor   Yo canto **mejor** que Héctor.   *I sing better than Héctor.*

mal → peor   Héctor canta **peor** que yo.   *Héctor sings worse than I.*

8-27 Comparación de dos desfiles. PRIMERA FASE. Lea la siguiente información sobre dos desfiles mexicanos, uno de Veracruz y el otro de Mérida. Complete las frases con **más que**, **menos que**, **más de** o **menos de**, según la información en la tabla.

	VERACRUZ	MÉRIDA
habitantes	444.438	649.770
promedio (*average*) de público que participa	14.000 personas	12.000 personas
número de bandas	8	6
número de policías	200	175

1. Mérida tiene _____ habitantes _____ Veracruz.
2. _____ personas asisten al desfile de Veracruz _____ al desfile de Mérida.
3. Los dos desfiles tienen _____ _____ cinco bandas.
4. Mérida gasta _____ dinero en seguridad (*security*) _____ Veracruz.
5. _____ _____ medio millón de personas viven en Veracruz.
6. Probablemente el público de Mérida es _____ entusiasta _____ el de Veracruz.

SEGUNDA FASE. La banda de su universidad piensa participar en uno de estos desfiles, pero no puede gastar mucho dinero. Con la información de la *Primera fase* y la que aparece a continuación, decidan a qué desfile debe asistir. Expliquen por qué.

COSTO POR PERSONA	DESFILE DE VERACRUZ	DESFILE DE MERIDA
transporte	5.824,50 pesos	6.552,60 pesos
hotel por día	880,50 pesos	915,25 pesos
comidas por día	450,00 pesos	348,00 pesos

---

[1]**Más bueno/a** and **más malo/a** are not used interchangeably with **mejor** and **peor**. **Más bueno/a** and **más malo/a** refer to a person's moral qualities. **Mejor** and **peor** refer to skills and abilities.

[2]Use **mayor** to refer to a person's age. **Más viejo/a** is generally used with nouns other than people.

8-28 Las alfombras de aserrín. Los artesanos de Guatemala hacen alfombras de aserrín para celebrar la Semana Santa. Comparen las dos alfombras según los siguientes criterios. Pueden usar estas expresiones u otras.

colores fuertes	corto	figuras	rectangular
colores suaves	diseño	imágenes	simple
colorido	elaborado	largo	sofisticado

1. el tamaño
2. los colores
3. el estilo
4. su preferencia por una de las alfombras

A.

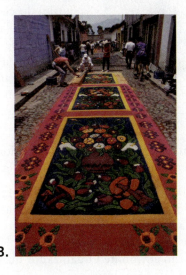

B.

8-29 Personas famosas. Compare a las siguientes personas. Considere lo siguiente.

1. su aspecto físico
2. su edad
3. el tipo de trabajo que hacen
4. el dinero o popularidad que tienen

Brad Pitt

Salma Hayek en el papel de Frida Kahlo en la película *Frida*

SITUACIONES

1. **Role A.** You and your fiancé/fiancée disagree about wedding plans. You prefer small weddings. Try to persuade your groom/bride by comparing small and large weddings with regard to: a) expenses (**gastos**); b) stress (**estrés**); c) work involved; and d) possible problems.

   Role B. You and your fiancé/fiancée are planning your wedding. You prefer big weddings. Listen to the opinions of your fiancé/fiancée and try to come to an agreement.

2. **Role A.** You are a student government representative presenting a proposal to the dean to change the graduation ceremony. Compare the ceremony at your school with one at a rival institution. Say that the other ceremony is better because it is smaller, better organized, less expensive, and usually has better music and speeches (**discursos**).

   Role B. You are the dean. A student government representative is proposing changes in the graduation ceremony. Listen to the presentation and ask questions to compare the advantages of both types of ceremonies.

4. Comparing people and things: Comparisons of equality

PRESIDENTA DEL COMITÉ ORGANIZADOR: Este año tuvimos un Carnaval de Primavera **tan** espectacular **como** el de 2008, que hasta este año era nuestro carnaval más grande. En los tres días del carnaval asistió **tanto** público **como** en el año 2008, un total de 25.400 personas. Además, los grupos musicales tocaron música **tan** buena **como** la música del carnaval de 2008. También el número de bailarines se mantuvo igual. Hubo **tantos** bailarines **como** en el 2008. Estoy muy agradecida de ustedes porque colaboraron **tanto como** en otros años. Vamos a planificar el carnaval del próximo año **tan bien como** el de este año.

Piénselo. Indique si las siguientes afirmaciones interpretan correcta (**C**) o incorrectamente (**I**) la información que dio la Presidenta del Comité Organizador.

1. ____ En 2008 asistieron unas 25.400 personas al carnaval y este año asistió el mismo número de personas.
2. ____ Este año los grupos musicales tocaron música que al público le gustó **menos que** en otros años.
3. ____ Este año el Comité Organizador hizo un trabajo **tan bueno como** el trabajo de otros años.
4. ____ La planificación del carnaval fue buena este año y la del próximo año va a ser buena también.

■ In the previous section you learned to express comparisons of inequality. In this section you will learn how to indicate that two people, things, or activities are equal in some way.

COMPARISONS OF EQUALITY	
tan... como	*as ... as*
tanto/a... como	*as much ... as*
tantos/as... como	*as many ... as*
tanto como	*as much as*

■ Use **tan... como** to express comparisons of equality with adjectives and adverbs.

La boda fue **tan** elegante **como** la fiesta.	*The wedding was as elegant as the party.*
El padre bailó **tan** bien **como** su hija.	*The father danced as well as his daughter.*

■ Use **tanto/a... como** and **tantos/as... como** to express comparisons of equality with nouns.

Había **tanta** alegría **como** en el Carnaval.
There was as much joy as at Mardi Gras.

Había **tantos** invitados **como** en mi fiesta de graduación.
There were as many guests as at my graduation party.

■ Use **tanto como** to express comparisons of equality with verbs.

Los invitados bailaron **tanto como** nosotros.
The guests danced as much as we did.

8-30 Cuatro estudiantes afortunados. Lean algunos datos personales sobre cuatro estudiantes. Luego, indiquen si las afirmaciones a continuación son ciertas (**C**) o falsas (**F**). Si son falsas (**F**), corrijan la información.

	PEDRO	VILMA	MARTA	RICARDO
hermanos	2	3	3	2
clases	5	5	4	6
dinero para gastos personales cada mes	5.000 pesos	8.500 pesos	5.000 pesos	8.500 pesos
películas en DVD	200	180	180	215
viajes a otros países	3	8	3	8

1. ____ Pedro tiene **tantos** hermanos **como** Vilma.
2. ____ Vilma tomó **tantas** clases este semestre **como** Ricardo.
3. ____ La familia de Marta es **tan** grande **como** la familia de Vilma.
4. ____ Cada mes, Ricardo recibe **tanto** dinero de sus padres **como** Vilma.
5. ____ Marta probablemente gasta **más** dinero en películas **que** Vilma.
6. ____ La familia de Pedro viaja **tanto como** la familia de Ricardo.

8-31 Sus opiniones. PRIMERA FASE. Haga lo siguiente.

1. Escriba los nombres de dos celebridades en su cultura.
2. Escriba los nombres de dos festividades o desfiles que se realizan en su ciudad, región o país.
3. Escriba dos programas cómicos de la televisión.

SEGUNDA FASE. Ahora, expresen su opinión y comparen los nombres que escribieron en la *Primera fase*. Usen la información dada y modifiquen los adjetivos cuando sea necesario.

MODELO: *Tom Cruise y Johnny Depp*: calidad de su trabajo (bueno/a, mediocre, malo/a)
E1: *Tom Cruise es tan buen actor como Johnny Depp.*
E2: *Sí, estoy de acuerdo. O: No, Johnny Depp es mejor actor que Tom Cruise.*

1. Dos celebridades: apariencia física, calidad de su trabajo (atractivo, alto, famoso, bueno…)
2. Dos desfiles o celebraciones locales o nacionales: número de personas, carrozas (divertido, colorido, numeroso, alegre)
3. Dos programas cómicos de la televisión: calidad, grado de interés para el público (bueno, malo, mediocre, cómico, loco, divertido)

SITUACIONES

1. **Role A.** You are reminiscing about Independence Day celebrations when you were a child. Tell your son/daughter (your classmate) that you think that a) in the past Americans were more patriotic (**patrióticos**); b) the celebrations were less expensive; and c) the celebrations were more family oriented (**se celebraban en familia**) than today.

Role B. Your dad/mom (your classmate) argues that today's Independence Day celebrations are less family oriented than in the past. You disagree. State that a) today Americans are as patriotic as they were in the past; b) people used to spend less money because they made less money; and c) today families celebrate Independence Day together as much as in the past.

2. **Role A.** Your next-door neighbors are three students, two of whom are identical twins (**gemelos/as**). Even though you have lived there for a year, you cannot tell them apart. When you run into the third roommate on campus, you mention all the ways in which the twins seem absolutely alike to you. Ask your neighbor's help in telling them apart.

Role B. You and your long-time friends, who are identical twins (**gemelos/as**), share an apartment. When your neighbor asks you for help in telling them apart, describe a) two ways in which they are exactly alike in appearance, abilities, and preferences and b) two ways in which they are different that allow you to tell them apart.

5. Comparing people and things: The superlative

PERLA: Lupita, ¿tienes algún plan especial para el Día de los Muertos?

LUPITA: Claro que sí. En mi comunidad, visitamos a familiares y amigos muertos en el cementerio. Les llevamos **la mejor** música mexicana y su comida preferida. Es **el** día **más importante del** año para recordarlos. Creemos que ellos vuelven a su tumba el 1 y 2 de noviembre para disfrutar de **la mejor** compañía, la de su familia y amigos.

PERLA: ¡Qué interesante! Para mi familia **el** acto **más** importante es recordarlos con **las** flores **más** hermosas **de** la estación.

Piénselo. Complete las siguientes oraciones con el nombre de la persona que expresa la información.

1. _____ lleva al cementerio **la mejor** música mexicana.
2. Según _____, el Día de los Muertos es **el** día **más importante del** año para recordar a los familiares y amigos muertos.
3. _____ dice que **la** compañía **más** agradable para los muertos es la de sus familiares y amigos.
4. _____ dice que su familia lleva la comida que les gustaba **más** a sus familiares muertos.
5. _____ dice que para su familia, **la** manera **más** apropiada **de** recordar a los muertos es llevarles flores.

■ Use superlatives to express *most* and *least* as degrees of comparison among three or more entities. To form the superlative, use *definite article* + *noun* + **más/menos** + *adjective*. To express *in* or *at* with the superlative, use **de**.

Es **el** disfraz **menos** creativo (**de** la fiesta).	*It is the least creative costume (at the party).*
México es **el** país con **más** fiestas **de** América del Norte.	*Mexico is the country with the most holidays in North America.*

■ Do not use **más** or **menos** with **mejor, peor, mayor,** or **menor.**

¿Esos desfiles? Son **los mejores** desfiles **del** país.	*Those parades? They are the best parades in the country.*
Ivonne es **la mejor** bailarina **del** grupo.	*Ivonne is the best dancer of the group.*

■ You may delete the noun when it is clear to whom or to what you refer.

Son **los mejores del** país.	*They are the best (ones) in the country.*

■ To express the idea of *extremely*, add the ending **-ísimo** (**-a, -os, -as**) to the adjective. If the adjective ends in a consonant, add **-ísimo** directly to the singular form of the adjective. If it ends in a vowel, drop the vowel before adding **-ísimo**.

fácil   Este baile es **facilísimo**.   *This dance is extremely easy.*
grande   La carroza es **grandísima**.   *The float is extremely big.*
bueno   Las orquestas son **buenísimas**. *The orchestras are extremely good.*

> **Lengua**
>
> A Spanish word can have only one written accent. Therefore, an adjective with a written accent loses the accent when **-ísimo/a** is added.
>
> fácil > facilísimo/a
> rápido > rapidísimo/a

8-32 Estadísticas demográficas. Lea la información de la tabla. Luego indique a qué país de la columna B se refiere cada oración de la columna A.

	MÉXICO	**GUATEMALA**	**ESTADOS UNIDOS**
población (aprox.) del país	104.700.000 habitantes	12.728.000 habitantes	302.688.000 habitantes
población de la capital	México, DF: 19.232.000	Ciudad de Guatemala: 3.942.000	Washington, DC: 588.292
número de lenguas indígenas	62	24	aprox. 150 familias de lenguas
religión predominante	89% son católicos (aprox. 93.180.000)	49% son católicos (aprox. 6.237.000)	52% son protestantes (aprox. 157.398.000)
número de estados o departamentos	32 estados	22 departamentos	50 estados

A
1. ____ Este país tiene **el mayor número** de habitantes.
2. ____ Esta ciudad capital es **la más** grande.
3. ____ Es el país donde existe **el mayor** número de lenguas indígenas.
4. ____ Este es el país con **menos** lenguas indígenas.
5. ____ Este país tiene **el menor** porcentaje de personas que profesan el catolicismo.
6. ____ Este país tiene **el mayor** número de gobiernos estatales o departmentales.

B
a. Guatemala
b. México
c. Estados Unidos

8-33 ¿En qué pueblo o ciudad? Respondan a las siguientes preguntas y, luego, comparen sus respuestas con las de otra pareja. ¿Están de acuerdo o tienen opiniones diferentes?

¿En qué pueblo o ciudad de su país...

1. sirven la mejor comida étnica?
2. se come la comida más picante (*spicy*)?
3. se vende el café cubano más fuerte?
4. celebran las mejores fiestas de Año Nuevo?
5. hay el mayor número de desfiles hermosos?
6. tocan la mejor música folclórica estadounidense?

SITUACIONES

1. **Role A.** You are interviewing a well-known film critic about American movies. Ask a) which is the best American film and why; b) who is the best actor/actress; c) which is the worst film of the year; and d) what he/she thinks of Hispanic films.

   Role B. You are a well-known film critic. Answer the questions according to your own opinions regarding the best/worst American films and actors. Mention that a) there are some excellent Mexican, Argentinian, and Spanish films and b) several of them won Oscars in the last ten years.

2. **Role A.** You travelled to Mexico for Spring Break and liked the country very much. Tell your classmate the five things you liked best about Mexico and if there was something you found extremely interesting. Provide examples.

   Role B. Ask questions about your classmate's trip. Then tell where you went during Spring Break. Share five of the best things you liked about the place you visited.

MOSAICOS

A escuchar

Draw conclusions based on what you know

Understanding what someone says involves comprehending the literal meaning of the words you hear. It also may involve using the context and the information the speaker provides in order to draw conclusions that go beyond literal comprehension. This process is called inferencing, or making inferences.

When you talk to someone or overhear a conversation, you can understand what is said even when the speaker does not express the meaning explicitly. For example, if you are driving with a friend and get lost, you may say, "There is a gas station up there on the right." Your friend will probably infer that you want to stop to ask for directions.

Antes de escuchar

8-34 Preparación. Es el fin de año y dos amigos conversan sobre el feriado que se aproxima. Antes de escuchar la conversación, escriba el nombre de una festividad de la cual probablemente ellos van a hablar. Luego, escriba dos preguntas que en su opinión alguien va a hacer sobre este feriado.

Escuchar

CD 4
Track 6

8-35 ¿Comprende usted? First, read the statements below, and then listen as two friends talk about a Mexican holiday. After listening, mark (✓) the statements that provide information you can infer from what you heard.

1. ___ Daniel es mexicano.
2. ___ Sandra es una persona muy tímida.
3. ___ Sandra no es estadounidense.
4. ___ Daniel está triste porque no va a celebrar la Navidad con su familia.
5. ___ Pedir posada es una costumbre en que participa solamente la familia.
6. ___ Daniel no conoce algunas costumbres mexicanas.

Después de escuchar

8-36 Ahora usted. Comparta sus respuestas a estas preguntas con su compañero/a.

1. ¿Qué fiesta o tradición religiosa le gustaría celebrar en un país hispano? ¿Por qué?
2. ¿Celebran esa fiesta en su ciudad o país? ¿Cómo la celebran?
3. ¿Qué fiesta o tradición celebra usted solamente con sus amigos?

A conversar

Conduct an interview

To conduct an interview, you need to ask two types of questions: (a) questions to open up a topic and (b) follow-up questions to get additional information. Open-ended questions that function as invitations to speak—such as **¿Podría hablar de los deportes que practicaba de niño/a?**—will elicit longer and more detailed responses than direct, closed-ended questions like **¿Qué deportes practicaba cuando era niño/a?** Questions that can be answered with **Sí** or **No** are not likely to elicit much information, unless you follow up with **¿Por qué?** Listen carefully to what your interviewee says so that you can ask relevant follow-up questions.

Antes de conversar

8-37 Preparación. ¿Tuvieron usted y uno/a de sus compañeros/as una infancia y adolescencia semejantes? Escriban preguntas que los/las ayuden a obtener información en las siguientes áreas, u otras áreas de interés para ustedes.

1. deportes que su compañero/a practicaba y miraba en la televisión entre los siete y los doce años de edad
2. la(s) fiesta(s) más importantes para la familia de su compañero/a y cómo la(s) celebraba
3. una o dos costumbres de la familia que a él/ella le gustaba(n) y otras que no le gustaban y por qué
4. ...

Conversar

8-38 Entre nosotros. Entreviste a su compañero/a usando las preguntas de la actividad **8-37** y tome notas de sus respuestas.

Después de conversar

8-39 Un poco más. Anónimamente, escriban un breve informe comparativo de la infancia y adolescencia de ustedes. Sus compañeros van a leer su informe y van a tratar de averigüar quiénes son ustedes. Sigan los modelos y frases a continuación o combínenlos, de acuerdo con sus experiencias. Mantengan su identidad en secreto.

MODELO:

ALMAS GEMELAS

Somos dos almas gemelas. Tanto mi compañero/a como yo nacimos en...

MUNDOS APARTES

Somos dos mundos apartes. Mi compañero/a nació en.... Yo nací en...

1. Durante la infancia/adolescencia...
2. Con respecto a los deportes/las fiestas...
3. La persona A y la persona B tuvieron una niñez/adolescencia semejante/diferente porque...

En directo

To ask someone to talk about a topic:

¿Me podría(s) hablar sobre... ?
Can you talk to me more about . . . ?

¿Qué me puede(s) decir usted sobre/de... ?
What can you tell me about . . . ?

Me gustaría saber...
I would like to know . . .

To ask someone to expand on a topic:

¿Podría(s) hablar más sobre... ?

¿Qué más me puede(s) decir sobre... ?

En directo

To show empathy:

¡Oh! ¡Qué lástima!
¡Cuánto lo siento!
How sad! I'm so sorry.

To share someone's happiness:

¡Qué fabuloso/bueno!
How fabulous/great!

¡Cuánto me alegro!
I'm so happy to hear that!

To express interest in what someone said:

¡Qué interesante!
How interesting!

A leer

Antes de leer

8-40 Preparación. Las creencias sobre la muerte varían de una cultura a otra. Indiquen si creen que las siguientes prácticas se asocian con la cultura egipcia (**E**), con alguna cultura indígena americana (**I**) o con ambas (**A**).

1. ____ Creían que había vida después de la muerte.
2. ____ Construían pirámides para honrar a los muertos.
3. ____ Vestían a los muertos con ropa funeraria especial.
4. ____ Ponían una máscara sobre la cara del muerto.
5. ____ Enterraban (*They buried*) al muerto en las pirámides, en tumbas o sepulcros, de acuerdo al estatus social de la persona muerta.
6. ____ La familia de la persona muerta depositaba joyas y objetos de valor en la tumba o pirámide.
7. ____ Rociaban (*They sprayed*) el cadáver con un polvo de color rojo para simbolizar el renacimiento (*rebirth*).

Leer

Creencias y costumbres mayas sobre la muerte

El origen de los mayas es incierto. Sin embargo, se sabe que esta civilización ocupó y se desarrolló[1] en los actuales territorios de Guatemala, México, Belice, Honduras y El Salvador. Durante su período de mayor esplendor, los mayas construyeron ciudades y pirámides, donde enterraban a sus gobernantes y los veneraban después de muertos.

Los mayas compartían con otras culturas mesoamericanas algunas creencias y costumbres. Entre otras cosas, creían en la vida después de la muerte y en la interacción entre el mundo humano y el mundo espiritual. Creían que el destino de una persona después de la muerte dependía de la forma en que moría y no de su conducta mientras vivía. Las tumbas y los vestuarios funerarios confirman que los mayas creían que el espíritu se prolongaba más allá de la muerte. La mayoría de los muertos iba a Xibalbá, un lugar en el mundo de abajo.

Para llegar a Xibalbá había que superar numerosos peligros. El espíritu debía comer bien y cuidarse. Por eso, los mayas dejaban en la tumba una vestimenta funeraria. También colocaban comida, agua y amuletos protectores, de acuerdo con el estatus social del muerto.

Los mayas rociaban el cadáver con un polvo rojo que simbolizaba el renacimiento. También lo adornaban con joyas, collares, pulseras y anillos de jade, hueso[2] o concha[3] y un cinturón ceremonial. En muchas tumbas ponían una máscara sobre la cara del muerto para ocultar su identidad. En la boca le ponían una cuenta[4] de jade, símbolo de lo precioso y lo perenne, para preservar su espíritu inmortal.

Algunas de estas creencias y costumbres todavía se conservan, con ciertas variaciones, en algunas comunidades de Guatemala, México y El Salvador.

[1]*developed* [2]*bone* [3]*shell* [4]*bead*

8-41 Primera mirada. Determine si las siguientes afirmaciones representan información explícita (**E**) en el texto o si son inferencias (**I**) basadas en el contenido. Si es una inferencia, indique la oración o las oraciones en el texto en que se basa(n).

1. ____ Los expertos no saben de dónde vinieron los mayas.
2. ____ Los mayas crearon una gran civilización.
3. ____ Las comunidades mayas tenían autoridades que los gobernaban.
4. ____ Como los egipcios, los mayas construyeron edificios magníficos para honrar la memoria de personas de alto estatus en su comunidad.
5. ____ Los mayas, como otros grupos indígenas, pensaban que la vida continuaba después de la muerte.
6. ____ Para los mayas, el tipo de muerte determinaba el destino de una persona.
7. ____ No todos los mayas iban al mismo destino después de la muerte.
8. ____ La comida, el agua y los amuletos ayudaban al espíritu del muerto a llegar a su destino final.

8-42 Segunda mirada. Complete las siguientes ideas con información explícita en el texto.

1. Los mayas, como otras culturas indígenas de Mesoamérica, creían en…
2. Dos costumbres que demuestran que los mayas tenían estas creencias son…
3. Para llegar a su destino final, el espíritu de los muertos tenía que…
4. Para indicar que el espíritu del muerto nacía otra vez, los mayas…
5. Para simbolizar la importancia y la inmortalidad del espíritu, los mayas…

Después de leer

8-43 Ampliación. Mencionen qué objetos probablemente ponían los mayas en la tumba o pirámide de un gobernante con las siguientes características:

1. Era físicamente activo.
2. Le gustaba mucho el arte.
3. Estudiaba astronomía.
4. Le fascinaba la guerra.
5. Tenía ocho hijas, todas muy bellas.

A escribir

Select and sequence details to write effective narratives

A successful narrative is characterized by a logical, clear, and believable sequence of events, and a good description of setting and characters.

Use organizational strategies such as a graphic organizer or a story map to visualize the order of events in and the time frame (present, past). Use dialogue to make your story more believable.

To describe the main characters, select feelings and traits that will make them stand out. Place the characters in the appropriate setting (rural, mysterious, etc.).

Structure your narration:

■ Introduce the character(s), describe the setting, and begin the action.
■ Present the unfolding of the action. Describe the characters and the tensions caused by their actions or by the events around them.
■ Present a closure to the actions/tensions, or leave it open for your reader to imagine the ending.

Antes de escribir

8-44 Preparación. **PRIMERA FASE.** Lea la siguiente narración y siga las instrucciones.

Eran alrededor de las siete de la tarde del 24 de mayo cuando ocurrió algo totalmente inesperado. Era una noche de otoño y hacía viento. Empezaba a oscurecer.

Era el cumpleaños de nuestra gran amiga Guadalupe Martínez. Aunque tenía sólo veinte años, Guadalupe era una chica excepcional. Estudiaba en la UNAM[1] y también trabajaba para ayudar a su familia de ocho hermanos. Todos sus amigos la admirábamos por su generosidad, optimismo y alegría. Guadalupe era la hermana y amiga que todos soñábamos[2] tener.

El día de su cumpleaños por la mañana, Francisco y yo rompimos nuestra rutina. Pensábamos darle una sorpresa para su cumpleaños. Después de todo, ¡sólo se cumplen veintiún años una vez en la vida! Primero, fuimos a un centro comercial y le buscamos un regalo especial. Encontramos un plato decorativo guatemalteco y un CD. Francisco también le compró un perfume, y yo agregué un libro al cesto de regalos. Más tarde, volvimos a casa y envolvimos los regalos.

A las seis de la tarde Francisco y yo caminábamos a casa de Guadalupe. Estábamos a unos 80 metros de su casa cuando la ambulancia pasó a gran velocidad. Francisco y yo intuitivamente nos miramos y empezamos a caminar con más rapidez, pero en silencio. A sólo unos metros de su casa, supimos que algo pasaba en casa de Guadalupe. Corrimos. Cuando llegamos a la puerta, un enfermero nos dijo: "La señorita Martínez tuvo un accidente. Se quebró una pierna y dos costillas. La llevamos al hospital".

Inmediatamente, Francisco y yo llamamos al resto de nuestros amigos. Esa noche, todos los amigos de Guadalupe fuimos a saludarla al hospital. Fue un cumpleaños diferente a todos los anteriores, porque lo celebramos en el hospital, al lado de la cama de nuestra gran amiga Guadalupe.

[1]Universidad Nacional Autónoma de México
[2]*dreamed*

SEGUNDA FASE. Conteste las siguientes preguntas basadas en la historia que acaba de leer.

1. ¿Cuál es el propósito de la historia? Márquelo (✓).
   a. ___ describir un evento emocional e inesperado
   b. ___ entretener a los lectores
   c. ___ informar a los lectores sobre una experiencia triste
   d. ___ enseñar algo
2. ¿Son efectivos la selección de los personajes y los detalles de ellos, el entorno (*setting*) y la trama (*plot*)? ___ Sí ___No
3. ¿Cuáles son las razones posibles para su respuesta a la pregunta 2? Márquelas (✓).
   a. ___ La protagonista se describe de una manera interesante.
   b. ___ La historia es ágil: la acción ocurre rápidamente y hay suficiente descripción.
   c. ___ Hay demasiada descripción y la historia es lenta.
   d. ___ Hay suficiente información sobre el entorno.
   e. ___ La historia sigue un orden cronológico.
   f. ___ La narración tiene una organización clara: una introducción, un desarrollo y un fin.
   g. ___ La historia es realista para el lector.

Escribir

8-45 Manos a la obra. PRIMERA FASE. Usted va a narrar una historia personal, real o imaginaria. Primero, determine lo siguiente:

1. ¿Cuál es el objetivo de su narración, informar, relatar, entretener o enseñar?
2. ¿Cuántos protagonistas hay? ¿Qué características físicas y de personalidad tienen?
3. ¿Va a relatar usted en el pasado o en el presente? ¿Va a organizar los hechos en orden cronológico?
4. Escriba una lista de verbos que lo/la ayuden a describir el ambiente (*setting*), y otros que cuenten la acción.
5. ¿Qué información va a presentar en la introducción? ¿Cuál va a ser el conflicto? ¿Usted va a resolverlo o el lector va a imaginar el final de la historia?

SEGUNDA FASE. Ahora, use la información de la *Primera fase* para escribir su narración, empezando del presente al pasado. Las siguientes expresiones en *En directo* pueden ser muy útiles.

Después de escribir

8-46 Revisión. Lea su narración, pensando en su lector. Verifique lo siguiente:

1. ¿Incluyó la información que su lector necesita? ¿Es la trama creíble? ¿Describió suficientemente a los personajes y el ambiente?
2. ¿Tiene su narración una introducción, un conflicto y una conclusión?
3. ¿Usó expresiones apropiadas para indicar el orden cronológico, concordancia de tiempos (presente, pasado), etc.?
4. ¿Revisó la gramática, vocabulario, puntuación y ortografía?

Ahora, comparta su narración con un/a compañero/a. Converse con él/ella sobre los áreas débiles de su narración, si los hay.

En directo

To indicate chronological order:

Primero,…

Después,…/Después de (un tiempo),…

Luego,…

Más tarde,…

Finalmente,…/Por fin,…

ENFOQUE CULTURAL

Cultura y tradiciones mexicanas

La cultura popular de México es una de las más ricas y variadas de toda América Latina. En México se conservan muchas tradiciones y celebraciones nacionales, regionales, religiosas, políticas y familiares. Además, existe una gran riqueza en otros aspectos de la cultura, tales como la comida, la música e inclusive el idioma. En gran parte, esta riqueza cultural se debe a la mezcla de las antiguas culturas indígenas que existían en México y la europea, en particular la española. Esta mezcla resultó en una cultura popular tradicional y original a la vez.

Aunque en México existe una separación de la iglesia y el estado, la religión es, ciertamente, uno de los aspectos más

Aunque México es hoy un país industrializado y moderno, su cultura popular es rica en tradiciones.

sobresalientes de la cultura popular. Son muchas las tradiciones y celebraciones que tienen relación con aspectos de la cultura religiosa en México. Indudablemente una de las tradiciones religiosas más

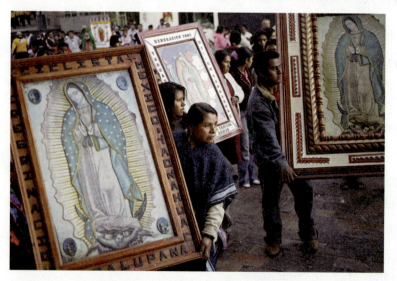

La Virgen de Guadalupe es uno de los íconos más representativos de la identidad mexicana.

importantes es la veneración a la Virgen de Guadalupe. Según la tradición, la virgen María se le apareció a un indígena pobre llamado Juan Diego y le habló en náhuatl, el idioma de los aztecas. La virgen le pidió construir una iglesia en el Tepeyac, al norte de la actual Ciudad de México. Más tarde, una imagen de la virgen apareció milagrosamente en la camisa de Juan Diego. Esta imagen se convirtió en un símbolo de la identidad de México. Así la iglesia del Tepeyac es uno de los lugares religiosos más visitados en todo el continente americano.

La celebración del Día de los Muertos también tiene sus orígenes en la cultura azteca. Los aztecas daban mucha importancia a la muerte y muchos de sus ritos se centraban en la muerte. La unión de esa tradición azteca con las tradiciones cristianas españolas produjo en México un culto muy especial de la muerte. Un aspecto interesante de este culto es el tratamiento a veces humorístico de la muerte, muy diferente del tratamiento solemne de la muerte en Estados Unidos o en otros países. En efecto, símbolos de la muerte como los esqueletos y las calaveras se representan en galletas, dulces y todo tipo de juguetes para niños. Las familias construyen altares en sus casas para ofrecer a los muertos las comidas y bebidas que disfrutaban en vida. Resulta interesante comparar la fiesta de *Halloween* en Estados Unidos y el Día de los Muertos, porque existen muchas diferencias entre ellas, a pesar de algunas semejanzas superficiales. En primer lugar, el origen celta de *Halloween* contrasta con el origen cristiano-azteca de la fiesta mexicana. En segundo lugar, mientras en Estados Unidos se trata de una fiesta principalmente para los niños que recorren las calles con disfraces macabros pidiendo dulces, la fiesta mexicana es principalmente una fiesta familiar dedicada a honrar a los muertos de cada familia.

Los Voladores de Papantla descienden girando alrededor de un poste de 30 metros de alto en una ceremonia relacionada con el calendario maya.

Otra tradición muy espectacular de origen indígena es la de los Voladores de Papantla. Cuatro hombres de origen totonaca, uno de los muchos pueblos indígenas de México, se suben a un poste de 30 metros de altura que representa el árbol de la vida. Atados por la cintura, se lanzan dando círculos alrededor del poste, mientras otro hombre toca instrumentos prehispánicos y baila en lo alto del poste. Esta ceremonia se realiza en honor del Sol y tiene sus raíces en el calendario maya. Los voladores representan los cuatro elementos y los cuatro puntos cardinales.

Finalmente, la comida mexicana popular incluye muchos productos autóctonos, poco utilizados en la cocina europea, o en otras regiones americanas, tales como diferentes especies de hongos, cactus y flores. Por otra parte, la música y danza mexicanas también se unen a las tradiciones indígenas, como en el caso de la Mazoyiwua o Danza del Venado, que es una de las formas de más pura tradición prehispánica. La artesanía mexicana, con raíces en la cultura tradicional, es una de las más interesantes, coloridas y variadas de todo el mundo hispano. Y desde luego, la riqueza lingüística de México incluye más de 60 lenguas indígenas, además de innumerables variaciones del castellano.

8-47 Comprensión. PRIMERA FASE. **Reconocimiento de palabras clave.** Encuentre en el texto la palabra o expresión que mejor expresa el significado de las siguientes ideas.

1. at the same time _____
2. outstanding _____
3. undoubtedly _____
4. skulls _____
5. cookies _____
6. pole _____
7. roots _____
8. mushrooms _____

SEGUNDA FASE. **Oraciones importantes.** Subraye las afirmaciones que contienen ideas que se encuentran en el texto. Luego indique en qué parte del texto están.

1. Native cultures of Mexico mixed with Spanish traditions to produce an original culture.
2. Religion is probably not a major component of Mexican popular culture.
3. Decorations for the All Souls' Day celebration sometimes include humorous images of Death.
4. The Tree of Life is represented by a 30–meter pole in the **Flyers of Papantla** ceremony.
5. The **Flyers of Papantla** ceremony is rooted in the Mayan calendar.
6. Flowers are used as ingredients in some Mexican dishes.
7. Traditional Mexican dances are very similar to (or are modeled on) traditional Spanish dances.
8. Many native languages, as well as variations of Spanish, are regularly spoken in Mexico.

TERCERA FASE. **Ideas principales.** Escriba un párrafo breve en inglés resumiendo las ideas principales expresadas en el texto.

 8-48 Use la información. Usted fue a México y asistió a una de las siguientes celebraciones. Escríbale un correo electrónico a su profesor/a y cuéntele cuál de las siguientes celebraciones vio y dónde las vio. Incluya al menos cuatro datos sobre ella. Para preparar esta actividad, visite la página web de *Mosaicos* y siga los enlaces útiles.

a. el Cinco de Mayo
b. el Día de los Muertos
c. el Baile de los Viejitos
d. la Danza del Venado
e. el Día de la Virgen de Guadalupe

))) VOCABULARIO

Las fiestas y las celebraciones	Holidays and celebrations
la alegría	joy
el aserrín	sawdust
el carnaval	carnival
la carreta	cart, wagon
la carroza	float (in a parade)
la celebración	celebration
la comparsa	group dressed in similar costumes
la corrida (de toros)	bullfight
la costumbre	custom
el desfile	parade
el día feriado	legal holiday
el día festivo	holiday
el festival	festival
la festividad, la fiesta	festivity; holiday; celebration
la invitación	invitation
el preparativo	preparation
la procesión	procession
la semilla	seed
el toro	bull
la tradición	tradition

Las personas	People
el antepasado	ancestor
la gente	people
el rey/la reina	king/queen

La música	Music
la melodía	melody
la orquesta	orchestra
el ruido	noise

Los lugares	Places
el camino	road; way
el cementerio	cemetery
la iglesia	church
el teatro	theater

El tiempo	Time
antes	before
el comienzo	beginning
entonces	then
hoy en día	nowadays
mientras	while

Las descripciones	Descriptions
adornado/a	decorated
animado/a	lively
difunto/a, muerto/a	dead
maravilloso/a	marvelous
suave	soft
último/a	last

Verbos	Verbs
acompañar	to accompany
comenzar (ie)	to begin
dar un paseo	to take a walk
disfrazarse (c)	to wear a costume
divertirse (ie, i)	to have a good time
encerrar (ie)	to lock up, shut in
invitar	to invite
mantener (g, ie)	to maintain
quedar	to arrange to meet
recordar (ue)	to remember
reunirse	to get together

See page 260 for the names of popular celebrations.
See page 267 for expressions of time and frequency.
See pages 273, 274, and 276 for expressions to use to make comparisons.

Hay que trabajar

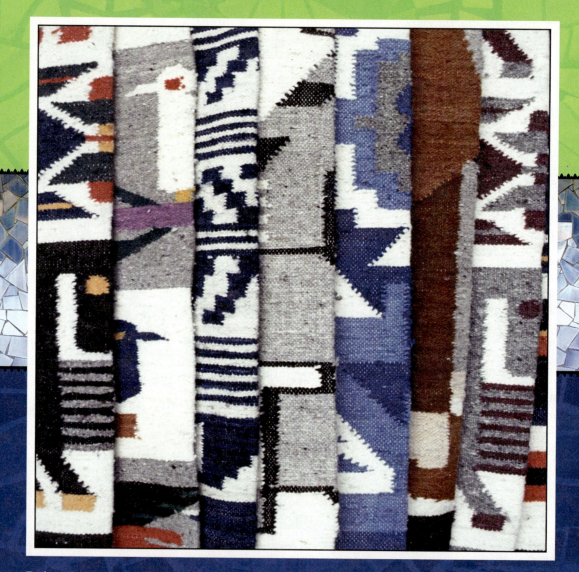

Tapices de lana en un mercado de Antigua, Guatemala. Se elaboran a mano en la región de Momostenango, que está al oeste de la capital.

In this chapter you will learn how to:

- talk about the workplace and professions
- talk about the past
- give instructions

Cultural focus: Guatemala

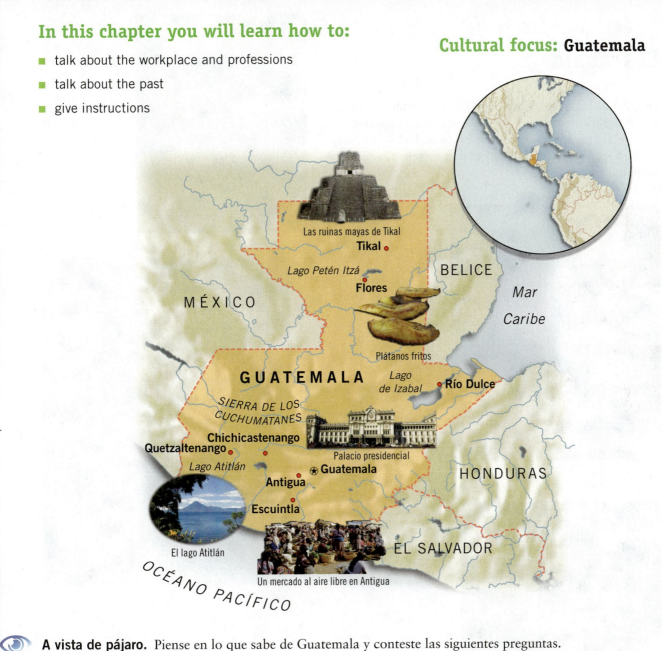

Las ruinas mayas de Tikal

Tikal

Lago Petén Itzá

Flores

MÉXICO

BELICE

Mar Caribe

Plátanos fritos

GUATEMALA

Lago de Izabal

Río Dulce

SIERRA DE LOS CUCHUMATANES

Chichicastenango

Quetzaltenango

Palacio presidencial

Lago Atitlán

⊛ Guatemala

HONDURAS

Antigua

Escuintla

El lago Atitlán

EL SALVADOR

OCÉANO PACÍFICO

Un mercado al aire libre en Antigua

A vista de pájaro. Piense en lo que sabe de Guatemala y conteste las siguientes preguntas.

1. ¿Cómo se llaman los habitantes de Guatemala?
2. ¿Cuál era la antigua capital de Guatemala?
3. ¿Qué país está al este de Guatemala?
4. ¿Qué civilización fue muy importante en Guatemala?
5. ¿Qué idiomas habla la gente (*people*)?
6. ¿Cuáles son probablemente algunos recursos económicos importantes?

A PRIMERA VISTA

CD 4
Track 14

▶)) El trabajo

En muchos lugares de Latinoamérica la **agricultura** es un sector significativo de la economía nacional. En estos cuadros del pintor guatemalteco Pedro Rafael González Chavajay vemos a algunos **agricultores cosechando** el café y los plátanos.

Los productos del **campo** se venden después en los mercados locales junto con las telas y las joyas que **elaboran** los **artesanos**.

Este **carpintero** está trabajando la **madera** en su **taller** para hacer una silla. Otras personas que trabajan con materias primas son los **herreros**, los **peleteros**, los **ceramistas** y los **joyeros**. Desafortunadamente, para muchas personas es difícil encontrar un buen trabajo para **sobrevivir** y tienen que **emigrar** a las grandes ciudades o a otros países.

9-1 ¿A qué se dedican? Diga si las siguientes afirmaciones son ciertas (**C**) o falsas (**F**). Si la respuesta es falsa (**F**), corrija la información.

1. ___ Los peleteros hacen zapatos, bolsas y chaquetas.
2. ___ Los ceramistas trabajan con el hierro.
3. ___ Los herreros trabajan los metales.
4. ___ Los carpinteros hacen los trabajos del campo.
5. ___ Los joyeros trabajan la plata y el oro para hacer pulseras y collares, por ejemplo.
6. ___ Los agricultores plantan y cosechan productos naturales.

> **Lengua**
>
> The suffix **-ero/-era** is often used in Spanish to designate trades and professions, e.g., **camarero/a** (*server*), **plomero/a** (*plumber*), **peluquero/a** (*hairdresser*). Another common suffix is **-ista**, e.g., **electricista** (*electrician*); **contratista** (*contractor*).

9-2 Las preparaciones. Varios estudiantes planeaban una fiesta para celebrar su graduación. Indique adónde fueron y con quiénes hablaron para conseguir lo que necesitaban para la fiesta.

MODELO: María quería comprar un kilo de carne para hacer una parrillada en el jardín.
Fue a la carnicería y habló con el carnicero/la carnicera.

1. Juan necesitaba pescado para preparar un ceviche.
2. Paula tenía que comprar unos zapatos.
3. Carlos y Laura querían regalarle un collar elegante a Felicia.
4. Elisa quería encargar (*order*) una mesa de madera pequeña para poner los aperitivos.
5. Sofía pensaba regalarle un libro a Diego.
6. Martín y Luis necesitaban unos pantalones formales nuevos para ir a la fiesta.
7. Lorenzo quería comprar algo de fruta para hacer el postre.
8. Pilar quería adornar la casa con flores.

9-3 Descripciones. Miren los cuadros en la p. 292 y descríbanse las escenas con el mayor detalle posible. Tengan en cuenta las siguientes ideas:

1. lugar donde están estas personas
2. rasgos físicos
3. edad aproximada
4. ropa que llevan
5. lo que están haciendo
6. lo que están pensando algunas de las personas en la escena
7. cómo se sienten

))) Los oficios y las profesiones

CD 4
Track 15

Una **chef** muestra algunas de sus **especialidades**.

Dra. Alicia Gonica de Pérez
CARDIÓLOGA

Consultorio
La Concepción 81
Calle 18, 402, Ciudad de Guatemala
Teléfono: (502) 23622001
Fax: (502) 23670721

Una **médica** le inyecta antibióticos a una paciente en su **consultorio**.

Unos **bomberos apagan** un **incendio** en Ciudad de Guatemala.

Una **ejecutiva** llama por teléfono a un **cliente**.

Una **locutora** anuncia el pronóstico del tiempo en el noticiero de las seis.

Un **técnico** revisa los controles de una **compañía** petrolera.

Cultura

Un importante cambio social en los países hispanos en las últimas décadas es el ingreso masivo de las mujeres al mercado laboral. Sin embargo, aún existen desigualdades: el desempleo entre las mujeres es mayor; su representación en las empresas de alta productividad es mucho menor; y los salarios de las mujeres son más bajos de los que reciben los hombres por el mismo tipo de trabajo.

Además, el trabajo doméstico no remunerado todavía se considera una obligación asociada con las mujeres y las niñas. No obstante, en muchos países hispanos ya se ofrecen programas educativos para combatir la discriminación. Algunos países, como Perú y Chile, tienen Ministerios de la Mujer para proteger y atender las necesidades de las mujeres.

Un **peluquero** le corta el pelo a una **clienta**.

Otras ocupaciones

CD 4
Track 16

la juez

el abogado

el actor

el ama de casa

el policía

la bibliotecaria

la cajera

el chofer

la científica

el contador

la electricista

la enfermera

la mujer de negocios

el ingeniero

el intérprete

el obrero

el psicólogo

la periodista

el plomero

la arquitecta

9-4 ¿Qué profesión debe tener? Lean las siguientes descripciones y digan qué profesión u oficio de la lista deben tener las personas con estas características. **OJO:** A veces, más de una respuesta es posible.

abogado/a	científico/a	médico/a
actor/actriz	ingeniero/a	plomero/a
artista	mecánico/a	psicólogo/a

1. A Pablo le gusta observar y analizar el comportamiento (*behavior*) de las personas.
2. Los hermanos Pedraza siempre resuelven los problemas del auto de su padre. Lo examinan y lo reparan a la perfección.
3. Eva y Ana tienen facilidad para resolver los problemas de otras personas. También tienen la habilidad de exponer oralmente.
4. A Jaime le fascina desarmar (*disassemble*) aparatos electrónicos para estudiar cómo funcionan.
5. Daniela es una chica muy sensible y una gran observadora. Le fascina expresar sus sentimientos y experiencias de manera artística.
6. Adela siempre lee libros sobre anatomía. Ella sabe el nombre de cada parte del cuerpo humano.

9-5 Las profesiones y la personalidad. PRIMERA FASE. Digan cómo deben ser estos/as profesionales. Seleccionen las palabras de la lista para describir las características deseadas.

MODELO: un bombero
Debe ser valiente, serio y responsable. No debe ser descuidado (careless).

autoritario	dedicado	detallista	inteligente	perezoso	serio
calculador	delgado	estudioso	irónico	responsable	simpático
cuidadoso	descuidado	guapo	paciente	romántico	valiente

1. un médico/una médica
2. un actor/una actriz
3. un hombre/una mujer de negocios
4. un peluquero/una peluquera
5. un locutor/una locutora
6. un ama de casa
7. un ejecutivo/una ejecutiva
8. un mecánico/una mecánica
9. un cocinero/una cocinera
10. un abogado/una abogada

SEGUNDA FASE. Intercambien ideas sobre lo siguiente.

1. ¿Conoce a algún/a... (*nombre de la profesión*)? ¿Cómo se llama? ¿Dónde trabaja?
2. ¿Qué características personales o especiales, en su opinión, lo/la ayudan en su profesión?

9-6 Asociaciones. Asocien una o más profesiones con los siguientes lugares de trabajo, y digan lo que hacen estas personas.

LUGAR	PROFESIÓN	¿QUÉ HACE?
1. el hospital	enfermero/a, médico/a	Atiende a los pacientes.
2. el restaurante		
3. la clase		
4. la estación de radio		
5. la tienda de ropa		
6. el consultorio médico		
7. la peluquería		

9-7 ¿Cuál es la profesión? Primero identifiquen la ocupación o profesión, según la descripción. Luego, digan dos ventajas y una desventaja de esta ocupación o profesión.

MODELO:　Trabaja en una biblioteca haciendo catálogos de libros.
E1:　*Es un bibliotecario/una bibliotecaria.*
E2:　*Dos ventajas de ser bibliotecario/a son estar en contacto con muchos libros y trabajar en un lugar tranquilo.*
E3:　*Una desventaja es la falta de ejercicio físico.*

	PROFESIÓN	2 VENTAJAS	1 DESVENTAJA
1. Escribe artículos para el periódico.			
2. Presenta programas de televisión.			
3. Traduce simultáneamente.			
4. Mantiene el orden público.			
5. Apaga incendios.			
6. Defiende o acusa a personas delante de un/a juez.			

9-8 Mi ocupación ideal para el futuro. PRIMERA FASE. Piense en su ocupación o profesión ideal. Su compañero/a le va a hacer preguntas para adivinar la ocupación o profesión en que piensa.

MODELO:　E1:　*En tu profesión ideal, ¿las personas deben viajar mucho?*
E2:　*Sí.*
E1:　*¿Y deben hablar con clientes para hacer negocios?*
E2:　*Sí.*
E1:　*¡Ah! ¡Tú quieres ser hombre/mujer de negocios!*

SEGUNDA FASE. Haga una lista de tres requisitos de su trabajo ideal y compruebe si usted los tiene. Intercambie esta información con su compañero/a.

MODELO:　*Me gustaría ser actor/actriz. Un actor/una actriz debe leer mucho; debe saber representar emociones y sentimientos y debe ser flexible para trabajar muchas horas. A mí me gusta leer y soy flexible, pero no puedo representar muy bien las emociones.*

◗)) Buscando trabajo

CD 4
Track 17
La entrevista de trabajo

SRA. ARCE: Buenos días, Sr. Solano. Soy Marcela Arce, presidenta de la compañía.

SR. SOLANO: Mucho gusto, señora.

SRA. ARCE: Siéntese, por favor. Usted **solicitó** el **puesto** de **gerente de ventas**, ¿verdad?

Goodluz/ Shutterstock

SR. SOLANO: Sí, señora. Leí en *El Diario de Centro América* que había una **vacante**. Después pedí y **llené** una **solicitud**.

SRA. ARCE: Sí, aquí la tengo, y también su **currículum**. **Por cierto**, es excelente.

SR. SOLANO: Muchas gracias.

SRA. ARCE: **Actualmente** usted trabaja en la empresa Badosa. ¿Por qué quiere **dejar** su puesto?

SR. SOLANO: Bueno, **en realidad** yo estoy muy contento allí, pero a mí me gustaría trabajar en una compañía internacional y poder usar otras lenguas. Como usted ve en mi currículum, yo hablo español, inglés y francés.

SRA. ARCE: En su solicitud, usted indica que desea un **sueldo** de 30.000 quetzales al mes. **Sin embargo,** para el puesto que tenemos, el sueldo que **se ofrece** es de 25.500 quetzales.

SR. SOLANO: Sí, lo sé, pero la diferencia no es tan importante. **Lo importante** es que aquí puedo tener la oportunidad de comunicarme con los clientes en su **propia** lengua. Yo creo que esto puede mejorar las ventas de Computel notablemente.

SRA. ARCE: Pues si le parece bien el sueldo, ¿por qué no pasamos a la oficina del director general para seguir hablando?

SR. SOLANO: ¡Cómo no!

👥 **9-9 Los datos de la entrevista.** Busquen los siguientes datos en el diálogo anterior.

1. nombre de la presidenta de la compañía
2. puesto que solicita el Sr. Solano
3. nombre de la compañía donde el Sr. Solano trabaja actualmente
4. nombre de la compañía donde desea trabajar
5. lenguas que habla
6. sueldo que desea el Sr. Solano
7. sueldo que se ofrece en el nuevo puesto
8. motivo para cambiar de puesto

9-10 ¿En qué orden? Cuando alguien busca un trabajo, normalmente ¿en qué orden ocurren las siguientes actividades? Ordénelas de 1 a 8.

___ Me llaman de la Compañía Rosell para una entrevista.
___ Les contesto que no, que se cerró el almacén.
___ Leo los anuncios del periódico.
___ Envío la solicitud a la Compañía Rosell.
___ Voy a la compañía para la entrevista.
___ Me preguntan si me despidieron (*fired*) del trabajo anterior.
___ Preparo mi currículum y lleno la solicitud para la Compañía Rosell.
___ Me ofrecen el puesto de vendedor/a.

9-11 El arte de entrevistarse. PRIMERA FASE. Escoja el anuncio más interesante del periódico *La Hora* e imagínese que solicita ese puesto. Su compañero/a, en el papel de jefe/a de personal, lo/la entrevista a usted y toma notas para obtener la siguiente información. Luego cambien de papel.

1. nombre de la persona que solicita el puesto
2. estudios que tiene
3. lenguas que habla
4. lugar donde trabaja y responsabilidades
5. experiencia anterior
6. razones para querer trabajar en esta compañía

INSTITUTO DE CIRUGÍA PLÁSTICA: CLÍNICA CÁRDENAS
Necesita enfermera

Prótesis:
implantes faciales (Botox, silicona)
liposucción papada
abdomen
muslos

Informes:
Clínica Centro, Zona 10
Tel: (502) 2534147

Llamar a secretaria: Marta

Hotel VILLA ANTIGUA
Necesita

RECEPCIONISTA
• Experiencia
• Bilingüe español-inglés

CAMARERA
• Mín. 2 años de experiencia
• Disponible trabajar por las mañanas y tardes

Dirigirse al Hotel VILLA ANTIGUA
Jefe de Personal
9a. Calle Poniente, Carretera a
Ciudad Vieja, Antigua, Guatemala
Teléfono: +(502) 78323956 ó +(502) 78323955

EMPRESA EXPORTADORA DE ARTESANÍAS
Requiere

CONTADOR

Requisitos:
• Experiencia mínima de 5 años
• Graduado del Colegio de Contadores Públicos
• Para cita llamar al Sr. López al (502) 2764532

EMPRESA MINERA
Requiere
3 Ingenieros de sistemas

REQUISITOS:
1. Mayor de 25 años
2. Experiencia en minas de cobre
3. Flexibilidad horaria (incluidos fines de semana)

OFRECEMOS:
1. Ingreso superior a 20.000 quetzales
2. Capacitación profesional
3. Bonos de participación

*Interesados enviar currículum a:
Minas de Guatemala S.A.*

Oficina de Personal
Diagonal 19, 29-78, Zona 11
Ciudad de Guatemala, Guatemala
Teléfono: (502) 2762147
Fax: (502) 2763482

SEGUNDA FASE. Ahora informe al presidente de la empresa (otro compañero/otra compañera) sobre las calificaciones del candidato/de la candidata.

9-12 ¿Comportamiento apropiado? Preparen una lista de cinco acciones que se deben hacer antes de una entrevista y cinco que no se deben hacer durante una entrevista. Después comparen su lista con la de otros compañeros/otras compañeras.

LO QUE SE DEBE HACER ANTES DE UNA ENTREVISTA	LO QUE NO SE DEBE HACER DURANTE UNA ENTREVISTA

9-13 Mi profesión. You will listen to Julieta Odriozola talk about her profession. Before you listen, write down the names of four professions that have traditionally been associated with women.

CD 4
Track 18

Now, pay attention to the general idea of what is said. As you listen mark (✓) the appropriate ending to each statement.

1. Julieta Odriozola es...
   ____ artista.
   ____ política.
   ____ periodista.

2. Julieta tiene un horario...
   ____ de 9 a 5.
   ____ variable.
   ____ de lunes a sábado.

3. Julieta hace casi todo su trabajo en...
   ____ su auto.
   ____ su casa.
   ____ diferentes lugares.

4. Julieta trabaja básicamente con...
   ____ artistas jóvenes.
   ____ personas importantes.
   ____ empleados de la comunidad.

EN ACCIÓN

Diarios de bicicleta: ¿Qué quieres ser?

Antes de ver

9-14 Asocie cada una de las profesiones de la izquierda con una palabra relacionada en la columna derecha.

1. ____ ingeniero/a
2. ____ bombero/a
3. ____ médico/a
4. ____ chef
5. ____ abogado/a
6. ____ actor/actriz

a. salud
b. cine
c. comida
d. documentos legales
e. máquinas y computadoras
f. incendios

Mientras ve

9-15 Escriba todas las profesiones que se mencionan en este segmento.

Después de ver

9-16 Exprese su opinión sobre los siguientes temas:

- la profesión en que es posible ayudar a más gente
- la profesión más difícil
- la profesión más lucrativa
- la profesión más peligrosa (*dangerous*)

FUNCIONES Y FORMAS

1. Avoiding repetition: Review of direct and indirect object pronouns

BÁRBARA: Carlota, ¿por qué llevas chanclas (*flip-flops*)?

CARLOTA: **Le** di mis zapatos al zapatero porque se rompieron.

BÁRBARA: ¿Y no tienes frío?

CARLOTA: Sí, pero no tengo otra opción. El zapatero va a arreglarlos en una hora. Y tú, Bárbara, ¿por qué no tienes chaqueta? Hace frío.

BÁRBARA: **La** dejé en casa.

CARLOTA: Bueno, yo **te** presto mi suéter.

Piénselo. Para cada oración, escriba las palabras en negrita (*boldface*) en la columna apropiada. **OJO:** En algunas oraciones hay más de un objeto directo u objeto indirecto.

	OBJETO DIRECTO	OBJETO INDIRECTO
1. **Le** di mis **zapatos** al **zapatero**.	_____	_____
2. El zapatero va a arreglar los **zapatos** de Carlota.	_____	_____
3. El zapatero va a arreglar**los**.	_____	_____
4. ¿Por qué no tienes **chaqueta**?	_____	_____
5. **La** dejé en casa.	_____	_____
6. **Te** presto mi **suéter**.	_____	_____

■ In *Capítulo 5* you learned that direct objects answer the question *what?* or *whom?* in relation to the verb. They can refer to people, animals, or objects. When a direct object noun refers to a specific person, a group of people, or a pet, the *personal* **a** precedes the direct object. To avoid repetition in speaking or writing, direct object pronouns can replace direct object nouns if the noun has already been mentioned.

¿Ves **al chef**?	*Do you see the **chef**?*
Sí, **lo** veo. Está al lado de la cocina.	*Yes, I see **him**. He is next to the kitchen.*
La Dra. Martín recibe **a sus pacientes** en la clínica.	*Dr. Martín sees **her patients** in the clinic.*
Los recibe todos los días.	*She sees **them** every day.*

302

■ In *Capítulo 6* you learned that indirect object nouns and pronouns tell *to whom* or *for whom* an action is done. They most often occur in the context of transferring information or objects, such as giving someone a gift, telling someone a story, or asking someone for something.

La maestra siempre **les** dice la verdad a los niños.	*The teacher always tells the children the truth.*
El camarero no **nos** trajo la sopa.	*The waiter did not bring us the soup.*

■ Direct and indirect object pronouns are placed before conjugated verbs. When a conjugated verb is followed by an infinitive or present participle, the pronouns can either precede the conjugated verb or be attached to the infinitive or present participle.

¿Las fotos de la casa? La arquitecta está compilándo**las**.	*The photos of the house? The architect is compiling them.*
¿Las fotos de la casa? La arquitecta **las** está compilando.	
Su asistente va a mandar**nos** todos los documentos.	*Her assistent is going to send us all the documents.*
Su asistente **nos** va a mandar todos los documentos.	

■ Direct and indirect object pronouns have the same form, except in the third person. Note that **le/les** refer to either males or females.

DIRECT OBJECT PRONOUNS		INDIRECT OBJECT PRONOUNS	
me	nos	me	nos
te	os	te	os
lo	los	le	les
la	las		

9-17 Los preparativos para la evaluación. PRIMERA FASE. Usted trabaja en la oficina de una arquitecta y mañana empieza la evaluación anual. Indique qué empleado/a está haciendo cada uno de los preparativos para la visita de los evaluadores: la arquitecta (**A**) o el asistente administrativo (**AA**).

1. ____ Está terminando el último informe.
2. ____ Está examinando los materiales para ver si hay errores.
3. ____ Está sacando las fotocopias.
4. ____ Está organizando el horario.

SEGUNDA FASE. Compare sus respuestas con las de su compañero/a, siguiendo el modelo.

MODELO: E1: *¿Quién está examinando el presupuesto (budget)?*
        E2: *El asistente administrativo está examinándolo.*

9-18 Comunicaciones y transacciones. Mire los dibujos y explique dónde ocurre la escena y lo que pasa en cada una.

dependienta

Pancho

MODELO: enviar/flores
Pancho está en la floristería. Le va a enviar flores a su esposa porque es el Día de los Enamorados.

Juan

María

jefa

asistente

artesana   turistas

1. mandar/mensaje de texto   2. dar/documentos   3. vender/telas tradicionales

9-19 Gerentes y empleados. PRIMERA FASE. La compañía Hipertermo fabrica casas modulares que utilizan la energía solar y es famosa por la buena relación entre sus empleados. Escriban los factores que, según ustedes, contribuyen a la buena comunicación entre los gerentes y los empleados.

1. sugerir formas más eficientes de hacer el trabajo
2. dar las gracias por la alta calidad de su trabajo
3. explicar los beneficios de usar la energía solar
4. ofrecer ayuda para resolver conflictos
5. comunicar inmediatamente problemas con las máquinas
6. pedir ayuda cuando tienen dudas

LOS GERENTES...	LOS EMPLEADOS...
les explican a los empleados claramente sus responsabilidades.	les dan buenas ideas a los gerentes.

SEGUNDA FASE. Los gerentes quieren premiar (*reward*) a los empleados al final del año. ¿Qué van a hacer los gerentes para los empleados?

MODELO: escribir una carta de agradecimiento
Los gerentes van a escribirles una carta de agradecimiento.

1. subir el salario
2. dar una fiesta
3. escribir evaluaciones negativas de su trabajo
4. comprar regalos
5. decir que están muy contentos con su trabajo
6. pedir más horas de trabajo por semana

2. Avoiding repetition: Use of direct and indirect object pronouns together

CONSEJERA: ¿Ya **le** mandó su currículum al director?

CLIENTE: Sí, **se lo** mandé la semana pasada.

CONSEJERA: ¿Recibió alguna confirmación?

CLIENTE: Sí, ellos **me la** mandaron rápidamente. **La** recibí hoy.

Piénselo. Lea las oraciones y escriba en la columna apropiada los objetos directos y los indirectos, tanto los pronombres como los sustantivos (*nouns*).

	OBJETO INDIRECTO	OBJETO DIRECTO
MODELO: La secretaria **me** dio una cita para el lunes.	me	cita
1. ¿Ya **le** mandó su currículum al director?	————	————
2. **Se lo** mandé la semana pasada.	————	————
3. Ellos **me la** mandaron rápidamente.	————	————
4. **La** recibí hoy.	————	————

■ You have already learned how to use indirect object pronouns or direct object pronouns in sentences. In this section you will learn how to use both types of pronouns in the same sentence.

INDIRECT OBJECT PRONOUNS		DIRECT OBJECT PRONOUNS	
me	nos	me	nos
te	os	te	os
le (se)	les (se)	lo	los
		la	las

■ When direct and indirect object pronouns are used in the same sentence, the indirect object pronoun precedes the direct object pronoun. Place double object pronouns before conjugated verbs.

Ella **me** dio **la solicitud**.
   i.o.   d.o.

She gave me the application.

Ella **me la** dio.
   i.o. d.o.

She gave it to me.

■ In compound verb constructions, you may place double object pronouns before the conjugated verb or attach them to the accompanying infinitive or present participle.

Él quiere dar**me el contrato**.   *He wants to give me the contract.*
   i.o.   d.o.

Él quiere dár**melo**.
        i.o.d.o.
                  }   *He wants to give it to me.*
Él **me lo** quiere dar.
   i.o. d.o.

Ella **te** está diciendo **la verdad**.   *She is telling you the truth.*
     i.o.   d.o.

Ella **te la** está diciendo.
     i.o. d.o.
                 }   *She is telling it to you.*
Ella está diciéndo**tela**.
             i.o.d.o.

■ The indirect object pronouns **le** and **les** change to **se** before **lo**, **los**, **la**, or **las**.

Le dio **el puesto** a Verónica.   *He gave the job to Veronica.*
  i.o.   d.o.

Se lo dio.   *He gave it to her.*
i.o. d.o.

Les va a mostrar **el anuncio**.   *She is going to show them/you*
  i.o.   d.o.   *(ustedes) the ad.*

Se lo va a mostrar.   *She is going to show it to*
i.o. d.o.   *them/you (ustedes).*

■ When a direct object pronoun and a reflexive pronoun are used together, the reflexive pronoun precedes the direct object pronoun.

Siempre **me** envío **correos electrónicos**   *I always send myself e-mails to*
       i.o.   d.o.   *remember what I have to do.*
   para recordar lo que debo hacer.

Siempre **me los** envío.   *I always send them to myself.*
       i.o. d.o.

9-20 ¿Qué hizo el supervisor? Usted es el dueño/la dueña de una compañía. Habla con un empleado nuevo/una empleada nueva para saber si el supervisor hizo todo lo que tenía que hacer para explicarle cómo funciona su departamento.

MODELO: darle el manual de la compañía
          E1:   *¿Le dio el manual de la compañía?*
          E2:   *Sí, me lo dio.*

1. explicarle la campaña de publicidad
2. mostrarle los anuncios
3. traerle las revistas
4. pedirle un documento que faltaba
5. dejarle las fotos
6. describirle los modelos que se necesitan.

9-21 ¿Qué hace usted? PRIMERA FASE. La imparcialidad, la amabilidad y la confidencialidad son fundamentales en el trabajo. Lea las siguientes situaciones y seleccione lo que usted haría (*would do*) en cada una.

1. Un cliente le pide a usted el teléfono de la oficina del presidente de la compañía.
   a. ____ Usted se lo da.   **b.** ____ Usted no se lo da.
2. Alguien quiere leer un documento confidencial.
   a. ____ Usted se lo muestra.   **b.** ____ Usted no se lo muestra.

3. La nueva jefa de personal viene a una reunión de su departamento. Alguien tiene que presentarla a los empleados.

   a. ____ Usted se la presenta.   **b.** ____ Usted no se la presenta.

4. Una empleada nueva le dice a usted que quiere dos semanas de vacaciones después de trabajar sólo tres meses.

   a. ____ Usted se las da.   **b.** ____ Usted decide no dárselas.

SEGUNDA FASE. ¿Están de acuerdo usted y su compañero/a? Justifiquen su respuesta entre ustedes.

MODELO: Un cliente le pide a usted información personal sobre las finanzas de otro cliente. Los dos clientes son hermanos.

    E1: *No se la doy porque no le gustaría al segundo cliente.*

    E2: *Yo se la doy porque los dos clientes son hermanos.*

9-22 ¡El cliente siempre tiene razón! PRIMERA FASE. Ustedes se entrevistan sobre el servicio en un restaurante donde cada uno de ustedes comió recientemente. Tomen notas sobre las respuestas de su compañero/a para compartir con la clase.

1. ¿Cuándo les sirvieron el agua?

2. ¿Les trajeron pan a la mesa?

3. ¿Les dijo el camarero cuáles eran los platos especiales del día?

4. ¿Se los describió?

5. ¿Les ofreció postres y café?

6. ¿Cómo fue el servicio en general?

SEGUNDA FASE. Presenten a la clase un breve resumen del servicio en sus respectivos restaurantes.

SITUACIONES

1. Role A. You are a reporter for *El Quetzalteco*, a regional newspaper en Quetzaltenango, and you have just arrived in Guatemala City to cover a story. You were in such a rush to leave Quetzaltenango that you left your laptop and camera (**cámara**) in the taxi. Call a fellow reporter in the capital city and a) explain what happened; b) ask if he/she can lend you a laptop and camera; and c) say that you need them right away.

Role B. You are a reporter for *El Súper Canal 3* in Guatemala City. A reporter from Quetzaltenango calls to tell you about an urgent problem. Ask a) when he/she left the laptop and computer in the taxi and b) if he/she called the taxi company. When the reporter asks you for a favor, say that he/she can come to your office to pick them up right away.

2. Role A. As manager of a large bank, you asked an employee to deliver (**entregar**) an important package (**un paquete**) to another bank. When he/she returns, ask a) if he/she delivered it; b) at what time he/she delivered it; c) to whom he/she gave it.

Role B. You work at a large bank. You have just returned from delivering (**entregar**) an important package (**un paquete**) to another bank. The manager is anxious about whether the package reached its destination. Answer the manager's questions to ease his/her concerns.

3. Talking about the past: More on the imperfect and preterit

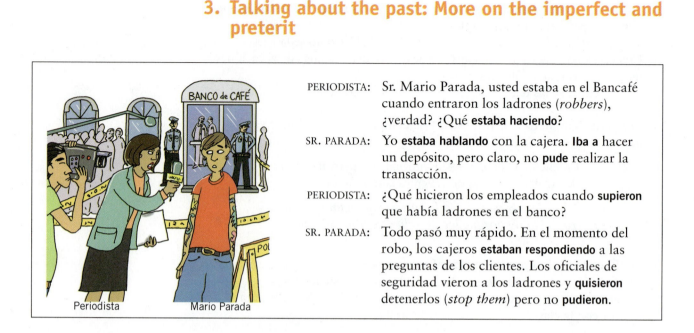

PERIODISTA: Sr. Mario Parada, usted estaba en el Bancafé cuando entraron los ladrones (*robbers*), ¿verdad? ¿Qué **estaba haciendo**?

SR. PARADA: Yo **estaba hablando** con la cajera. **Iba a** hacer un depósito, pero claro, no **pude** realizar la transacción.

PERIODISTA: ¿Qué hicieron los empleados cuando **supieron** que había ladrones en el banco?

SR. PARADA: Todo pasó muy rápido. En el momento del robo, los cajeros **estaban respondiendo** a las preguntas de los clientes. Los oficiales de seguridad vieron a los ladrones y **quisieron** detenerlos (*stop them*) pero no **pudieron**.

Piénselo. Indique quién(es) estaba(n) haciendo las siguientes actividades cuando ocurrió el asalto: Mario Parada (**M**), los cajeros de Bancafé (**CA**), los clientes (**CL**) o los oficiales de seguridad (**O**).

1. _____ **Estaban trabajando** en Bancafé.
2. _____ **Estaba poniendo** dinero en su cuenta de Bancafé.
3. _____ **Estaban haciendo** alguna transacción en Bancafé.
4. _____ **Estaban ayudando** a los clientes que tenían preguntas.

■ You have used the imperfect to express an action or event that was in progress in the past. You may also use the imperfect progressive to emphasize the ongoing nature of the activity in the past. Form the imperfect progressive with the imperfect of **estar** and the present participle (**-ndo**).

Mario **estaba hablando** con la cajera cuando entraron los ladrones.	*Mario was talking to the teller when the robbers came in.*
Los vicepresidentes del banco **estaban trabajando** en el segundo piso cuando oyeron los gritos.	*The vice presidents of the bank were working on the second floor when they heard the shouts.*

■ To express intentions in the past, use the imperfect of **ir + a +** *infinitive.*

Iba a salir, pero era muy tarde.	*I was going to go out, but it was very late.*

■ In *Capítulo 7* you practiced the preterit of **saber** with the meaning of finding out about something. You also practiced the preterit of **querer** with the meaning of wanting or trying to do something, but failing to accomplish it.

Supe que Jorge consiguió trabajo.   *I found out that Jorge got a job.*

Quise entrevistarme con el gerente,   *I wanted (and tried) to get an*
  pero fue imposible.   *interview with the manager, but it*
      was impossible.

In the negative, the preterit of **querer** conveys the meaning of refusing to do something.

No quise ir.   *I refused to go.*

■ Other verbs that convey a different meaning in English when the preterit is used are **conocer** and **poder**.

IMPERFECT		PRETERIT	
Yo **conocía** a Ana.	*I knew Ana.*	**Conocí** a Ana.	*I met Ana.*
Podía hacerlo.	*I could (was able to) do it.*	**Pude** hacerlo.	*I accomplished (managed to do) it.*
No podía hacerlo.	*I couldn't (wasn't able to) do it.*	**No pude** hacerlo.	*I couldn't do it. (I tried and failed.)*

9-23 Una oficina muy ocupada. Ustedes visitaron la oficina que aparece en la siguiente escena. Túrnense para preguntar qué estaban haciendo las personas cuando cada uno/a de ustedes llegó.

MODELO: E1: *¿Qué estaba haciendo Alicia cuando tú llegaste a la oficina?*
      E2: *Estaba conversando con un cliente.*

9-24 Una explicación lógica. Ayer ustedes tuvieron una reunión en su compañía para mostrarles unos productos nuevos a unas empresas extranjeras. Den una explicación lógica de todo lo que salió mal.

MODELO: La secretaria no contestaba el teléfono.
E1: *Estaba buscando un intérprete para la reunión.*
E2: *No, estaba buscando un salón más grande.*

1. Varios empleados llegaron tarde.
2. El técnico no pudo arreglar una computadora que se necesitaba para la presentación.
3. Los periodistas no podían comprender lo que decía un director extranjero.
4. No les sirvieron café ni refrescos a los invitados.
5. Uno de los vendedores no quiso mostrar los productos nuevos.
6. No se pusieron anuncios en los periódicos.

9-25 ¡A usar la imaginación! Estas descripciones indican lo que estaban haciendo varias personas ayer. Identifiquen cuál era el oficio o profesión de ellos y qué iban a hacer después.

MODELO: Esta persona llevaba un traje espacial, guantes, botas muy grandes y un plástico transparente frente a los ojos para poder ver.
E1: *Era un astronauta.*
E2: *Iba a caminar en la Luna.*

1. Un señor tenía un secador en la mano y le arreglaba el pelo a una señora que estaba sentada enfrente de él.
2. Unos señores iban en un camión rojo con una sirena. El camión iba muy rápido y los autos paraban al lado derecho de la calle.
3. Una joven que llevaba un vestido similar a los que se llevaban en la época de Cleopatra hablaba frente a una cámara. Estaba muy maquillada y tenía una línea negra alrededor de los ojos.
4. Un señor estudiaba los planos de un edificio y decía que ciertas cosas no estaban bien.

9-26 El diario de vida de Arturo. Lea una página del diario de Arturo, un estudiante de antropología enamorado de Guatemala. Escriba en el espacio la forma apropiada del verbo entre paréntesis, según el contexto.

En el ano 2007, yo (1) _conocí_ (conocí/conocía) a mi novia Elizabeth en mi segundo viaje a Guatemala. En ese momento, yo ya (2) _conocía_ (conocí/conocía) Antigua y un par de lugares de interés para los turistas. Después de nuestro encuentro, yo inmediatamente (3) _supe_ (supe/sabía) que mis visitas a Guatemala (4) _iban_ (fueron/iban) a ser más frecuentes. Ese año nosotros no (5) _pudimos_ (pudimos/podíamos) viajar juntos por el país, pero el año siguiente lo hicimos. Su familia, ella y yo (6) _podíamos_ (pudimos/podíamos) explorar juntos la reserva ecológica Calahuar. Caminamos todo el día por el bosque (*forest*). Después de caminar tantas horas, yo no (7) _pude_ (pude/podía) dar un paso más, pero al día siguiente (8) _podíamos_ (pudimos/podíamos) continuar el viaje a San Pedro La Laguna en Atlitán.

9-27 ¡Malas sorpresas! Lean las siguientes situaciones y digan cuáles eran los planes probables de estas personas.

MODELO: Martín está enfadado porque su bicicleta se descompuso (*broke*).
E1: *Martín no pudo ir al parque con sus amigos.*
E2: *Él quiso arreglar la bicicleta, pero fue imposible.*

1. Lorena está molesta porque la fotocopiadora de la oficina no funciona.
2. Usted y su pareja caminaron a su restaurante favorito, pero el restaurante estaba cerrado.
3. El jefe de producción llamó a una reunión urgente ayer. Anoche comenzó a nevar y muchos empleados no llegaron a su trabajo porque los caminos estaban en malas condiciones.
4. Al carro de Marta y Francisco se le acabó (*ran out of*) la gasolina cerca de la playa. Tuvieron que dejarlo en la carretera.
5. Esteban tenía una entrevista con el jefe de personal a las 9 pero no llegó a tiempo.

SITUACIONES

1. **Role A.** One of your employees did not come to an important meeting, so you call him/her to your office. Greet your employee and ask why he/she was not present. After listening to the explanation, say that a) this is the second time this happened and b) he/she has to attend all meetings in the future.

   Role B. You were expected to attend an important meeting at work, but you could not make it. After greeting your boss, apologize and explain the circumstances. As you were driving to work, your spouse called to say that a) there was a fire in the kitchen; b) the firefighters were there; and c) the children were fine but scared. Explain that you had to go home.

2. **Role A.** You are the caterer (**proveedor/a de comida**) hired for a large wedding party. While the party was taking place, the deck (**terraza**) of the house collapsed (**colapsar**), resulting in several injured people (**heridos**). An investigator (your classmate) interviews you about the accident.

   Role B. You are a police officer investigating the accident. Ask the caterer a) approximately how many guests and servers were on the deck (**terraza**) when it collapsed (**colapsar**); b) what the guests were doing there; and c) what the caterer was doing when the deck collapsed. Then thank the caterer for the information.

4. Giving instructions or suggestions: Formal commands

RICARDO: Buenos días, señorita. Me llamo Ricardo Roldán Díaz. ¿Podría darme una solicitud para el puesto de asistente de contador?

SECRETARIA: Claro que sí, Sr. Roldán. Por favor, **llene** la solicitud y **mándenosla** pronto.

RICARDO: ¿Puedo mandársela por correo electrónico?

SECRETARIA: Sí, **envíela** por correo electrónico, pero también por correo postal.

Piénselo. Ricardo llega a casa con la solicitud que le dio la secretaria. Lea las sugerencias que Ricardo leyó en un manual sobre cómo buscar puestos profesionales y marque (✓) las que le parecen apropiadas en la cultura de usted.

1. ✓ Llene la solicitud inmediatamente.
2. ✓ Escriba con letra clara.
3. ___ Mándele flores a la secretaria.
4. ✓ No se olvide de incluir su currículum.
5. ✓ Firme la solicitud.
6. ✓ No deje ningún espacio en blanco.

■ Commands (**los mandatos**) are the verb forms used to tell others to do something. Use formal commands with people you address as **usted** or **ustedes**. To form these commands, drop the final **-o** of the **yo** form of the present tense and add **-e(n)** for **-ar** verbs and **-a(n)** for **-er** and **-ir** verbs.

■ Verbs that are irregular in the **yo** form of the present tense maintain the same irregularity in the command form.

Cultura

En Guatemala, los niños se dirigen normalmente a sus padres y a otras personas mayores con la forma **usted**. El uso del **tú** y del **usted** varía mucho en el mundo hispano, pero en general la forma **tú** es más común para comunicarse con los padres.

			USTED	USTEDES	
pensar	→	piens~~o~~	piense	piensen	*think*
dormir	→	duerm~~o~~	duerma	duerman	*sleep*
repetir	→	repit~~o~~	repita	repitan	*repeat*
poner	→	pong~~o~~	ponga	pongan	*put*

■ The use of **usted** and **ustedes** with command forms is optional. When used, they normally follow the command.

Pase/Pase **usted.**   *Come in.*

■ To make a formal command negative, place **no** before the affirmative command.

No salga ahora.   *Do not leave now.*

■ Object pronouns and reflexive pronouns are attached to the end of affirmative commands. (Note the written accent over the stressed vowel). Object pronouns and reflexive pronouns precede negative commands and are not attached.

Cómprela.	*Buy it.*
No la **compre.**	*Do not buy it.*
Háblenle.	*Talk to him/her.*
No le **hablen.**	*Do not talk to him/her.*
Siéntese.	*Sit down.*
No se **siente.**	*Do not sit down.*

■ The verbs **dar, ir, ser,** and **saber** have irregular command forms.

dar: **dé, den** ir: **vaya, vayan** ser: **sea, sean** saber: **sepa, sepan**

■ Verbs ending in **-car, -gar, -zar, -ger,** and **-guir** have spelling changes in command forms.

sacar	sac**o**	→	sa**que**, sa**quen**
jugar	jue**go**	→	jue**gue**, jue**guen**
almorzar	almuer**zo**	→	almuer**ce**, almuer**cen**
recoger	reco**jo**	→	reco**ja**, reco**jan**
seguir	si**go**	→	si**ga**, si**gan**

9-28 Preguntas de un/a estudiante. Usted no asistió a clase durante la semana dedicada a Guatemala y quiere saber qué tiene que hacer para ponerse al día. Su compañero/a, en el papel de profesor/a, va a contestar afirmativamente a sus preguntas. Después, cambien de papel.

MODELO: estudiar el Capítulo 9
          E1: *¿Estudio el Capítulo 9?*
          E2: *Sí, estúdielo.*

1. contestar las preguntas sobre los lugares turísticos en Guatemala
2. mirar los DVDs de bailes folklóricos de Guatemala
3. escribir algunas expresiones populares entre los jóvenes guatemaltecos
4. leer el *Enfoque cultural* sobre Guatemala
5. hacer la tarea sobre las culturas indígenas de Guatemala

9-29 En el hospital. Un enfermero/Una enfermera entra en la habitación y le hace las siguientes preguntas al/a la paciente. Túrnense para hacer los papeles de enfermero/a y paciente.

MODELO: E1: *¿Le abro las cortinas?*
E2: *Sí, ábramelas, por favor. Quisiera leer.*

1. ¿Le pongo la televisión?
2. ¿Le traigo un jugo?
3. ¿Le pongo otra almohada?
4. ¿Me llevo estas flores?
5. ¿Le traigo el teléfono?
6. …

9-30 Mandatos del entrenador de un equipo. Preparen una lista de sugerencias que el entrenador/la entrenadora puede darles a los miembros de su equipo para lograr los objetivos siguientes. Comparen su lista con la de otra pareja.

MODELO: para mantenerse en buen estado físico
Practiquen todos los días. No se acuesten tarde.

1. para tener mejor rendimiento (*performance*)
2. para prepararse mentalmente para un partido difícil
3. para evitar problemas con el árbitro
4. para dormir bien cuando tienen mucho estrés
5. para ser buenos alumnos y buenos deportistas también

9-31 ¿Qué deben hacer estas personas? Busquen una solución a los siguientes problemas y díganle a cada persona lo que debe hacer.

MODELO: El Sr. Álvarez dice: "No estoy contento en mi trabajo".
E1: *Sr. Álvarez, busque otro trabajo inmediatamente.*
E2: *Hable con su jefe y explíquele la situación.*

1. La Sra. Jiménez dice: "Necesito más vendedores en mi compañía".
2. El Sr. Jiménez se queja (*complains*): "Tengo que terminar un informe económico mensual pero mi computadora no funciona".
3. Unos hombres de negocios van a ir a Ciudad de Guatemala, pero no saben hablar español.
4. La Sra. Peña tuvo un accidente serio con su auto; el chofer que provocó el accidente no quiere darle la información que ella necesita para informar a su seguro.
5. La Sra. Hurtado entra en su apartamento y ve que hay agua en el piso de la cocina.
6. Su esposa quiere ir al Festival Folclórico Nacional de Cobán, pero el Sr. Fernández no se siente bien.

Cultura

En la ciudad de Cobán, en el centro de Guatemala, se celebra anualmente un festival de personas nativas de Guatemala, La Fiesta Nacional Indígena de Guatemala (Festival Folclórico). Incluye un certamen (*contest*) de belleza para mujeres indígenas de Guatemala. Participan aproximadamente 100 señoritas que expresan sus ideales en su idioma materno y en español. La ganadora es coronada con el título de *Rabin Ajau*, que significa Hija del Rey en Q'eqchi', un idioma maya.

SITUACIONES

1. **Role A.** Tell your neighbor that you are leaving for three days for job interviews. Ask if your neighbor can do a few things for you. After he/she agrees, tell him/her to a) feed (**dar de comer a**) the cat and play with her every day; b) water the plants; c) pick up the mail (**correspondencia**); and d) any other things that you may need. Thank him/her for helping out.

Role B. Your neighbor tells you that he/she is going to be away. Agree to help him/her out. After you find out what you will have to do, ask: a) whom should you call if there is an emergency (**emergencia**) and b) get the telephone number of the vet (**veterinario/a**).

2. **Role A.** You have moved to Quetzaltenango, Guatemala, and want to open a checking account (**cuenta corriente**) at Bancafé. Since you are not familiar with their system, ask an employee for help. After the employee gives you all the details, thank him/her, and say that you are very happy with the service the bank provides the customers.

Role B. You are an employee at Bancafé in Quetzaltenango, Guatemala. Explain to a new customer a) how to write a check in Spanish (see example below); b) how to write the date in Spanish; c) where to put the name of the person to whom he/she is writing the check; d) how to write the amount (**cantidad**) in numbers; e) how to write the amount in words; and f) where to sign the check (**firmar el cheque**).

Serie AD 6703690 $ _____

012-0587
446

12 Av. 5-50
Zona 1

_____ . _____ DE _____ AÑO _ _ _ _ _

PÁGUESE A
LA ORDEN DE _____
O AL PORTADOR

LA CANTIDAD DE _____

_____ PESOS M/L

BANCO DE CAFÉ, S.A. _____

06703690 0190587446004 2102 01

MOSAICOS

A escuchar

Use contextual guessing

When you have a conversation in a second language, it is very possible that you may not understand everything the other person says. You can figure out the overall message by using contextual cues; that is, by paying attention to the topic or to the words that precede or follow what you did not understand.

Antes de escuchar

9-32 Preparación. En la siguiente conversación, dos amigas hablan sobre las ventajas y desventajas de su trabajo. Antes de escuchar, escriba el nombre de una profesión relacionada con los negocios y otra con la salud. Luego, escriba una ventaja y una desventaja para cada una de las profesiones.

PROFESIÓN	VENTAJA	DESVENTAJA
_____	_____	_____
_____	_____	_____

Escuchar

9-33 ¿Comprende usted? First, read the words in the left column and listen to the conversation between Estela and Susana. Then state the probable meaning of each word in English based on the contextual cues you heard in the conversation. Finally, write down the cue words that helped you understand.

CD 4
Track 19

ESCUCHÉ...	POSIBLE SIGNIFICADO	ADIVINÉ EL SIGNIFICADO PORQUE...
1. neuróloga		
2. primordial		
3. guardias		

Después de escuchar

9-34 Ahora usted. Compartan las respuestas a las siguientes preguntas.

1. ¿Cuáles son las ventajas y desventajas de la profesión que le gusta a usted?
2. En general, ¿qué profesión u ocupación le parece a usted que es menos estresante?
3. ¿Qué profesión u ocupación, según usted, da más satisfacciones personales? ¿Por qué?

A conversar

ESTRATEGIA

Gather information strategically to express a decision

When you speak to communicate a decision, you need to present your decision and the reasons behind it in an organized and convincing way. To do so, it helps to lay out your facts and arguments logically in your mind, or in notes that you make before you begin to speak.

Antes de conversar

9-35 Preparación. Lea los siguientes anuncios con ofertas de trabajo, escoja un anuncio para un puesto que a usted le interese y prepare una lista de requisitos que, en su opinión, usted cumple (*meet*). Comparta su lista con su compañero/a.

INSTITUTO
PRIVADO

necesita

DIRECTOR/A

**Lugar de residencia,
Región de los Lagos**

Empresa de Hotelería necesita
Director/a

Requisitos: Estudios universitarios avanzados. Experiencia mínima de 1 a 2 años en ventas directas, preferiblemente en el área de servicios. Edad 26 a 32 años. Excelente presentación. Poseer vehículo propio. Buenas relaciones interpersonales.

Ofrecemos: Salario a convenir según experiencia, gasolina, comisiones sobre ventas. Excelente ambiente de trabajo. Oportunidades de crecimiento.

Sueldo compatible con calificaciones

Interesados, enviar currículum a
gruporecursoshumanos@hotmail.com

EMPRESA DE EXPORTACIONES
necesita para Chile y el extranjero

VENDEDORES/AS REPRESENTANTES

**Sueldo inicial 1,000.000
Comisión de ventas**

Casa Tadeo necesita
Asistente de Ventas y Mercadeo
Requisitos: Estudios universitarios de administración de empresas o mercadeo. De preferencia con experiencia en puesto similar de 1 año, no indispensable. Proactivo, extrovertido, dinámico, con autoridad, con iniciativa, organizado, colaborador. Habilidad para trabajar independientemente. Excelente manejo de equipos de cómputo. Buen dominio del inglés. Filosofía de servicio al cliente. Ofrecemos: Salario competitivo. Oportunidades de capacitación. Excelente oportunidad de desarrollo en una empresa de alto crecimiento. Ambiente agradable de trabajo.

Interesados, llamar al teléfono
2533-2459
Lunes a viernes de 8:30 a 15:00 hrs.

JEFE DE SERVICIO
necesita importante empresa
MANUFACTURERA DE PLÁSTICOS

Nos urge un buen diseñador gráfico
Requisitos: Conocer al 100% PhotoShop y Freehand. Manejar ambiente Mac y PC. De preferencia estudiante de diseño en la U, con ideas frescas. Dispuesto a trabajar bajo presión. Ofrecemos: Salario a convenir. Capacitación constante. Desarrollo dentro de la organización. Horario flexible. Seguro de vida y médico.

Interesados, enviar currículum y fotografía reciente, especificando pretensiones de sueldo, a Casilla 2568, Correo Guatemala, zona 1, Guatemala

---

BANCO AZTECA
necesita
10 CONTADORES AUDITORES
Lugar de trabajo ideal: Viña del Mar

- Título universitario
- Mínimo dos años de experiencia
- Flexibilidad horaria
- Deseo de viajar a otras regiones del país
- Capacidad de organización y trabajo

Sueldo atractivo

Interesados, enviar currículum, con fotografía a:
Bco. Azteca, 7 Av. 19-28, zona 5

Conversar

9-36 Entre nosotros. Ahora escojan un papel. Uno/a de ustedes es el jefe/la jefa de personal de una compañía representada en los anuncios y dos son personas que solicitan el mismo trabajo en esa compañía. Sigan las siguientes instrucciones para cada papel.

Jefe/a de personal: Entreviste separadamente a dos personas que están interesadas en el mismo puesto. Pregúnteles sobre su experiencia, sus estudios, sus preferencias de sueldo, etc. y decida cuál es la persona indicada para el puesto.

Personas que buscan trabajo: Escojan el anuncio con el trabajo que los dos necesitan. Respondan a las preguntas del jefe/de la jefa de personal y háganle preguntas para saber más acerca del puesto.

Después de conversar

9-37 Un poco más. PRIMERA FASE. Los jefes de personal y las personas que buscaban trabajo deben informar a la clase sobre lo siguiente:

Informe de las personas que buscaban trabajo:

1. ¿Qué puesto buscaba usted? ¿Qué requisitos para el puesto cumple usted?
2. ¿Qué aspecto de la oferta de trabajo le pareció más atractivo?
3. ¿Cree usted que va a recibir la oferta de trabajo? ¿Por qué?

Informe de los jefes de personal:

1. ¿Qué puesto ofrecía su compañía en el anuncio?
2. ¿Qué requisitos debía tener el candidato/la candidata que buscaba su compañía?
3. ¿A qué candidato/a(s) va a contratar usted? ¿Por qué?

SEGUNDA FASE. Presenten la entrevista ideal entre el jefe de personal y el candidato más apropiado para cada anuncio de trabajo.

A leer

Organize textual information into categories

To understand what you are reading, you need to focus on what is being conveyed by the text. By *focus* we mean organizing the information into meaningful categories, which helps you connect the information to what you already know. As you read, focus on the main points in each of the three sections. Use the subtitles to help you anticipate the content.

Antes de leer

9-38 Preparación. Lea el título y los subtítulos del texto y mire la foto. Basándose en esta información y en lo que usted sabe sobre la inmigración, marque (✓) las ideas que piensa encontrar en el texto.

1. ____ Muchas mujeres guatemaltecas en Estados Unidos se casan con hombres mexicanos.
2. ____ El término "guatemexicoestadounidense" se refiere a familias cuyos (*whose*) miembros pertenecen a estas tres culturas.
3. ____ La concentración más grande de guatemaltecos en Estados Unidos está en Los Ángeles.
4. ____ La inmigración de guatemaltecos a Estados Unidos tiene un impacto económico positivo en Guatemala.

Leer

Los guatemaltecos en Estados Unidos

Matrimonios entre guatemaltecos y mexicanos

Gustavo Rivera conoció a Marta Rodríguez en un club hispano de Los Ángeles y la invitó a bailar.

"¿De dónde eres?", preguntó Marta. "De México", respondió Gustavo.

Después de esa noche, los dos empezaron a conversar por teléfono y a salir juntos. Marta, que era de Ciudad de México, se dio cuenta que Gustavo hablaba español con un acento diferente y usaba unas palabras diferentes también. Después de un tiempo, ella le preguntó: "¿De dónde eres realmente, Gustavo?" Esta vez, Gustavo le dijo la verdad: "Soy de Guatemala". Pasaron dos años y Gustavo y Marta se casaron. Ahora tienen tres hijos: Martita, de tres años, Gustavo, de dos y la bebé Rosita, de seis meses. Esta familia representa una tendencia demográfica que está aumentando en Los Ángeles y en otras ciudades del suroeste: más inmigrantes guatemaltecos y mexicanos se casan entre sí y tienen hijos, creando familias hispanas mixtas que tienen conexiones con tres países al mismo tiempo. Esa mezcla es ahora tan común que dio lugar al nombre de "guatemexicoestadounidenses" para describir a esas familias.

Nuevas tendencias demográficas

Hay varias razones que explican esta nueva tendencia demográfica. Primero, el número de personas de ascendencia guatemalteca en Estados Unidos está creciendo. Según la Organización Internacional para las Migraciones (OIM), en 2006 había 1.178.000 guatemaltecos en Estados Unidos. La mayoría de ellos son jóvenes, entre 15 y 44 años, y hay muchos más hombres que mujeres. Se estima que el 72% son hombres y el 28% mujeres. Es evidente que, por esta razón, cuando los guatemaltecos en Estados Unidos se casan, muchos se casan con mujeres no guatemaltecas.

Segundo, cuando llegan a Estados Unidos, los inmigrantes guatemaltecos buscan vivienda en comunidades hispanas establecidas, donde viven principalmente inmigrantes mexicanos, el grupo hispano más grande del país. La constante interacción de hombres guatemaltecos y mujeres mexicanas inevitablemente resulta en más matrimonios entre los dos grupos.

Esta mezcla de culturas hispanas no se limita a guatemaltecos y mexicanos. Los hispanos son, como los estadounidenses, de diversas nacionalidades. Una persona puede decir, por ejemplo, "la madre de mi madre es de Irlanda, y los padres de mi padre eran alemanes". Lo mismo está ocurriendo con los hispanos.

Impacto económico en Guatemala

En muchos sentidos, Gustavo Rivera es un inmigrante guatemalteco típico. Como el 88% de los guatemaltecos que viven en Estados Unidos, Gustavo se mantiene activo económicamente, trabaja en una fábrica que manufactura materiales para tejados (*roofs*). Como el 33% de los guatemaltecos en Estados Unidos, vive en Los Ángeles. Y como el 93% de los emigrantes guatemaltecos, mantiene contacto con su familia en Guatemala. Llama a sus padres todas las semanas y les envía remesas todos los meses. Según la OIM, más de 600.000 familias en Guatemala reciben remesas de familiares que viven en el extranjero.

El impacto económico de las remesas en Guatemala es considerable. Se estima que las remesas estimulan la economía de Guatemala, igual que la de otros países centroamericanos. También ayudan a estos países a evitar la recesión.

9-39 Primera mirada. Indique a qué categoría pertenecen las siguientes afirmaciones, según el contenido del artículo: información personal sobre una familia (**P**), información general sobre los inmigrantes guatemaltecos en Estados Unidos (**EU**) o información sobre Guatemala (**G**).

1. ____ Viven en comunidades donde el grupo predominante son los mexicanos.
2. ____ Se conocieron en un club de baile.
3. ____ Reciben dinero de sus familiares que viven en el extranjero.
4. ____ Se casan con personas de otras culturas.
5. ____ El dinero que viene del exterior estimula la economía.
6. ____ No dijo la verdad sobre su país de origen.
7. ____ Hay más hombres que mujeres.
8. ____ Muchas veces sus hijos nacen en un país diferente de donde nacieron los padres.

9-40 Segunda mirada. El artículo explica algunos fenómenos de causa y efecto. Conecte cada fenómeno en la columna de la izquierda con su resultado lógico en la columna de la derecha.

1. ____ La mayoría de los inmigrantes son jóvenes.
2. ____ Hay más hombres que mujeres entre los inmigrantes guatemaltecos.
3. ____ Los mexicanos son el grupo hispano más numeroso en Estados Unidos.
4. ____ La gran mayoría de los inmigrantes guatemaltecos tienen trabajo.
5. ____ Hay una tendencia en Estados Unidos a casarse con personas de diferentes ascendencias culturales.

a. Hay muchas parejas en las que una persona es mexicana y la otra es de otra cultura hispana.
b. Mandan remesas a sus familiares en Guatemala.
c. Se casan en su nuevo país.
d. Se casan con mujeres no guatemaltecas.
e. Hay cada vez más familias hispanas compuestas de (*composed of*) personas de diferentes países.

Después de leer

9-41 Ampliación. Con su compañero/a, escriban una lista de la información nueva que aprendieron del artículo. Luego, indiquen qué información les parece más interesante.

A escribir

ESTRATEGIA

Focus on purpose, content, and audience

Getting the job you want may be a challenge in today's competitive labor market. Responding effectively to an employment ad is an important first step. Answering an ad takes as much skill as being interviewed.

To get the job that is right for you, whether during college or after graduation, consider the following when responding to an ad in any language:

■ Your purpose: What kind of job do you want (management or entry level; full- or part-time; permanent or temporary, etc.)?

■ Your response: What academic degree do you need for the job (high school, college, other)? What general abilities and job-specific skills should you possess?

■ Your audience: What experience does the employer require? What personality characteristics will you need to be considered a serious candidate?

Antes de escribir

9-42 Preparación. Usted ve un anuncio de trabajo en Internet de la señora Álvarez de Colón de Guatemala. La familia va a mudarse a Estados Unidos y quiere contratar a dos estudiantes en Estados Unidos para el verano, uno/a para cuidar a sus dos hijos (de 4 y 6 años) y enseñarles inglés y el otro/la otra para preparar comidas típicamente americanas. Planee un correo electrónico para solicitar uno de los trabajos. Haga una lista de las categorías de información sobre su experiencia y sus talentos que piensa mencionar.

Escribir

9-43 Manos a la obra. Ahora escríbale un correo electrónico a la señora Álvarez de Colón. En un mensaje breve, organizado y convincente, preséntese y explique cómo su experiencia, su conocimiento y sus talentos lo/la preparan para el puesto.

Después de escribir

9-44 Revisión. Lea lo que escribió, pensando en su lectora. Verifique lo siguiente:

1. ¿Qué categorías de información incluyó? ¿Falta alguna categoría importante?
2. Como usted no conoce a esta persona, ¿se dirigió a ella usando la forma *usted*?
3. ¿Tiene su correo electrónico una organización clara, es decir, una introducción, un cuerpo y un cierre?
4. ¿Revisó el vocabulario, expresiones de cortesía y de despedida, la concordancia, el tiempo (presente, pasado), el uso de los mandatos, etc.?

Comparta su mensaje electrónico con un compañero/una compañera. Esto puede darle la perspectiva de un lector/una lectora sobre la claridad de su texto y sobre la cantidad de información que usted incluyó.

ENFOQUE CULTURAL

Historia y trabajo en Guatemala

Los restos de la gran civilización maya sobreviven hoy día en sitios como Tikal, Yaxha y Naachtun en Guatemala. Las ruinas que se conservan nos permiten imaginar cómo fueron esas ciudades en sus momentos de esplendor. Cuando las visitamos, frecuentemente pensamos en la complejidad y el simbolismo religioso de muchas de esas construcciones, o en el lujo de los palacios, o en la avanzada técnica de construcción. Y sin embargo, un aspecto muy importante que con

Gran Plaza de Tikal

Xaman-ek, considerado el dios de los comerciantes, según está representado en el Códice Dresden

frecuencia olvidamos es la diversidad de profesiones, trabajos y artes que tuvieron que desarrollar los mayas para construir dichas ciudades. En efecto, fue necesario especializar a los trabajadores, de manera que surgieron profesiones independientes para realizar actividades específicas. Pintores, escultores, cortadores de piedra, carpinteros, ceramistas, astrónomos, todos contribuyeron con su trabajo especializado.

Mientras estas personas trabajaban en la construcción de las ciudades, los agricultores tenían que cultivar la comida para alimentar a todos estos trabajadores urbanos que no tenían tiempo para producir su propia alimentación. Y como es lógico, cuando el centro de producción es diferente del centro de consumo, los comerciantes se ocupan de llevar los productos del campo y venderlos en los mercados de la ciudad. Pero los comerciantes mayas hicieron más que eso, pues desarrollaron unas rutas comerciales que los llevaron más allá de las fronteras locales. Efectivamente, la red de caminos de los comerciantes mayas cubría una inmensa parte de México y Centroamérica.

El mercado indígena de Antigua, un ejemplo del llamado "capitalismo del centavo"

Cultura

La economía guatemalteca
El 50% de la fuerza laboral de Guatemala trabaja en la agricultura. Los productos principales son el café, la caña de azúcar y los plátanos, que constituyen dos tercios (*thirds*) de las exportaciones del país. Guatemala exporta también madera y níquel. El turismo también es un motor importante de la economía guatemalteca. Guatemala recibe aproximadamente 1.800.000 turistas cada año.

Cuando vemos la sofisticación y la complejidad de la antigua civilización maya, nos preguntamos por qué es hoy Guatemala uno de los países más pobres del continente. Aunque la respuesta a esta pregunta es demasiado compleja para contestarla en pocas palabras, sí podemos decir que la sociedad creada a partir de la colonia española marginó a la población indígena y limitó su posibilidad de participar en la economía. Y, puesto que más del 60% de la población guatemalteca hoy día se considera indígena, un porcentaje muy elevado de la población tiene que encontrar su subsistencia en una economía limitada, a la que Sol Tax, un famoso antropólogo de la Universidad de Chicago, llamó "capitalismo del centavo". Lo más interesante, sin embargo, es que a pesar de tantos años de marginalización, el espíritu comerciante de los indígenas no ha desaparecido y continúa muy visible hoy día en los mercados indígenas.

Desafortunadamente, en la actualidad, los más emprendedores entre los marginados de Guatemala buscan en la emigración mejores condiciones de trabajo y formas para participar en la economía. Esta necesidad de buscar oportunidades económicas fuera de Guatemala se ve reforzada por las periódicas catástrofes naturales que ocurren en la región, tales como terremotos y huracanes. Otro factor que afecta a la ola migratoria son los acontecimientos de carácter político, tales como las guerras civiles o las dictaduras militares que persiguen a los indígenas. En la actualidad, más de una cuarta parte de los inmigrantes centroamericanos en Estados Unidos son de Guatemala, y se calculan en cerca del millón.

En otras palabras

Expresiones guatemaltecas
Me gusta Luis, pero es muy **codo**.
I like Luis, but he is very stingy.

¡Me muero de hambre! Necesito **una refacción**.
I am starving! I need a snack.

¡Anda rápido que ya viene **la camioneta**!
Hurry up! The bus is coming!

9-45 Comprensión. PRIMERA FASE. **Reconocimiento de palabras clave.** Encuentre en el texto la palabra o expresión que mejor expresa el significado de las siguientes ideas.

1. remnants   _____
2. stonecutters   _____
3. to feed   _____
4. merchants   _____
5. trade routes   _____
6. complexity   _____
7. civil wars   _____

SEGUNDA FASE. **Oraciones importantes.** Subraye las afirmaciones que contienen ideas que se encuentran en el texto. Luego indique en qué parte del texto están.

1. For all their complexity, Mayan cities lacked religious symbolism.
2. We often fail to see the variety of trades that were required to build a Mayan city.
3. Mayan farmers were forced to stop growing food crops to work on the construction of the great Mayan cities.
4. Mayan merchants traded their products well beyond the borders of the Maya Empire.
5. Guatemala is one of the poorest countries in the continent today.
6. Well over half of the population of Guatemala is considered to be indigenous.
7. Military dictatorships have been successful in curbing emigration.
8. Natural disasters are one of the factors that motivate Guatemalans to emigrate.

TERCERA FASE. **Ideas principales.** Escriba un párrafo breve en inglés resumiendo las ideas principales expresadas en el texto.

 9-46 Use la información. Escriba una carta contestando a un anuncio de trabajo en Guatemala. Su carta debe incluir lo siguiente:

1. qué trabajo solicita usted
2. dónde trabaja actualmente y por cuánto tiempo
3. qué experiencia tiene usted en ese tipo de trabajo
4. cuándo puede empezar a trabajar

Para preparar esta actividad, visite la página web de *Mosaicos* y siga los enlaces útiles.

VOCABULARIO

Las profesiones, oficios y ocupaciones — *Professions, trades, and occupations*

el/la abogado/a	*lawyer*
el actor/la actriz	*actor/actress*
el/la agricultor/a	*farmer*
el ama/o de casa	*housewife, homemaker*
el/la arquitecto/a	*architect*
el/la artesano/a	*craftsman/woman, craftsperson*
el/la bibliotecario/a	*librarian*
el/la bombero/a	*firefighter*
el/la cajero/a	*cashier*
el/la carpintero/a	*carpenter*
el/la ceramista	*potter*
el/la chef	*chef*
el/la chofer	*driver*
el/la científico/a	*scientist*
el/la contador/a	*accountant*
el/la contratista	*contractor*
el/la ejecutivo/a	*executive*
el/la electricista	*electrician*
el/la empleado/a	*employee*
el/la enfermero/a	*nurse*
el/la gerente (de ventas)	*(sales) manager*
el herrero	*blacksmith; ironworker*
el hombre/la mujer de negocios	*businessman/woman*
el/la ingeniero/a	*engineer*
el/la intérprete	*interpreter*
el jefe/la jefa	*boss*
el/la joyero/a	*jeweller*
el/la juez	*judge*
el/la locutor/a	*radio announcer*
el/la médico/a	*medical doctor*
el/la obrero/a	*worker*
el/la peletero/a	*furrier*
el/la peluquero/a	*hairdresser*
el/la periodista	*journalist*
el/la plomero/a	*plumber*
el/la policía	*policeman/woman*
el/la (p)sicólogo/a	*psychologist*
el/la técnico/a	*technician*
el/la vendedor/a	*salesman, saleswoman*

Los lugares — *Places*

el banco	*bank*
el campo	*countryside*
la compañía/la empresa	*company*
el consultorio	*office (of doctor, dentist, etc.)*
la peluquería	*beauty salon, barbershop*
el taller	*workshop*

El trabajo — *Work*

la agricultura	*farming*
el anuncio	*ad, advertisement*
el cliente/la clienta	*client*
el currículum	*résumé*
la entrevista	*interview*
la especialidad	*specialty*
la experiencia	*experience*
el incendio	*fire*
la madera	*wood*
el puesto	*position*
la solicitud	*application*
el sueldo	*salary*
la vacante	*opening*
las ventas	*sales*

Verbos — *Verbs*

apagar	*to extinguish, to turn off*
cosechar	*to harvest*
dejar	*to leave*
elaborar	*to produce*
emigrar	*to emigrate*
enviar	*to send*
esperar	*to wait for*
llenar	*to fill (out)*
mandar	*to send*
ofrecer (zc)	*to offer*
sobrevivir	*to survive*
solicitar	*to apply (for)*

Palabras y expresiones útiles — *Useful words and expressions*

actualmente	*at the present time*
¡Cómo no!	*Of course!*
en realidad/realmente	*in fact, really*
lo importante	*the important thing*
por cierto	*by the way*
propio/a	*own*
la señal	*signal*
sin embargo	*nevertheless*

10

¡A comer!

Este cuadro del siglo XVIII presenta a un indígena yumbo cerca de Quito, Ecuador. Junto a él hay árboles y frutas típicas de su país.

In this chapter you will learn how to:

- discuss food, menus, diets, and shopping for food
- state impersonal information
- give instructions
- talk about the recent past and the future

Cultural focus: Ecuador

Islas Galápagos

Tortuga de las Galápagos

El distrito histórico de Quito

Tulcán

Ibarra
Otavalo

Quito

Manta

Ambato

Riobamba

Guayaquil • Milagro

Isla Puna
Golfo de Guayaquil

Cuenca

Machala

Loja

Cataratas de Los Andes

COLOMBIA

Textiles de Ecuador

Región amazónica

La reserva amazónica de Kapawi

CORDILLERA DE LOS ANDES

ECUADOR

PERÚ

OCÉANO PACÍFICO

A vista de pájaro. Mire los siguientes grupos de palabras y ponga un círculo alrededor de la palabra que no corresponde.

1. pescado, comida, lima, tomate, papaya, volcán
2. tela, diseño, artesanía, bombero, mercado, joyas
3. catedral, toro, casa, calle, iglesia, ciudad
4. selva, río, plato, planta, árbol, calor
5. montaña, tortilla, catarata, agua, nube, verde
6. tortuga, isla, naturaleza, textil, animal, roca

327

A PRIMERA VISTA

)) Los productos y las recetas

CD 4
Track 25
or CD 5
Track 1

En Ecuador se cultiva mucha fruta, sobre todo **piña**, **limón**, **melón**, **papaya**, **maracuyá** y **plátano**. Mucha de esta fruta se exporta a Estados Unidos y otros países. Aquí vemos a unas personas trabajando en una compañía de exportación de plátanos cerca de Guayaquil.

En los mercados y cafés ecuatorianos, como en los de otros países hispanoamericanos, se venden **pasteles** y **dulces** típicos de la región.

El pescado y los **mariscos** son muy importantes en la dieta de algunos países hispanoamericanos como Chile, Perú y Ecuador. En la provincia de Esmeraldas, en Ecuador, uno de los platos típicos es el encocado, pescado que se cocina con **leche de coco**.

Esta mujer ecuatoriana vende frutos secos mientras cuida las **ovejas**. De las ovejas se aprovechan la carne en comida y la lana en suéteres, mantas, etc. Además, los **campesinos** usan la leche para hacer queso y yogur. Junto a la carne de **cordero**, la de **res** y la de cerdo son las que más se usan en la comida de Ecuador y se venden en los mercados y en las carnicerías.

En el mercado de Zumbahua se encuentran los productos que se usan en las muchas **recetas** de la comida de Ecuador. La forma de combinar estos productos con el cilantro y otras **hierbas** y **especias** dan fama a la gastronomía ecuatoriana.

En otras palabras

The words for some vegetables and spices vary from region to region. **Aguacate** is known as **palta** in some South American countries; **maíz** is known as **elote** in Mexico and in some Central American countries and as **choclo** in parts of South America. Other examples are **cilantro/culantro**, **achiote/pimentón** (paprika), and **frijoles/porotos**. Names of fruits also vary: **plátano** in Spain becomes **cambur** in Venezuela; in other places, like Colombia, **banano** is used, and elsewhere (in Uruguay, for example) it is **banana**. Other examples include **melocotón** (Spain)/**durazno** (Latin America); **fruto de la pasión** (Spain)/**maracuyá** (Colombia)/**parchita** (Venezuela, Mexico).

10-1 Definiciones. Asocie las definiciones a continuación con las palabras que aparecen en los textos y fotos anteriores.

1. una lista de ingredientes y de instrucciones para elaborar una comida
2. un animal del que se aprovecha la lana, la leche y la carne
3. una fruta alargada que se pela y que les gusta mucho a los monos
4. un plato ecuatoriano que se cocina con pescado y leche de coco
5. una tienda donde se vende pescado
6. las personas que cultivan productos del campo
7. dulces que se venden en las pastelerías y en los mercados
8. la carne de una oveja pequeña

10-2 Una receta ecuatoriana. Lea la siguiente receta y clasifique sus ingredientes según las siguientes categorías.

a. carnes o pescados:
b. vegetales:
c. condimentos:
d. frutas:

> ### Lengua
>
> These are some useful words that appear in the recipe: **almejas** (*clams*), **perejil** (*parsley*), **paiteña** (*a type of onion*), **diente de ajo** (*clove of garlic*), **picado** (*chopped*), and **comino** (*cumin*). Other cooking expressions include **picar** (*chop*), **pelar** (*peel*), **machacar** (*crush*), **tapar** (*cover*), **agregar/añadir** (*add*), **taza** (*cup*), and **cucharada** (*spoonful*).

Pescado encocado

Ingredientes:

1 coco
1 libra de camarones
2 libras de pescado crudo

Refrito:

1 cebolla paiteña finamente picada
¼ taza de cebolla blanca finamente picada
1 pimiento picado
4 cucharadas de cilantro picado
4 cucharadas de perejil picado
2 dientes de ajo machacados
4 cucharadas de aceite

1 un tomate grande rojo, pelado y picado
un poquito de achiote
sal, pimienta, comino al gusto

Elaboración:

Haga un refrito con los ingredientes. Agréguele una libra de camarones crudos, pelados y limpios y dos libras de pescado crudo, cortado en trozos. Refríalos durante un rato y luego agregue la mitad de la leche del coco. Tape la olla y deje cocinar durante 20 ó 30 minutos. Después, añada la otra mitad de la leche del coco. Sirva inmediatamente, acompañado de arroz blanco y plátano verde asado.

> ### Lengua
>
> To give instructions on how to prepare a recipe, the following grammatical constructions may be used: 1. commands (**cocine el arroz, añada la sal**); 2. se + verb (**se cocina el arroz, se añade la sal**); 3. the infinitive (**cocinar el arroz, añadir la sal**).

10-3 Mi receta favorita. Escojan una receta simple. Escriban los ingredientes y después explíquenle a otra pareja cómo se prepara el plato. Las siguientes palabras pueden facilitarles la explicación:

batir (*to beat*)   **cortar** (*to cut*)   **freír** (**i**) (*to fry*)   **hervir** (**ie**) (*to boil*)

◀)) En el supermercado

CD 4
Tracks 26–30
or CD 5
Tracks 2–6

Las frutas y las verduras

Los productos lácteos

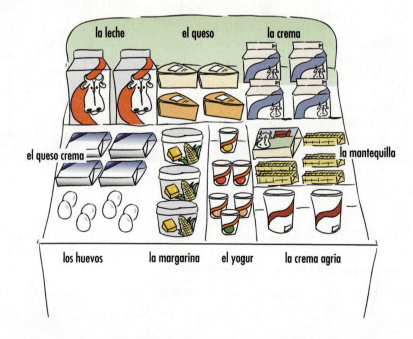

El pescado y la carne

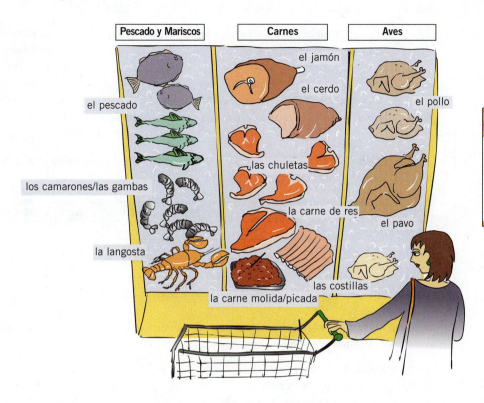

| Pescado y Mariscos | Carnes | Aves |

el jamón

el cerdo

el pollo

el pescado

las chuletas

los camarones/las gambas

la carne de res

el pavo

la langosta

las costillas

la carne molida/picada

Los condimentos y las legumbres

la sal

la pimienta

El pan y las bebidas

la mostaza

la vainilla

la harina

el pan

el aderezo

los churros

el/la azúcar

las galletas

el vinagre   el aceite

el pan dulce

la manteca   la salsa de tomate   la mayonesa

los frijoles   las lentejas   los garbanzos

los refrescos   el vino tinto   el vino blanco

10-4 Asociaciones. Después de asociar cada explicación con la palabra adecuada, comenten si les gustan o no estos alimentos.

1. ____ Se toma mucho en el verano, cuando hace calor.
2. ____ Se pone en la ensalada.
3. ____ Se usan para hacer vino.
4. ____ Se come en el desayuno con huevos fritos.
5. ____ Se prepara para el Día de Acción de Gracias.
6. ____ Se usa para preparar la ensalada de atún o de pollo.

a. el jamón
b. las uvas
c. la mayonesa
d. el helado
e. el aderezo
f. el pavo

10-5 Dietas diferentes. PRIMERA FASE. Completen la tabla con comidas adecuadas para estas dietas.

DIETA	SE DEBE COMER	NO SE DEBE COMER
vegetariana		
para diabéticos		
para desarrollar músculos		
para bajar de peso (*lose weight*)		

SEGUNDA FASE. Completen las siguientes ideas con sus recomendaciones para cada una de estas personas. Digan por qué.

1. Laura, que es vegetariana, debe comer...
2. Mi padre, que es diabético,...
3. Luis, que levanta pesas (*weights*),...
4. Joaquín y Amalia quieren bajar de peso. Por lo tanto...

10-6 ¿Qué necesitamos? PRIMERA FASE. Ustedes son estudiantes de intercambio en Ecuador. Le quieren preparar una cena a su familia ecuatoriana. Hagan lo siguiente.

1. Describan el menú: ¿Qué plato principal van a servir? ¿Van a hacer ensaladas? ¿Van a servir bebidas? ¿Qué bebidas?
2. Hagan una lista de los ingredientes que necesitarán. ¿Van a necesitar verduras, vegetales, legumbres, especias, frutas?

SEGUNDA FASE. Ahora compartan sus planes con otra pareja.

10-7 Los estudiantes y la comida. PRIMERA FASE. Hablen de las comidas típicas de los estudiantes de su universidad. Respondan a las siguientes preguntas.

1. ¿Qué comieron hoy?
2. ¿Cuándo y dónde comieron?
3. ¿Cuánto gastaron en comida?

SEGUNDA FASE. Hagan una lista de recomendaciones para una dieta estudiantil más saludable (*healthy*) y compártanla con el resto de la clase. Piensen en el desayuno, el almuerzo, la cena y las meriendas (*snacks*).

·)) **La mesa**

CD 4
rack 31
r CD 5
rack 7

el tenedor

el plato

el vaso

la servilleta

el cuchillo

la cuchara

la botella

la bandeja   la taza

la copa

la cucharita

el mantel

10-8 Entrenamiento de un camarero/una camarera. Ustedes son camareros en un restaurante pero uno/a de ustedes es nuevo/a en el puesto. Dígale a al camarero nuevo/a la camarera nueva dónde debe poner cada cosa de acuerdo con el dibujo. Después cambien de papel.

MODELO: E1: *Ponga el cuchillo a la derecha del plato.*
E2: *Muy bien. ¿Y dónde pongo la copa?*
E1: _____

10-9 Los preparativos de un banquete. Ustedes trabajan en el servicio de comidas de la universidad y tienen que organizar un banquete para sus profesores. Primero preparen un menú, una lista de lo que tienen que comprar para el banquete y un presupuesto (*budget*). Luego deben dividirse el trabajo. Cada uno/a de ustedes es responsable de dar instrucciones a los otros/las otras sobre lo siguiente:

1. cómo elaborar el menú
2. cómo preparar la mesa
3. cómo decorar la sala

10-10 Una cena. Usted estuvo muy ocupado/a ayer porque tuvo invitados a cenar. Dígale a su compañero/a todas las cosas que hizo. Él/Ella le va a preguntar dónde hizo las compras, a quién invitó, qué sirvió, y si lo pasaron bien. Después cambien de papel.

10-11 Una cena perfecta. You will listen to a married couple talk about their plans for their dinner party tonight. Before you listen, make a list of four ingredients you would need to prepare a salad and an entrée.

CD 4
Track 32
or CD 5
Track 8

ensalada _____

plato principal _____

Now, pay attention to the general idea of what is said. As you listen, mark (✓) the appropriate ending to each statement.

1. Rodolfo es…
   —— un buen cocinero.
   —— muy perezoso.
   —— vegetariano.

2. Manuela va a…
   —— cocinar ceviche.
   —— poner la mesa.
   —— llamar a los invitados.

3. Rodolfo va a comprar…
   —— pescado y maíz.
   —— limón y camarones.
   —— espinacas y aguacates.

4. Manuela tiene…
   —— todos los ingredientes.
   —— muchos vegetales y frutas.
   —— casi todos los ingredientes.

Cultura

La comida de los países hispanoamericanos es muy variada. En Ecuador, al igual que en Perú, el ceviche de pescado o de camarón es muy popular. Otro plato muy popular es la fritada, un combinado de diversas carnes con plátano (*plantain*) maduro, plátano tostado y maíz. Y entre los postres, además de la pastelería, es muy sabroso el dulce de higos (*candied figs*).

Diarios de bicicleta: Lección de cocina

Antes de ver

10-12 Prepare una lista de algunos problemas inesperados que pueden ocurrir antes de una fiesta o de una cena importante.

Mientras ve

10-13 Muchas recetas para pozole incluyen los siguientes ingredientes. Marque (✓) los que menciona Luciana.

1. ___ carne de cerdo	**5.** ___ tomates
2. ___ chiles	**6.** ___ cilantro
3. ___ ajos	**7.** ___ maíz
4. ___ cebollas	**8.** ___ aceite

Después de ver

10-14 Ponga en el orden apropiado los siguientes pasos para hacer pozole.

___ Se quitan las semillas de los chiles y se cocinan con el tomate.

___ Se licuan los chiles, los tomates y el cilantro.

___ Se pone a cocinar la carne con las cebollas y ajos.

___ Se unen la carne, los chiles y tomates y el maíz.

___ Se corta la carne ya cocinada en trocitos muy pequeños.

___ Se sirve en platos hondos y se adorna con tostadas.

___ Se agrega sal y se deja sazonar unos minutos.

FUNCIONES Y FORMAS

1. Stating impersonal information: *Se* + verb constructions

Profesor

PROFESOR: **Se consumen** muchos carbohidratos y mucha grasa. ¿Sabían ustedes que en Estados Unidos **se comen** 23 libras de pizza por persona al año?

RICARDO: [piensa] ¿Cuánta cerveza **se bebe** con 23 pizzas?

PROFESOR: **Se comen** sólo 16 libras de manzanas, bla bla bla…

RICARDO: [piensa] En esta clase **se duerme** mucho.

Ricardo

Piénselo. ¿Cuánto más sabe usted sobre la dieta estadounidense? Indique si las siguientes afirmaciones son ciertas (**C**) o falsas (**F**), según la información del profesor y lo que usted sabe.

1. _____ **Se consumen** muchas grasas (*fats*).
2. _____ **Se compra** más fruta en el supermercado ahora que en el pasado.
3. _____ **Se dice** que los niños comen más y hacen menos actividad física.
4. _____ **Se bebe** mucho café, especialmente en las universidades.
5. _____ **Se consume** más pizza que manzanas.
6. _____ **Se recomienda** desayunar todos los días.

■ Spanish uses the **se +** *verb* construction to emphasize the occurrence of an action rather than the person(s) responsible for that action. The noun (what is bought, sold, offered, etc.) usually follows the verb. The person(s) who buy(s), sell(s), offer(s), and so on, is not mentioned. This is normally expressed in English with the passive voice (is/are **+** *past participle*).

Se habla español en este restaurante. *Spanish is spoken in this restaurant.*

■ Use a singular verb with singular nouns and a plural verb with plural nouns.

Se necesita un horno para hacer galletas. *An oven is needed to make cookies.*

Se venden vegetales allí. *Vegetables are sold there.*

■ Use a singular verb when the **se +** *verb* construction is followed not by a noun, but rather by an adverb, an infinitive, or a clause. This is expressed in English with indefinite subjects such as *they, you, one,* and *people.*

Se trabaja mucho en ese manzanal.	*They work a lot in that apple orchard.*
Se puede encontrar muchos tipos de manzanas allí.	*You can find many different types of apples there.*
Se dice que venden sidra excelente también.	*People say they sell excellent cider too.*

10-15 Asociaciones. PRIMERA FASE. Asocie las actividades con los lugares donde ocurren.

1. ＿＿ Se cambian cheques en…   **a.** un almacén.
2. ＿＿ Se vende ropa en…   **b.** un restaurante.
3. ＿＿ Se toma el sol y se nada en…   **c.** un banco.
4. ＿＿ Se sirven comidas en…   **d.** una playa.

SEGUNDA FASE. Piense en un edificio o lugar público que le gusta mucho. Luego dígale a su compañero/a qué se hace allí.

MODELO: *Me gusta mucho la zona peatonal (*pedestrian area*) de mi ciudad. Allí se camina mucho y en el verano se escucha la música de conjuntos locales.*

10-16 El supermercado y las tiendas de conveniencia. Indique (✓) los productos y/o servicios que se encuentran en los supermercados solamente y los que se encuentran comúnmente en las tiendas de conveniencia también. Compare sus respuestas con las de su compañero/a.

PRODUCTOS/SERVICIOS	SUPERMERCADO SOLAMENTE	SUPERMERCADO Y TIENDA DE CONVENIENCIA
productos lácteos		
carnes orgánicas		
frutas de América del Sur		
detergente para lavadoras		
alimentos enlatados (*canned*)		
pescado fresco		
DVDs para alquilar		

En otras palabras

The concept of *convenience stores* is expressed differently according to the country. In Mexico they are **tiendas de conveniencia**, translated directly from English. In Costa Rica the term **tiendas de gasolinera** is used because of where such stores are usually located. In Spain they are **tiendas de 24h** to convey the convenience of being always open.

10-17 Recetas creativas. PRIMERA FASE. Lean estas recetas originales. Luego, intercambien opiniones sobre cuáles les gustaría probar y cuáles no.

1. Plátano derretido (*melted*): Se corta un plátano en rebanadas (*slices*) no muy finas. Se echa azúcar. Se calienta en el microondas por uno o dos minutos.
2. Batido de tarta de manzana (*apple pie smoothie*): Se ponen en la licuadora (*blender*): media taza de jugo de manzana, tres cucharadas de helado de vainilla y media cucharadita de canela (*cinnamon*). Se bate por un minuto.
3. Hamburguesa y salsa con queso (*nacho cheese sauce*): Se calienta la parrilla. Se pone la hamburguesa en la parrilla. Se pone la salsa con queso en el panecillo y se calienta. Se pone la hamburguesa en el panecillo.
4. Ensalada de pollo: Se abre una bolsa de lechuga prelavada. Se cortan en rebanadas dos pechugas de pollo (*chicken breasts*) cocidas, y se corta media libra de queso en cubos pequeños. Se combinan los ingredientes en una fuente (*bowl*). Se agrega un aliño de vinagre balsámico.

SEGUNDA FASE. Preparen juntos una receta para compartir con la clase.

10-18 ¿Cómo se prepara este plato? PRIMERA FASE. Usted y su compañero/a quieren darle una sorpresa a otra persona. Por eso, deciden prepararle su plato favorito. Primero, seleccionen uno de estos platos:

Luego, escriban en la caja una lista de los ingredientes que se necesitan para hacer el plato.

CARNES	VERDURAS/VEGETALES	ESPECIAS	OTROS

SEGUNDA FASE. Usted sabe cocinar, pero su amigo/a no. Responda a sus preguntas mientras ustedes preparan el plato. Los siguientes verbos pueden ser útiles.

asar	dorar (*brown*)	rallar (*grate*)
cocinar	hervir	(so)freír
cortar	hornear	tostar

MODELO: E1: *Vamos a preparar pollo asado. ¿Qué se hace con el pollo?*
E2: *Primero se lava bien el pollo. Luego se ponen sal y pimienta.*
E1: *¿Y después?*
E2: *Se asa en el horno por dos horas y se dora.*

SITUACIONES

1. **Role A.** You are an international student who has just arrived in town. A student has offered to help with your orientation. You are not familiar with shopping in the United States, so you ask a) where one buys personal items like vitamins and toothpaste (**pasta de dientes**); b) where on campus one can find a decent meal; c) where one goes to buy fresh fruit; and d) where one can get good American pizza. Ask follow-up questions to be sure you understand the answers.

   Role B. You have offered to show a new international student around campus. Answer his/her questions about where one goes to buy different things. Offer several options, and be prepared to answer your new friend's questions.

2. **Role A.** You have just moved into your own apartment, and you are living away from home for the first time. You have never done your own food shopping and are not sure how to go about it. Ask a friend for help and ask questions so he/she will expand on the explanation.

   Role B. A friend has just told you that he/she does not know how to go food shopping. Explain the process step by step, starting with the shopping list (**se hace una lista...**). Provide additional explanation or clarification in response to your friend's questions.

2. Talking about the recent past: Present perfect and participles used as adjectives

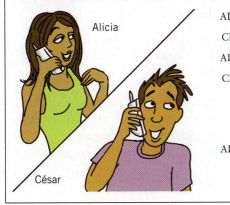

ALICIA: Hola, César, ¿qué tal?

CÉSAR: Hola, Alicia. **¿Has visto** a Javier? ¡Estoy muy molesto!

ALICIA: ¿Por qué? ¿Qué te pasa?

CÉSAR: Como sabes, el examen de historia es pasado mañana y yo no **he leído** el libro todavía. ¿Lo **has leído** tú? ¿Lo **ha leído** Javier? ¿Javier te **ha dado** sus notas? No sé qué voy a hacer sin sus notas. ¡Las necesito para estudiar!

ALICIA: Cálmate, César. Yo **he leído** el libro y **he escrito** unas notas. **He hablado** con Javi. No **ha terminado** el libro todavía, pero va a llamarte esta tarde.

Piénselo. Lea las afirmaciones e indique a quién(es) se aplica cada una: a Alicia (**A**), a César (**C**) y/o a Javier (**J**).

1. ____ **Ha hablado** con Javier.
2. ____ **Ha escrito** unas notas.
3. ____ **Ha leído** una parte del libro.
4. ____ No **ha hecho** mucho en su curso de historia.
5. ____ No **han visto** a Javier.
6. ____ No **ha abierto** el libro.

■ Both Spanish and English have perfect tenses that are used to refer to past actions, events, and conditions. Both languages use an auxiliary verb (**haber** in Spanish, *to have* in English) followed by a past participle.

■ Use the present perfect to refer to a past event, action, or condition that has some relation to the present.

Lucho, ¿ya **has leído** la receta de paella?

Lucho, have you read the recipe for paella yet?

No, no **he leído** la receta todavía.

No, I have not read the recipe yet.

PRESENT TENSE OF HABER	+	PAST PARTICIPLE
yo	he	
tú	has	
Ud., él, ella	ha	hablado
nosotros/as	hemos	comido
vosotros/as	habéis	vivido
Uds., ellos/as	han	

■ Form the present perfect by using the present tense of **haber** as an auxiliary verb with the past participle of the main verb. **Tener** is never used as the auxiliary verb to form the perfect tense.

Los cocineros **han trabajado** mucho en el banquete.	*The cooks have worked a lot on the banquet.*
Unos miembros de la organización ya **han traído** los manteles.	*Some members of the organization have already brought the tablecloths.*

■ All past participles of **-ar** verbs end in **-ado**, whereas past participles of **-er** and **-ir** verbs generally end in **-ido**. If the stem of an **-er** verb ends in a vowel, use a written accent on the **i** of **-ido** (leer → leído). In English, past participles are often formed with the endings *-ed* and *-en*, as in *finished* and *eaten*.

■ Some **-er** and **-ir** verbs have irregular past participles. Here are some of the more common ones:

IRREGULAR PAST PARTICIPLES			
hacer	**hecho**	abrir	**abierto**
poner	**puesto**	escribir	**escrito**
romper	**roto**	cubrir	**cubierto**
ver	**visto**	decir	**dicho**
volver	**vuelto**	morir	**muerto**

■ Place object and reflexive pronouns before the auxiliary **haber**. Do not place any word between **haber** and the past participle.

¿**Le** has dado las servilletas a César?	*Have you given César the napkins?*
No, todavía no **se las** he dado.	*No, I have not given them to him yet.*

■ The present perfect of **hay** is **ha habido** with both singular and plural nouns.

Ha habido más trabajo últimamente.	*There has been more work lately.*
Ha habido varios banquetes y otros eventos.	*There have been several banquets and other events.*

■ **OJO:** To state that something has just happened use the present tense of **acabar + de +** *infinitive*, not the present perfect.

Acabamos de volver del supermercado.	*We have just returned from the supermarket.*
Acabo de probar la sopa y está deliciosa.	*I have just tasted the soup, and it is delicious.*

■ Spanish uses **estar +** *past participle* to express a state or condition resulting from a prior action.

ACTION	RESULT
Ella preparó la sopa.	La sopa **está preparada**.
Luego cerró las ventanas.	Las ventanas **están cerradas**.

■ When a past participle is used as an adjective, it agrees with the noun it modifies.

una puerta **cerrada**	*a closed door*
los restaurantes **abiertos**	*the open restaurants*
unas botellas **lavadas**	*some washed bottles*

10-19 Lo que no he hecho. Usted y su compañero/a deben decir las cosas de cada lista que no han hecho. Después, comparen sus respuestas con las de otros estudiantes.

1. Yo nunca he estado en…
   a. Paraguay.
   b. Guatemala.
   c. Ecuador.
2. Yo nunca he visto…
   a. las Islas Galápagos.
   b. un volcán activo.
   c. un huracán.
3. Yo nunca he comido…
   a. aguacate.
   b. un postre con leche de coco.
   c. langosta.
4. Yo nunca he escrito…
   a. una receta.
   b. una lista de compras (*shopping list*) en español.
   c. el menú para una cena formal.
5. Yo nunca he roto…
   a. una taza.
   b. un vaso.
   c. un plato.
6. Yo nunca he dicho…
   a. "no" a una invitación a cenar.
   b. una broma (*joke*) de mal gusto durante una comida formal.
   c. una palabra en español en un resturante hispano en este país.

10-20 Hispanos famosos/Hispanas famosas. PRIMERA FASE. Piensen en un hispano famoso/una hispana famosa y preparen una lista de cinco cosas que ustedes creen que ha hecho para tener éxito (*to be successful*). Después compartan su lista con la de otra pareja y háganse preguntas.

MODELO: *Cameron Díaz es una actriz famosa.*
Ha actuado en más de treinta películas.

HISPANO FAMOSO/HISPANA FAMOSA	LO QUE HA HECHO PARA TENER ÉXITO
_____	_____
	_____
	_____
	_____

SEGUNDA FASE. Digan tres cosas que ustedes han hecho que los/las ha ayudado a tener éxito en su vida personal, académica o profesional.

10-21 Para hacer una cena importante. Usted y su compañero/a van a preparar una cena para la visita de una persona importante a su universidad. Háganse preguntas para ver qué preparativos ha hecho cada uno/a para la cena.

MODELO: comprar la carne
   E1: *¿Has comprado la carne?*
   E2: *No, no la he comprado todavía.*

1. determinar el número de invitados
2. leer las recetas
3. cortar los vegetales
4. hacer el postre
5. decidir qué música se va a tocar
6. poner la mesa
7. asignar los asientos
8. decorar el lugar de la cena

10-22 Justo ahora. Con su compañero/a, digan qué acaban de hacer estas personas. Den la mayor información posible.

MODELO: Juan y Ramiro salen del estadio.
   E1: *Acaban de ver un partido de béisbol muy importante.*
   E2: *Fueron a ver a los Calcetines Rojos porque es su equipo favorito.*

1. Maricarmen y sus amigos ya no tienen hambre.
2. Pedro y Alina salen de una tienda donde se alquilan películas.
3. Mercedes y Paula traen palomitas de maíz (*popcorn*) para todo el grupo.
4. Un hombre sale corriendo de un banco.
5. Jorge y Rubén salen de un supermercado.
6. Frente a todos sus amigos, Rubén le da una sorpresa a su novia.

10-23 Robo (*Robbery*) en un restaurante. El siguiente párrafo cuenta algo que ocurrió en el restaurante del chef Marco Tovares. Para saber lo que pasó, llene los espacios en blanco con la forma correcta del participio pasado de los verbos entre paréntesis.

El chef Marco Tovares salió de la cocina de su restaurante en Nueva York para asegurarse de que todo iba bien en el comedor esa noche. Vio que el locutor de televisión Jorge Ramos y otras tres personas estaban (1) _____ (sentar) en una mesa. De repente Marco vio que la bolsa de una de las mujeres estaba (2) _____ (abrir) y que un hombre en otra mesa la estaba mirando. Como la mujer estaba (3) _____ (distraer), el ladrón aprovechó el momento (4) _____ (esperar). Sacó la billetera de la bolsa de ella. La mujer no se dio cuenta, pero Marco lo vio todo. Se acercó a la mesa y le dijo al hombre: —¿Cómo está la comida esta noche? ¿Todo bien? El hombre parecía muy nervioso, y curiosamente tenía las manos (5) _____ (cerrar). Marco le dijo: —¿Podría acompañarme un momento, por favor? El hombre fue con Marco al fondo del restaurante, le dio la billetera (6) _____ (robar) y salió. Marco se acercó a la mesa de Jorge Ramos y les explicó lo ocurrido. Todos estaban muy (7) _____ (sorprender). La mujer víctima del robo dijo: —Hace diez años que vivo en Nueva York, y ¡nunca he (8) _____ (ser) víctima de un robo hasta esta noche! Muchísimas gracias por su ayuda.

10-24 ¿Qué ha pasado? PRIMERA FASE. Su compañero/a y usted han ordenado su apartamento esta mañana. Pero acaban de entrar por la tarde, y ven que todo está muy desordenado. Túrnense para describirle al/a la policía lo que han hecho para ordenar el apartamento y lo que ven ahora, usando las palabras entre paréntesis. Añadan más información donde sea posible.

MODELO: las ventanas (cerrar, abrir)
    POLICÍA: *¿Qué ha pasado con las ventanas?*
        E1: *Las he cerrado esta mañana…*
        E2: *pero ahora están abiertas.*

1. el espejo del baño (usar, romper)
2. la cama (tender, desordenar)
3. el televisor (apagar, encender)
4. las camisas (colgar, tirar al piso)
5. la puerta del apartamento (cerrar, abrir)
6. la comida en el refrigerador (cubrir, descubrir [*to uncover*])

SEGUNDA FASE. Después de escuchar el relato de ustedes, el/la policía hace lo siguiente:

1. Les hace preguntas para conseguir más información.
2. Les dice tres cosas que hay que hacer ahora.

SITUACIONES

1. **Role A.** You are a reporter who has been assigned to interview the new chef of a restaurant in your community. Ask about a) other restaurants where he/she has worked; b) prizes (*premios*) he/she has won; c) some examples of dishes he/she has developed; and d) changes he/she has already made in the restaurant.

   Role B. You are the new chef of one of the nicest restaurants in town, and a reporter is interviewing you for the local newspaper. Answer the reporter's questions, adding as many details possible.

2. **Role A.** You are in charge of discipline at a strict boarding school. Call one of the students to your office to ask about his/her activities. Explain that the teachers have just told you that a) he/she has not attended classes for four days; b) he/she has not done homework for two weeks; and c) he/she has not eaten in the cafeteria all week. Say that the teachers are worried. You want to track his/her every movement to determine the problem. Start with **¿A qué hora te has levantado hoy?** and continue from there.

   Role B. You are a student at a strict boarding school. You have been acting strangely, and you don't want to explain why. The teacher in charge of discipline has asked to speak to you. Answer the teacher's questions with enough detail to fool him/her into thinking you are telling the truth.

3. Giving instructions in informal settings: Informal commands

Grasas, dulces sal, etc

Aceites y frutos secos (3 a 6 raciones)

Lácteos (2 a 4 raciones)

Verduras (2 a 4 raciones)

Carnes y sustitutos (2 raciones)

Frutas (2 a 3 raciones)
Féculas (3 a 6 raciones)

Marcos

Marcos, la buena alimentación es fundamental para la buena salud. **Toma** desayuno siempre. Es la comida más importante del día. Para tener energía, **consume** carbohidratos y proteínas en las tres comidas. **Come** carbohidratos complejos, como pasta y pan, pero siempre integrales (*made from whole grains*). **No olvides** las frutas, las verduras y la leche, son muy buenas para la salud. **Evita** comer grasas y azúcares, excepto en cantidades moderadas.

Piénselo. Según las sugerencias del enfermero, escoja los alimentos o bebidas que Marcos debe consumir o evitar para alimentarse bien.

1. _____ Come...
2. _____ Evita...
3. _____ Bebe...

   a. helado todos los días.
   b. pan blanco.
   c. manzanas, peras, plátanos, uvas.

   d. suficiente leche.
   e. pollo y pescado.
   f. refrescos.

■ To ask a friend to do or not to do something, use an informal command. Use that form with anyone else you address as **tú**, such as someone your own age or someone with whom you have a close relationship.

■ To form the affirmative **tú** command, use the present indicative **tú** form without the final **-s**.

	PRESENT INDICATIVE	AFFIRMATIVE *TÚ* COMMAND
cocinar	cocinas	**cocina**
beber	bebes	**bebe**
consumir	consumes	**consume**

■ For the negative **tú** command, use the negative **usted** command form and add the final **-s**.

	NEGATIVE *USTED* COMMAND	NEGATIVE *TÚ* COMMAND
preparar	no prepare	no prepare**s**
comer	no coma	no coma**s**
subir	no suba	no suba**s**

■ Placement of object and reflexive pronouns with **tú** commands is the same as with **usted** commands.

AFFIRMATIVE COMMAND	NEGATIVE COMMAND
Prepárelo (usted).	No **lo** prepare (usted).
Bébela (tú).	No **la** bebas (tú).

■ The plural of **tú** commands in Spanish-speaking America is the **ustedes** command.

Cocina (tú).	Cocinen (ustedes).
Bebe (tú).	Beban (ustedes).
Sube (tú).	Suban (ustedes).

■ Some **-er** and **-ir** verbs have shortened affirmative **tú** commands, but their negative command is regular.

	AFFIRMATIVE	NEGATIVE
poner	pon	no pongas
salir	sal	no salgas
tener	ten	no tengas
venir	ven	no vengas
hacer	haz	no hagas
decir	di	no digas
ir	ve	no vayas
ser	sé	no seas

Sal a las tres si quieres llegar a las cuatro.	*Leave at 3:00 if you want to arrive at 4:00.*
No salgas sin paraguas; va a llover.	*Don't leave without an umbrella; it is going to rain.*
Sé generoso con tus amigos.	*Be generous with your friends.*
No **seas** impaciente.	*Don't be impatient.*
Dime la verdad.	*Tell me the truth.*
No nos digas mentiras.	*Don't tell us any lies.*

10-25 Consejos. Escoja los consejos más adecuados, según cada situación.

1. Su compañero/a comió demasiado en una fiesta de cumpleaños y ahora le duele mucho el estómago.
   a. Come más para recuperarte.
   b. Llama al médico.
   c. Ve a la farmacia y compra medicamentos.
   d. Camina una hora esta tarde.
   e. Practica deportes para olvidarte del dolor de estómago.
   f. No te acuestes.

2. Su hermana está enferma. Está congestionada y tiene fiebre.
   a. Toma sopa de pollo.
   b. Come una hamburguesa.
   c. No duermas mucho.
   d. Bebe jugos y agua.
   e. No bebas vino ni cerveza.
   f. No consumas mucha cafeína.

3. A su hijo le fascina la comida chatarra (*junk food*), por eso, subió diez libras en un mes.
   a. Ve a los restaurantes de comida rápida.
   b. Bebe muchas gaseosas.
   c. Come en casa, no en restaurantes.
   d. No tomes alcohol.
   e. Evita los batidos de McDonald's.
   f. No pidas ensaladas.

4. Su mamá quiere alimentarse mejor para tener más energía y bajar de peso.
   a. Evita la grasa.
   b. Toma muchos helados.
   c. Come huevos moderadamente.
   d. Compra papas fritas.
   e. Acuéstate y descansa.
   f. Si no tienes energía, consume mucha cafeína.

5. Su mejor amigo quiere preparar una cena espectacular para su novia.
   a. Compra pizza.
   b. Haz un plato sofisticado.
   c. No olvides de comprar un buen vino.
   d. Prepara la mesa el día anterior.
   e. No le pongas chile picante al plato. Ella detesta la comida picante.
   f. Ponle mucha sal a la comida.

10-26 Una cura de reposo. Su amigo/a estuvo muy enfermo/a y su médico le recomendó pasar dos semanas de descanso en las Termas de Papallacta o en la reserva natural Playa de Oro en Ecuador. Como usted ha visitado los dos lugares, dígale a su amigo/a qué debe hacer allí. Después cambien de papel.

MODELO: visitar la reserva/no pensar en los negocios
Visita la reserva Playa de Oro./No pienses en los negocios.

1. disfrutar del sol
2. respirar aire puro y descansar
3. no hacer tarea
4. tomar fotos y hacer videos
5. probar un plato típico ecuatoriano
6. salir por las noches y conversar con las personas del lugar
7. tomar baños termales a diario
8. asistir a un concierto de música andina

10-27 Buenos hábitos alimenticios. PRIMERA FASE. Ustedes están preocupados por los hábitos de comida de uno/a de sus amigos/as. Lean lo que esta persona come y bebe en un día típico e identifiquen los problemas que tiene.

Se levanta al mediodía todos los días. Tan pronto se levanta, toma varias tazas de café. Una hora más tarde, come tres huevos fritos con tocino y tostadas. Toma dos tazas de café cubano con bastante azúcar. Luego lee el periódico en su dormitorio, mira televisión y come chocolate mientras habla por teléfono con sus amigos. Por la tarde, llama por teléfono al restaurante de la esquina y pide una hamburguesa con papas fritas y toma unas cervezas. Después, duerme una siesta larga. Por la noche, tiene problemas para dormir, por eso, toma un batido.

SEGUNDA FASE. Hagan una lista con cinco recomendaciones o instrucciones que su amigo/a debe seguir. Comparen su lista con las de otros grupos.

10-28 Cocina paso a paso (*step by step*). PRIMERA FASE. Busquen una receta para el sancocho, una sopa que se come en Ecuador. Escriban la lista de los ingredientes y estén listos/as para describirlos.

SEGUNDA FASE. En el papel de dos chefs de televisión, presenten la preparación del sancocho. Sigan los siguientes pasos: a) describan el plato; b) presenten sus ingredientes; y c) expliquen cómo se prepara el plato.

SITUACIONES

1. **Role A.** You are not feeling well, so you call your friend to ask for the recipe to make chicken soup. Take notes as your friend gives you the recipe. Ask questions as necessary.

   Role B. Your friend is not feeling well and calls to ask for the recipe for chicken soup. Tell him/her to a) buy skinless chicken (**pollo sin piel**); b) wash and cut garlic, onions, carrots, and celery (**apio**); c) sauté (**saltear**) the chicken and vegetables with a little olive oil; and d) add water, salt, and pepper and cook for 30 minutes.

2. **Role A.** To improve your health, you visit a nutritionist. Explain what you generally eat for breakfast, lunch, and dinner. Ask questions and answer the nutritionist's questions.

   Role B. A client comes to you for help with eating habits. Ask what he/she eats for breakfast, lunch, and dinner. Advise your client a) to eat fruits, vegetables, fish, and chicken; b) not to drink soft drinks or alcohol; c) to consume foods with lots of fiber; and d) to do physical activity daily. Answer your client's questions.

4. Talking about the future: The future tense

Científica

Julia

CIENTÍFICA: Según los expertos, para el año 2030 la población geriátrica **se duplicará** en comparación con la del presente. La gente **comerá** mejor y **vivirá** más años porque **tendrá** buena salud.

JULIA: ¿Y nuestra dieta **será** semejante a la de hoy? ¿Qué **comeremos**?

CIENTÍFICA: Se piensa que **consumiremos** más alimentos naturales, porque más gente **comprenderá** sus beneficios. Al mismo tiempo, muchos alimentos **serán** modificados genéticamente. Los individuos **tratarán** de protegerse de ciertas condiciones y enfermedades, como la diabetes y el cáncer.

Piénselo. Indique si las siguientes afirmaciones son ciertas (**C**) o falsas (**F**), según la científica. Si la respuesta es falsa (**F**), corrija la información.

1. ____ **Habrá** menos personas mayores en el futuro.
2. ____ Las personas **tendrán** una vida más larga.
3. ____ Más personas **comprenderán** el beneficio de los alimentos naturales.
4. ____ La gente **podrá** comer grasas y dulces porque la ciencia los protegerá contra las enfermedades.

■ You have been using the present tense and **ir a** + *infinitive* to express future plans. Spanish also has a future tense. Although you have these other ways to express a future action, event, or state, it is important to be able to recognize the future tense in reading and in listening.

■ The future tense is formed by adding the endings **-é, -ás, -á, -emos, -éis**, and **-án** to the infinitive. All verbs, **-ar, -er, -ir**, regular or irregular, use these endings.

FUTURE TENSE			
	HABLAR	**COMER**	**VIVIR**
yo	hablaré	comeré	viviré
tú	hablarás	comerás	vivirás
Ud., él, ella	hablará	comerá	vivirá
nosotros/as	hablaremos	comeremos	viviremos
vosotros/as	hablaréis	comeréis	viviréis
Uds., ellos/as	hablarán	comerán	vivirán

Rafael **visitará** Ecuador el mes próximo.	*Rafael will visit Ecuador next month.*
Él y sus colegas **volverán** después de dos semanas.	*He and his colleagues will return after two weeks.*
Se reunirán con los dueños de unas haciendas de café.	*They will meet with the owners of some coffee plantations.*

■ Some verbs have irregular stems in the future tense and can be grouped into three categories according to the irregularity. The first group drops the **-e** from the infinitive ending.

IRREGULAR FUTURE—GROUP 1

INFINITIVE	NEW STEM	FUTURE FORMS
poder	**podr-**	podré, podrás, podrá, podremos, podréis, podrán
querer	**querr-**	querré, querrás, querrá, querremos, querréis, querrán
saber	**sabr-**	sabré, sabrás, sabrá, sabremos, sabréis, sabrán

■ The second group replaces the **e** or **i** of the infinitive ending with a **-d**.

IRREGULAR FUTURE—GROUP 2

poner	**pondr-**	pondré, pondrás, pondrá, pondremos, pondréis, pondrán
salir	**saldr-**	saldré, saldrás, saldrá, saldremos, saldréis, saldrán
tener	**tendr-**	tendré, tendrás, tendrá, tendremos, tendréis, tendrán
venir	**vendr-**	vendré, vendrás, vendrá, vendremos, vendréis, vendrán

■ The third group consists of two verbs that have completely different stems in the future tense.

IRREGULAR FUTURE—GROUP 3

decir	**dir-**	diré, dirás, dirá, diremos, diréis, dirán
hacer	**har-**	haré, harás, hará, haremos, haréis, harán

Los estudiantes **sabrán** más sobre la nutrición después de tomar el curso.	*The students will know more about nutrition after taking the course.*
Tendrán que leer mucho.	*They will have to read a lot.*
También **harán** un proyecto de investigación.	*They will also do a research project.*
¿A qué hora vendrán a cenar?	*What time will they be coming for dinner?*
Querrán probar un poco de todo.	*They will want to try a little of everything.*

10-29 ¿Qué lugares de Ecuador visitarán estas personas? Complete las oraciones de la izquierda con la forma correcta del verbo en la columna de la derecha.

1. A Carlos y Eugenia les gusta comer bien. Ellos ____ al restaurante especializado en la cocina de Guayaquil.
2. A doña Lourdes y a su hija les fascinan la zoología y la botánica. Ellas ____ un viaje a las Islas Galápagos para ver la gran variedad de especies animales.
3. Don Jorge y yo ____ el mercado indígena de Cuenca para comprar artesanía ecuatoriana.
4. A ti te gusta disfrutar del aire libre, ver la arquitectura colonial y las montañas. Tú ____ por la Plaza San Blas en Quito.
5. A mí me interesa la protección de los animales y la flora. Yo ____ a la Reserva Cuyabeno que está a 500 kilómetros de Quito.

a. viajaré
b. caminarás
c. irán
d. visitaremos
e. harán

 10-30 Intercambio: Un viaje a Guayaquil. PRIMERA FASE. Ramiro va a Guayaquil a visitar a su familia. Háganse preguntas y contesten de acuerdo con la agenda que Ramiro preparó.

MODELO: E1: *¿Qué hará Ramiro el miércoles por la noche?*
E2: *Cenará con unos amigos.*
E1: *¿Cuándo irá al cine con los primos?*
E2: *Irán al cine el martes.*

LUNES	MARTES	MIÉRCOLES	JUEVES	VIERNES
salir para Guayaquil	visitar el Parque de las Iguanas	salir de compras al Mercado Artesanal	viajar al Parque Nacional El Cajas	empacar las maletas
cenar con los tíos	conocer a otros familiares	ir a un museo	caminar en la reserva, sacar fotos	almorzar con toda la familia
acostarse temprano	ir al cine con los primos	cenar con unos amigos	dormir en el parque	regresar a Estados Unidos

SEGUNDA FASE. Hagan una lista de cinco actividades que Ramiro probablemente hará al regresar a Estados Unidos. Expliquen por qué.

10-31 Planes para una fiesta para celebrar un matrimonio. PRIMERA FASE. Sus amigos José y Silvia se casaron durante sus vacaciones en Ecuador. Regresarán a Estados Unidos en dos semanas y ustedes van a organizar una fiesta para celebrar su matrimonio. Planifiquen la fiesta considerando lo siguiente: número de invitados, lugar de la fiesta, menú que ofrecerán (comida y bebida), música, baile y otras actividades en la fiesta.

 SEGUNDA FASE. Compartan sus planes con otra pareja. Hagan una lista de tres semejanzas y tres diferencias entre las fiestas que las dos parejas organizarán.

10-32 ¿Qué recomendaciones seguirá? Maricela sufre de estrés, insomnio y anemia. Por eso les pide sugerencias a su mejor amiga y a su nutricionista. A continuación aparecen sus recomendaciones. Discutan qué recomendaciones probablemente seguirá Maricela y expliquen por qué.

RECOMENDACIONES DE LA NUTRICIONISTA	RECOMENDACIONES DE SU MEJOR AMIGA
1. Coma en pequeñas cantidades por lo menos cuatro veces al día.	1. Come cuando quieras. Si subes de peso puedes seguir una dieta.
2. No consuma cafeína para tener energía. Consuma proteínas para obtener energía.	2. Para tener energía, come mucho chocolate y, luego, haz ejercicio.
3. Consuma calcio. Beba leche y coma frutas.	3. Toma helado todos los días porque la leche tiene mucho calcio.
4. Para eliminar la tensión y relajarse, haga yoga.	4. Escucha música suave y no contestes el teléfono de la oficina.
5. Compre verduras y carnes orgánicas en supermercados especializados en productos naturales.	5. Pide ensalada con pollo en los restaurantes de comida rápida y un refresco de dieta.

SITUACIONES

1. **Role A.** You are organizing a picnic and some of the guests are vegetarians. Call your nutritionist friend (your classmate) to discuss what food to serve. Say that a) you will prepare vegetarian and non-vegetarian food; b) for the vegetarians, you will make salads and a Spanish tortilla; c) for the meat eaters, you will serve a chicken salad and want to have hamburgers; and d) you will serve beer, soft drinks, and juice. Ask your friend for advice.

   Role B. A friend is calling to ask for advice regarding the menu for a picnic that will include both vegetarian and non-vegetarian guests. Give your friend feedback on the proposed menu and offer additional advice.

2. **Role A.** You and a friend are concerned about people's quality of life and the food they eat. Tell your friend that you think in ten years from now people will eat a) more healthful foods; b) fewer fats and sugars; and c) less junk food (**comida chatarra**). Add that you think food will be more expensive but of better quality and that people will live longer because they will be healthier.

   Role B. You don't agree with your friend's opinions about what people will eat ten years from now. In your view, a) people will continue to eat unhealthful food; b) people will continue to eat fats and sugar; c) children will have more opportunities to eat junk food (**comida chatarra**) because parents will be very busy; d) food will cost less, so people will eat more; and e) people will die younger but happier.

MOSAICOS

A escuchar

Antes de escuchar

10-33 Preparación. Usted escuchará una lista de productos que compraron Andrea, Carolina, Roberto y Darío. Antes de escuchar, prepare una lista de productos que usted compra regularmente y otra de aquellos que usted compra en ocasiones especiales.

Escuchar

10-34 ¿Comprende usted? Andrea, Carolina, Roberto, and Darío have each offered to contribute a dish for their friend Óscar's birthday party. Each has bought some kind of vegetable and meat or seafood to prepare his/her dish. As you listen, mark (✔) the foods that each of them bought.

CD 4
Track 33
or CD 5
Track 9

ANDREA	CAROLINA	ROBERTO	DARÍO
___ sal	___ ajos	___ mermelada	___ huevos
___ pollo	___ cerdo	___ pepinos	___ ajos
___ carne molida	___ espinacas	___ pimienta	___ fruta
___ azúcar	___ jamón	___ aceite	___ jamón
___ zanahorias	___ langosta	___ pavo	___ aderezo
___ aguacates	___ maíz	___ aguacates	___ pimientos verdes
___ camarones	___ pollo	___ zanahorias	___ pasta

Después de escuchar

10-35 Ahora usted. Compartan las respuestas a las siguientes preguntas.

1. ¿Cuál es su plato favorito?
2. ¿Qué productos o ingredientes compra usted para prepararlo?
3. ¿Con quién comparte generalmente su plato favorito? ¿Por qué?
4. ¿Qué dice esta persona cuando usted prepara este plato?

A conversar

Antes de conversar

10-36 Preparación. PRIMERA FASE. Marque cuáles de los siguientes alimentos son más saludables (+) o menos saludables (–).

___ los camarones	___ las espinacas	___ el jamón	___ el pollo
___ la carne de res	___ la fruta	___ las legumbres	___ el queso
___ la cerveza	___ las galletas	___ el pan blanco	___ los refrescos
___ los dulces	___ el helado	___ las papas	___ el vino

SEGUNDA FASE. Escriban en la tabla los productos o alimentos de la *Primera fase* que en general producen los siguientes efectos. Prepárense para explicar por qué. **OJO:** Algunos se pueden poner en más de una categoría.

ENGORDAN	ADELGAZAN (*ARE SLIMMING*)	DAN ENERGÍA	AUMENTAN EL COLESTEROL

Conversar

10-37 Entre nosotros. Averigüen las preferencias de comida de los miembros del grupo en las siguientes categorías. Después, sumen los números en las columnas para saber qué comida les gusta más y cuál les gusta menos.

MODELO: los mariscos
      E1:   *¿Te gustan los mariscos?*
      E2:   *Me encantan. ¿Y a ti?*
      E1:   *A mí no me gustan.*

ALIMENTO	ENCANTAR	GUSTAR MUCHO	GUSTAR	NO GUSTAR
la fruta				
las verduras				
la carne				
los mariscos				
los productos lácteos				
los dulces				

Después de conversar

10-38 Un poco más. Comparen los resultados de **10-37** para determinar las categorías de alimentos que se consumen más en la clase. Luego, respondan a estas preguntas.

1. ¿Qué tipos de comida se comen más en la clase?
2. En general, ¿ustedes se alimentan bien o mal? ¿Por qué?
3. ¿Deben ustedes mejorar su dieta? ¿Qué deben hacer?

A leer

ESTRATEGIA

Learn new words by analyzing their connections with known words
All readers of a second language encounter words that are unfamiliar to them. In some cases it is possible to skip over the word and still understand the overall meaning of the sentence or paragraph. In other cases, it is better to focus on the unfamiliar word and guess its meaning. You may find you can guess the meaning of the unfamiliar word by mentally linking it to words you know that are related to it in meaning or in grammatical form. Figuring out word meanings in this way can help you expand your vocabulary.

Antes de leer

10-39 Preparación. Lea el título y los subtítulos de la lectura en la p. 355, mire las fotos y lea sus leyendas. Luego, conteste las preguntas, usando esos elementos y también su conocimiento general.

1. ¿Qué información espera encontrar en el artículo?
   a. una definición del término *fusión culinaria*
      Sí   No
   b. una dieta para bajar de peso
      Sí   No
   c. recetas para platos de cocina fusión
      Sí   No
   d. información sobre la influencia china en la cocina de un país
      Sí   No
   e. información sobre la cocina Tex-Mex
      Sí   No

2. Marque (✓) los elementos que lo/la ayudaron a responder a la pregunta 1.
   a. ____ el título y los subtítulos
   b. ____ las fotos junto con sus leyendas
   c. ____ mi conocimiento de cocina

3. ¿Qué es la fusión culinaria? Marque (✓) la definición más lógica, según su conocimiento general.
   a. ____ La combinación de la cocina con otras artes, como la decoración de interiores
   b. ____ Una cocina que combina la influencia de dos tradiciones culinarias
   c. ____ Una manera tradicional de preparar la comida que la gente conserva por muchas generaciones

4. Prepare una lista de comidas Tex-Mex que usted conoce. ¿Cuáles le gustan más? Luego, indique si aparecieron en el artículo.

Leer

La fusión culinaria: una tendencia nueva con una historia larga

Tortilla española envuelta en una tortilla mexicana

La fusión en la cocina contemporánea

Todos hemos comido platos que combinan la cocina de dos países o culturas. El llamado *California roll*—el sushi japonés con un relleno[1] de cangrejo[2], queso crema y aguacate—es un ejemplo; la *taco pizza*, que se hace con la masa de una pizza cubierta de los ingredientes típicos del taco—carne molida, frijoles refritos, salsa, queso amarillo y especias picantes—es otro. La fusión culinaria, o cocina fusión, es un concepto que señala la mezcla de ingredientes y estilos culinarios de diferentes culturas en el menú de un restaurante o aun en un mismo plato. El término *cocina fusión* fue inventado en California en la década de los 1960s por unos chefs que combinaban los estilos de las cocinas de Asia (china, japonesa, tailandesa) con las legumbres frescas y naturales de California y las salsas hechas de frutas cítricas y tropicales. Hoy en día es común encontrar restaurantes en Estados Unidos con nombres como *Roy's Hawaiian Fusion Cuisine* o *Fusion Restaurant and Lounge*. Hay muchas posibles combinaciones, limitadas solamente por la creatividad del chef y los gustos de los clientes.

La fusión en la historia culinaria

A pesar de la creciente popularidad de estas combinaciones gastronómicas, sería un error pensar que la cocina fusión es un fenómeno nuevo. Siempre donde conviven grupos de personas de dos culturas nace una fusión de sus tradiciones culinarias. Dos ejemplos de este antiguo fenómeno en las Américas son la cocina chino-peruana y la cocina mexicano-norteamericana, o Tex-Mex.

El Chifa: La cocina fusión de Perú

La cocina peruana es una mezcla de muchas influencias: indígena, española, africana, china y japonesa. El Chifa, o cocina chino-peruana, es el resultado de la mezcla de la comida criolla de Lima con la cocina traída por los inmigrantes chinos desde mediados del siglo XIX. El término *el Chifa* se refiere tanto a la comida como a los restaurantes donde se sirve.

Los chinos que fueron a Perú se adaptaron a la sociedad y sus costumbres, pero siempre mantuvieron sus tradiciones culinarias. Con el progreso económico, luego pudieron importar de China unas especias y otros productos esenciales para su comida, pero por lo general tenían que cultivar las verduras que necesitaban o sustituirlas por ingredientes locales.

No es una exageración decir que la cultura chino-peruana de los inmigrantes chinos asimilados a la sociedad peruana revolucionó la gastronomía. Algunos platos considerados típicamente peruanos, como el arroz chaufa (preparado con carne picada, cebollitas, pimentón, huevos y salsa de soja) y el tacu-tacu (una tortilla hecha de un puré de frijoles, arroz, ajo, ají y cebolla) reflejan la influencia de la cocina china.

La comida Tex-Mex: La cocina mexicana en Estados Unidos

Un ejemplo de la cocina fusión que se conoce en todas partes de Estados Unidos es la cocina Tex-Mex. Se trata de una fusión de dos estilos, el de México y el de Texas. La cocina que conocemos hoy en día como Tex-Mex se originó en una mezcla de la comida del pueblo nativo de Texas y la cocina española. Los indígenas contribuyeron con ingredientes como los frijoles pintos, los nopales (las hojas de un cacto), las cebollas silvestres[3] y el mesquite. La influencia española empezó con la llegada del ganado[4] a la región, traído por los colonizadores al final del siglo XVI. También hay influencias del norte de África en la comida Tex-Mex. Un grupo de colonizadores de las Islas Canarias y de Marruecos inmigraron a lo que es ahora San Antonio, Texas en el siglo XVIII. De ellos vinieron combinaciones nuevas de especias (sobre todo el comino), cilantro y chiles en la comida Tex-Mex. El chili con carne de San Antonio todavía retiene los sabores de la cocina marroquí.

Nachos, un plato popular de la cocina Tex-Mex

En los últimos treinta años ha habido esfuerzos de separar lo que se considera *la cocina mexicana* de lo que conocemos como *la cocina mexicana americanizada*, o Tex-Mex. En comparación con la cocina mexicana, la Tex-Mex utiliza más carne y usa las tortillas para envolver una mayor variedad de rellenos. Los nachos, los tacos fritos, las chalupas, el chile con queso y el chile con carne son invenciones Tex-Mex que no se encuentran en la cocina mexicana tradicional. La costumbre universal en los restaurantes Tex-Mex de servir las *tortilla chips* con salsa picante como aperitivo tampoco existe en la cocina mexicana tradicional.

[1]*filling* [2]*crab* [3]*wild* [4]*cattle*

10-40 Primera mirada. Según el contenido del artículo, ¿son las siguientes afirmaciones ciertas (**C**) o falsas (**F**)? Si la afirmación es falsa, corrija la información.

1. ___ El término *cocina fusión* fue inventado por unos chefs en Estados Unidos.
2. ___ El artículo afirma que la cocina fusión se limita a la combinación de influencias asiáticas en la cocina del Oeste.
3. ___ La cocina peruana incorpora influencias culinarias de muchos países.
4. ___ Llegaron inmigrantes chinos a Perú en el siglo XVIII.
5. ___ Los chinos en el Perú han mantenido su tradición culinaria sin cambios.
6. ___ El Chifa es un término que se refiere a la cocina chino-peruana.
7. ___ La cocina Tex-Mex es igual a la cocina mexicana.
8. ___ Se usa menos carne y menos queso en la cocina Tex-Mex que en la cocina mexicana tradicional.
9. ___ Los nachos y las fajitas son invenciones de la cocina Tex-Mex.
10. ___ El chile con carne que se come en San Antonio, Texas usa especias similares a las que se usan en Marruecos, en el norte de África.

10-41 Segunda mirada. Busque en el artículo palabras que se asocien con lo siguiente.

1. dos sinónimos de *fusión culinaria*: _____

2. carnes: _____

3. Asia: _____

4. platos de la cocina Chifa: _____

5. platos de la cocina Tex-Mex: _____

6. referencias a países: _____

Después de leer

10-42 Ampliación. PRIMERA FASE. Preparen una lista de platos que ustedes comen o que han visto en restaurantes que, en la opinión del grupo, son ejemplos de la cocina fusión. Luego, seleccionen uno de estos platos.

SEGUNDA FASE. Preparen una presentación sobre el plato y sus antecedentes culinarios y preséntenla a la clase. Recuerden de dirigirse a su público cuando hacen la presentación.

A escribir

ESTRATEGIA

Summarize information

We often face the need to report or summarize what we have heard or read. A good summary maintains the structure of the original text and synthesizes its principal ideas and information. It concisely and accurately captures the central meaning of the original. Keep the following strategies in mind when you write a summary:

■ Read the text carefully for the main ideas. Read it more than once.
■ Write one or two sentences that summarize the main idea of each section you identify in the text.
■ Try to use your own words.
■ Do not inject your own opinion or add anything not in the original text.

10-43 Preparación. Lea una vez más el artículo "La fusión culinaria: una tendencia nueva con una historia larga" en la p. 355. Haga lo siguiente:

1. Identifique las secciones del artículo.
2. Pase su marcador (*highlighter*) por las ideas centrales de cada sección.

Escribir

10-44 Manos a la obra. Escriba en sus propias palabras un resumen del artículo, usando las ideas principales que marcó en *Preparación*.

Después de escribir

10-45 Revisión. Antes de compartir el resumen con un compañero editor/una compañera editora, léalo y verifique lo siguiente:

1. ¿Representa su resumen una síntesis del texto original? ¿El resumen refleja con precisión las ideas expresadas en el texto? ¿Hay detalles innecesarios?
2. ¿Sigue el resumen la estructura del texto original?
3. ¿Escribió transiciones claras que muestran las diversas secciones del texto original?
4. ¿Fluyen (*flow*) las ideas de una manera clara y natural? ¿Hay que aclarar algunos puntos?
5. ¿Usó el vocabulario y las estructuras correctas?
6. ¿Revisó la ortografía y la acentuación?

ENFOQUE CULTURAL

Ecuador: alimentación y salud pública

La diversidad geográfica del Ecuador le permite producir una gran variedad de alimentos. Y como es un país tropical, produce una cantidad suficiente de alimentos para satisfacer sus necesidades internas y para la exportación. En la región de la costa, se cultivan soya, café y aceite de palma, además de frutas tales como mango, cacao, banano, maracuyá y limón, entre otras. Por su parte, en la sierra, con sus diferentes niveles de clima, los campesinos producen una gran cantidad de comida, por ejemplo, papas, verduras (tomate, brócoli, cebolla) y frutas como manzanas y

Una plantación de banano en Ecuador

naranjas. La región amazónica produce principalmente carne de res, y algunos otros productos vegetales, como la yuca, que forman parte de la dieta ecuatoriana. Sin embargo, esta región tiene un déficit alimentario, porque sólo un porcentaje pequeño de su territorio está dedicado a la agricultura.

La industria del pescado en el Océano Pacífico

No hay que olvidar que la costa ecuatoriana es rica en pescado. Las aguas del Pacífico cercanas a las costas de Ecuador, Perú y Chile son rutas migratorias de grandes peces, y tradicionalmente los pescadores han aprovechado esas rutas para pescar. El puerto de Manta, por ejemplo, es conocido como la capital atunera del mundo. Además, en los últimos treinta años, se ha desarrollado en Ecuador una gran industria de cultivo de pescado o acuicultura. Uno de los productos más importantes de la acuicultura de Ecuador es el camarón. Gracias al camarón ecuatoriano, un producto que antes era de lujo, actualmente está al alcance de la clase media en Estados Unidos y Europa.

Los niños son las principales víctimas de la malnutrición, no sólo en Ecuador, sino en muchos países.

A pesar de que Ecuador es un país capaz de producir suficiente comida para su mercado interior y para la exportación, la salud de sus habitantes presenta varios problemas relacionados con la nutrición. En la actualidad aproximadamente una cuarta parte de la población ecuatoriana tiene problemas de desnutrición crónica. El sobrepeso y la obesidad afectan aproximadamente a un 10% de la población, mientras que la anemia es otra condición que afecta a amplios sectores, especialmente a los adolescentes, a las mujeres y a los infantes. Desafortunadamente, al igual que en otros países latinoamericanos, muchos de estos problemas son la consecuencia de la excesiva pobreza de muchos de sus habitantes. En efecto, más del 70% de los ecuatorianos viven en la pobreza.

Algunos datos sobre el consumo de alimentos en Ecuador son verdaderamente preocupantes. A causa de las crisis económicas, muchos ecuatorianos, principalmente de las clases más pobres, han perdido la capacidad de comprar alimentos básicos en los últimos diez años. Esas reducciones tienen un efecto desastroso sobre la alimentación y, por lo tanto, sobre la salud de los ecuatorianos. Según estadísticas del propio gobierno de Ecuador, en el año 2001 las tres comidas diarias se habían reducido a dos, especialmente en los sectores sociales más pobres. Desgraciadamente, los esfuerzos del gobierno de Ecuador y de muchas organizaciones internacionales de ayuda, no han tenido mucho éxito. Hoy día la pobreza parece relacionarse con los mayores problemas sanitarios del país: la malnutrición y el VIH/SIDA. Según un informe del gobierno ecuatoriano de 2004, se registraron más de mil casos nuevos de esta enfermedad en ese año.

En otras palabras

Expresiones ecuatorianas

Mi **ñaña** se fue para Guayaquil.
My sister left for Guayaquil.

Tengo mucha sed, voy a tomar una **colita**.
I am very thirsty; I'm going to drink a soda.

Sí, sí, **te creo ocho veces**.
Yeah, sure, I believe you.
(said with disbelief)

10-46 Comprensión. PRIMERA FACE. **Reconocimiento de palabras clave.** Encuentre en el texto la palabra o expresión que mejor expresa el significado de las siguientes ideas.

1. enough   _____
2. beef   _____
3. close to/near   _____
4. aquaculture   _____
5. shrimp   _____
6. overweight   _____
7. poverty   _____

SEGUNDA FASE. **Oraciones importantes.** Subraye las afirmaciones que contienen ideas que se encuentran en el texto. Luego indique en qué parte del texto están.

1. All three of the geographical regions of Ecuador produce food in excess of their needs.
2. Many fisheries in Europe and the United States have gone out of business because of the industrial production of shrimp in Ecuador.
3. Manta, a port on the Pacific, was prohibited by the government of Ecuador from investing in the tuna fishing industry.
4. As a rule, Ecuador produces enough food to satisfy the needs of its internal markets, and even to export some of its crops.
5. Malnutrition is the cause of a number of health problems among Ecuadorians.
6. Women, infants, and adolescents are among the most common victims of health problems related to malnutrition.
7. Excessive poverty is at the root of malnutrition in Ecuador, as well as in other countries.
8. AIDS is still a problem in Ecuador, where over a thousand new cases were reported in 2004.

TERCERA FASE. **Ideas principales.** Escriba un párrafo breve en español resumiendo las ideas principales expresadas en el texto.

 10-47 Use la información. Prepare un afiche sobre el tema de la pobreza y la malnutrición. Estas son algunas preguntas que usted puede tratar de responder en su afiche: ¿Cómo se comparan entre sí algunos países de América Latina en cuanto a la malnutrición? ¿Qué progresos o retrocesos han ocurrido recientemente en cuanto a la malnutrición en América Latina y otras regiones del mundo? ¿Qué papel juega la malnutrición en el desarrollo económico de los países? ¿Por qué es importante la buena nutrición materno-infantil? ¿Qué organizaciones están luchando contra la malnutrición a nivel global? Para preparar esta actividad, visite la página web de *Mosaicos* y siga los enlaces útiles.

·)) VOCABULARIO

Las especias y los condimentos	Spices and seasonings
el aceite	oil
el aderezo	salad dressing
el azúcar	sugar
las especias	spices
las hierbas	herbs
la mayonesa	mayonnaise
la mostaza	mustard
la pimienta	pepper
la sal	salt
la salsa de tomate	tomato sauce
la vainilla	vanilla
el vinagre	vinegar

Las frutas y las verduras	Fruits and vegetables
el aguacate	avocado
el ajo	garlic
la cebolla	onion
la cereza	cherry
las espinacas	spinach
la fresa	strawberry
el limón	lemon
el maíz	corn
la manzana	apple
el maracuyá	passion fruit
el melón	melon
la papaya	papaya
el pepino	cucumber
la pera	pear
el pimiento verde	green pepper
la piña	pineapple
el plátano/la banana	banana, plantain
la toronja/el pomelo	grapefruit
la uva	grape
la zanahoria	carrot

El pescado y la carne	Fish and meat
las aves	poultry, fowl
el camarón/la gamba	shrimp
la carne	meat
molida/picada	ground meat
de res	beef/steak
el cerdo	pork
la chuleta	chop
el cordero	lamb
la costilla	rib
la langosta	lobster
los mariscos	shellfish
la oveja	sheep
el pavo	turkey

Otros productos	Other products
los churros	fried dough
la crema	cream
el dulce	candy/sweets
la galleta	cookie
la harina	flour
la leche de coco	coconut milk
las legumbres	legumes
las lentejas	lentils
la manteca/la mantequilla	butter
la margarina	margarine
el pan dulce	bun, small cake
el pastel	pastry
el queso crema	cream cheese
el yogur	yogurt

En la mesa	On the table
la bandeja	tray
la botella	bottle
la copa	(stemmed) glass
la cuchara	spoon
la cucharita	teaspoon
el cuchillo	knife
el mantel	tablecloth
el plato	plate, dish
la servilleta	napkin
la taza	cup
el tenedor	fork
el vaso	glass

Verbos	Verbs
agregar/añadir	to add
batir	to beat
disfrutar	to enjoy
freír (i)	to fry
hervir (ie, i)	to boil
probar (ue)	to try, to taste
recomendar (ie)	to recommend

Las descripciones	Descriptions
agrio/a	sour
lácteo/a	dairy (product)

Palabras y expresiones útiles	Useful words and expressions
el campesino/la campesina	peasant
la receta	recipe
todavía	still, yet
ya	already

See *Lengua* boxes on p. 329 and on p. 352 for additional food vocabulary.

Expansión gramatical

This grammatical supplement includes structures often considered optional for the introductory level, because the functions and forms presented here are far beyond the performance level of most first-year students. Many instructors choose to present them for recognition only, if at all. The *vosotros* command forms are included in this section for the instructors who use them to address their students.

The explanation and activities in this section use the same format as the grammatical material throughout *Mosaicos* in order to facilitate their incorporation into the core lessons of the program or their addition as another chapter in the book.

Funciones y formas

1. Giving informal orders or commands to two or more people (in Spain): *Vosotros* commands
2. Expressing an indirect wish that a third party do something: Indirect commands
3. Suggesting that someone and the speaker do something: The Spanish equivalents of English *let's*
4. Reacting to a past occurrence or event: The present perfect subjunctive
5. Hypothesizing about an occurrence or event in the past: The conditional perfect and the pluperfect subjunctive
6. Expressing contrary-to-fact conditions in the past: *If*-clauses (using the perfect tense)
7. Emphasizing a fact resulting from an action by someone or something: The passive voice

1. Giving informal orders or commands to two or more people (in Spain): *Vosotros* commands

	AFFIRMATIVE	NEGATIVE
hablar	habla**d**	no **habléis**
comer	come**d**	no **comáis**
escribir	escrib**id**	no **escribáis**

- To use the affirmative **vosotros** command, change the final **-r** of the infinitive to **-d**.

- Use the **vosotros** form of the present subjunctive for the **vosotros** negative command.

- For the affirmative **vosotros** command of reflexive verbs, drop the final **-d** and add the pronoun **os: levantad + os = levantaos**. The verb **irse** is an exception: **idos**.

EG-1 Buenos consejos. Usted quiere que sus mejores amigos cambien sus hábitos y vivan una vida más sana. Dígales qué deben hacer.

MODELO: caminar dos kilómetros todos los días
Caminad dos kilómetros todos los días.

1. comer muchas frutas y vegetales
2. empezar un programa de ejercicios
3. no respirar por la boca
4. no cansarse mucho los primeros días
5. relajarse para evitar el estrés
6. dormir no menos de ocho horas

EG-2 Órdenes en grupo. Cada uno/a de ustedes va a hacer el papel de profesor/a de educación física y le va a dar una orden a los otros estudiantes del grupo. Los estudiantes deben hacer lo que el/la profesor/a les indica.

MODELO: *Levantad los brazos y las piernas.*

SITUACIONES

You and your partner have rented a cabin in the mountains for a month. Some of your friends are going to use the cabin part of the time and you would like to give them some rules to make sure they leave everything in order. Write the rules and then compare them with those of another couple.

2. Expressing an indirect wish that a third party do something: Indirect commands

You have used commands directly to tell others to do something: **Salga/Salgan ahora.** Now you are going to use indirect commands to say what someone else should do: **Que salga Berta.** Note that this indirect command is equivalent to saying **Quiero que Berta salga,** but without expressing the main verb **quiero.**

■ The word **que** introduces the indirect command. The subject, if stated, normally follows the verb.

Que cocine Roberto.	*Let Roberto cook.*
Que descanse María.	*Let María rest.*

■ Reflexive and object pronouns always precede the verb.

Que **se siente** a la mesa.	*Let him sit at the table.*
Que **le sirvan** la cena.	*Let them serve him dinner.*
Que **se la sirvan** ahora.	*Let them serve it to him now.*

EG-3 Una clase de cocina. Un chef muy conocido ha accedido a dar una clase de cocina con el fin de recaudar (*raise*) dinero para una obra social. Usted y su compañero/a forman parte del comité que organiza la clase. Su compañero/a tiene la lista de las personas que desean ayudar y usted tiene la lista de las tareas pendientes. Háganse preguntas y contéstense con la información que cada uno/a tiene.

MODELO: *Eduardo, Alicia y Pedro preparar los anuncios, comprar los refrescos*
E1:   *¿Quién va a preparar los anuncios?*
E2:   *Que los preparen Alicia y Pedro. ¿Y qué va a hacer Eduardo?*
E1:   *Que compre los refrescos.*

Personas

Beatriz

Alberto y Rubén

Miguel

Elena y Amanda

Ana María

Emilio

Un camarero

Tareas

traer los platos

tener los ingredientes listos

buscar las sillas

copiar las recetas

servir el vino

recibir a las personas

ayudar al chef

EG-4 Una fiesta hispana. PRIMERA FASE. Para celebrar el final de curso ustedes han decidido organizar una fiesta en el departamento de español. Hagan una lista de todo lo que necesitan y otra lista de todas las personas que van a invitar, además de sus compañeros/as de clase.

SEGUNDA FASE. Decidan qué otras personas de la clase pueden encargarse de cada sección y por qué. Su compañero/a, que está de acuerdo con usted, le dará algunas ideas.

MODELO: E1: *Que se encargue Juan de comprar las invitaciones porque tiene que ir al supermercado esta tarde.*
           E2: *Sí, pero que las escriban María y Pedro que escriben mejor.*

> ## En directo
>
> To negotiate politely:
>   **Esperamos que…**
>   **Es mejor que…**
>   **Proponemos que…**
> To show agreement:
>   **¡Claro!**
>   **¡Por supuesto!**
>   **¡Cómo no!**
>   **¡Desde luego!**

SITUACIONES

Role A. You are a new manager for the Student Union who wants to improve the food and the service at the cafeteria. In a meeting with the cafeteria manager, say a) that it is important that students receive a better service, b) inform the manager of the type of food you would like to find in the cafeteria and of the ways in which the service could be improved, and c) say that you hope the prices will not increase (**subir**) this semester.

Role B. You are the cafeteria manager. Agree with the Student Union manager and tell him/her a) that you have a good team and you want everyone to do a good job, b) that you will be happy to meet with a student committee and have students suggest (**sugerir**) menus, and c) that you will do your best (**hacer lo posible**) to convince your team to incorporate your suggestions.

3. Suggesting that someone and the speaker do something: The Spanish equivalents of English *let's*

In Spanish, you may suggest that two or more people, including yourself, do something together in the following ways.

■ **Vamos + a +** *infinitive* is commonly used in Spanish to express English *let's* **+** *verb*.

Vamos a llamar al doctor.	*Let's call the doctor.*

■ Use **vamos** by itself to mean *let's go*. The negative *let's not go* is **no vayamos**.

Vamos al hospital.	*Let's go to the hospital.*
No vayamos al hospital.	*Let's not go to the hospital.*

■ Another equivalent for *let's* **+** *verb* is the **nosotros** form of the present subjunctive.

Hablemos con el médico.	*Let's talk to the doctor.*
No hablemos con la enfermera.	*Let's not talk to the nurse.*

■ The final **-s** of reflexive affirmative commands is dropped when the pronoun **nos** is attached. Note the additional written accent.

Levantemos + nos	→	**Levantémonos.**
Sirvamos + nos	→	**Sirvámonos.**

■ Placement of object and reflexive pronouns is the same as with **usted(es)** commands.

Comprémosla.	*Let's buy it.*
No la compremos.	*Let's not buy it.*

 EG-5 ¿Qué debemos hacer? Usted y un/a compañero/a están estudiando y cuidando a su hermanito al mismo tiempo. El niño les dice que se siente mal. Cada uno/a de ustedes debe escoger tres de las siguientes opciones y decirle a su compañero/a lo que deben o no deben hacer.

MODELO:	llevarlo a su cuarto	llamar a tus padres
	E1: *Llevémoslo a su cuarto.*	E2: *Llamemos a tus padres.*

1. darle agua
2. llevarlo al parque
3. comprarle juguetes
4. ponerle el termómetro
5. llamar al médico
6. preguntarle qué le duele
7. prepararle una hamburguesa
8. explicarle los síntomas al doctor
9. ponerle la televisión
10. acostarlo

EG-6 Resoluciones. Usted y su compañero/a deciden llevar una vida más sana. Túrnense para decir lo que piensan hacer. Su compañero/a va a decirle si está de acuerdo o no con su sugerencia.

MODELO: comer más verduras
      E1: *Vamos a comer más verduras.*
      E2: *Sí, comamos más verduras./No, (no comamos más verduras,)*
          comamos más frutas.

1. tomar vitaminas y minerales
2. caminar tres kilómetros diariamente
3. beber ocho vasos de agua todos los días
4. acostarse más temprano
5. dormir ocho horas todas las noches
6. …

EG-7 Los preparativos para un beneficio. En pequeños grupos, decidan qué actividades van a hacer para recaudar (*collect*) fondos a beneficio de un hospital. Deben mencionar cinco actividades.

MODELO: *Organicemos un partido del equipo de basquetbol.*

SITUACIONES

You and your partner are planning to visit a classmate who is in the hospital. Decide a) when you will visit him/her, b) what you are going to take him/her, and c) what you can do for your classmate after he/she leaves the hospital. Then, exchange this information with another pair of students.

4. Reacting to a past occurrence or event: The present perfect subjunctive

Use the present perfect subjunctive to react to a past occurrence, event or condition. The present perfect subjunctive is formed with the present subjunctive of the verb **haber** + *past participle*.

PRESENT SUBJUNCTIVE OF *HABER* + *PAST PARTICIPLE*		
yo	**haya**	
yú	**hayas**	
Ud., él/ella	**haya**	**hablado**
nosotros/as	**hayamos**	**comido**
vosotros/as	**hayáis**	**vivido**
Uds., ellos/as	**hayan**	

Note that the dependent clause using the present perfect subjunctive describes what has happened before the time expressed or implied in the main clause, which is the present. Its English equivalent is normally *has/have* + *past participle*, but it may vary according to the context.

Your friend tells you:

Mis hijos volvieron de sus vacaciones. →

Your reaction to this past event:

Me alegro de que **hayan llegado**.
I'm glad they arrived early.

Your secretary informs you:

El gerente de ventas no vino a trabajar ayer. } →

Your reaction to this past news:

Es posible que **haya estado** enfermo.
It's possible that he may have been sick.

EG-8 ¿Qué espera usted? Escoja la oración que complete lógicamente las siguientes situaciones. Compare sus respuestas con las de su compañero/a.

1. Su computadora no estaba funcionando bien y usted se la dio a un técnico para que la reparara. Usted espera que...
   a. la haya vendido.
   b. haya destruido sus programas.
   c. haya encontrado el problema.
2. Su amigo acaba de regresar de Puerto Rico, donde fue a pasar sus vacaciones. Usted le dice: "Espero que...
   a. hayas visitado el Viejo San Juan".
   b. te hayas aburrido mucho".
   c. hayas perdido todo tu dinero".
3. Uno de sus compañeros ha estado muy grave en el hospital, pero ya está en la casa. Usted le habla y le dice: "Siento mucho que...
   a. hayas vendido la casa".
   b. hayas estado tan mal".
   c. hayas salido del hospital".

4. Usted llama por teléfono a un amigo para invitarlo a cenar, pero nadie contesta el teléfono. Es probable que su amigo...
   a. haya cenado ya.
   b. haya salido de su casa.
   c. haya cambiado su teléfono.
5. Uno de sus parientes dijo una mentira (*lie*). Como es natural, a usted le molesta mucho que no...
   a. haya dicho la verdad.
   b. haya dicho nada.
   c. haya hablado con sus parientes.

EG-9 Un viaje. Uno de sus amigos pasó un semestre en Los Ángeles. Túrnese con su compañero/a para decirle lo que esperan que haya hecho en su visita.

MODELO: ir a Beverly Hills / visitar la Biblioteca Huntington
       E1: *Espero que hayas ido a Beverly Hills.*
       E2: *Y yo espero que hayas visitado la Biblioteca Huntington.*

1. ver las Torres de Watts
2. ir a los Estudios Universal
3. caminar por la calle Olvera
4. comer comida mexicana
5. manejar hasta el observatorio del Monte Wilson
6. asistir al Desfile de las Rosas

EG-10 Los adelantos científicos. Usted y su compañero/a trabajan con otros científicos en un laboratorio de ingeniería genética. Háganse preguntas para saber qué han logrado o no en sus investigaciones.

MODELO: aislar el nuevo virus / es posible que
       E1: *¿Han aislado el nuevo virus?*
       E2: *Es posible que lo hayamos / hayan aislado.*

1. cambiar la estructura de la célula / dudar
2. no hacer implantes nuevos / es una lástima
3. duplicar órganos / no creer que
4. regular el ritmo del corazón / esperar
5. reactivar los músculos atrofiados / es probable que
6. modificar los genes / es importante que

> **En directo**
>
> To express that you remember or recognize someone in a photo:
>
> **Mira, mira, este/esta es...**
> *Look, this is . . .*
>
> **Te equivocas**
> *You are wrong.*
>
> **Pero, ¿no ves que es.../ Tiene/lleva...**
> *But, don't you see it is . . .* (a person's name)
>
> **¿Has visto a...?**

SITUACIONES

You and your classmate graduated years ago and are remembering the times when you were at the university. You have found a group photo of your Spanish class. Talk about each of your classmates saying a) what you know they have done in their lives, b) what you hope they have done, and c) what you doubt they have done. Use your imagination and the expressions in the box to sound more natural.

5. Hypothesizing about an occurrence or event in the past: The conditional perfect and the pluperfect subjunctive

In this section you will study two new verb tenses: the conditional perfect and the pluperfect subjunctive. Use this tense to hypothesize about an occurrence or event in the past.

■ Use the conditional of **haber** + *past participle* to form the conditional perfect.

CONDITIONAL PERFECT		
yo	habría	
tú	habrías	
Ud., él, ella	habría	hablado
nosotros/as	habríamos	comido
vosotros/as	habríais	vivido
Uds., ellos/as	habrían	

■ The conditional perfect usually corresponds to English *would have + past participle*.

Sé que le **habría gustado** esta casa.   *I know you/he/she would have liked this house.*

■ Use the past subjunctive of **haber** + *past participle* to form the pluperfect subjunctive.

PLUPERFECT SUBJUNCTIVE		
yo	hubiera	
tú	hubieras	
Ud., él, ella	hubiera	hablado
nosotros/as	hubiéramos	comido
vosotros/as	hubierais	vivido
Uds., ellos/as	hubieran	

■ The pluperfect subjunctive corresponds to English *might have, would have,* or *had + past participle.* It is used in constructions where the subjunctive is normally required.

Dudaba que **hubiera venido** temprano.   *I doubted that he had/would have come early.*

Esperaba que **hubieran comido** en casa.   *I was hoping that they would have eaten at home.*

Ojalá que **hubieran visto** ese letrero.   *I wish they had seen that sign.*

EG-11 ¿Qué habría hecho en estas situaciones? PRIMERA FASE. Digan qué habría hecho cada uno/a de ustedes en las siguientes situaciones. Después escojan la respuesta que les parezca mejor para cada situación.

MODELO: Usted recibió una invitación para una recepción en la Casa Blanca.
  E1: *Se lo habría dicho a todos mis compañeros.*
  E2: *Habría leído la invitación varias veces porque habría pensado que era una broma.*

1. En el aeropuerto le dijeron que podía viajar en primera clase todo el año sin pagar.
2. Le pidieron sugerencias para mejorar la situación de los vuelos y los aeropuertos.
3. La NASA lo/la llamó para ver si le interesaba vivir tres meses en una estación espacial.
4. Le dijeron que organizara la fiesta de fin de curso de su clase.
5. Le pidieron que revisara los programas en su universidad y sugiriera los cambios necesarios.

SEGUNDA FASE. Comparen las respuestas que escogieron con las de otra pareja y decidan cuál es la mejor. Después compartan sus respuestas con el resto de la clase.

EG-12 Nuestras esperanzas. Usted y su compañero/a esperaban que el nuevo gobierno hiciera muchas cosas en beneficio de la sociedad. Se lograron algunas cosas, pero otras no. Túrnense para decir qué esperaban que el nuevo gobierno y su gabinete hubieran hecho y si lo han hecho o no.

MODELO: subir el sueldo mínimo / mejorar el sistema de educación
  E1: *Esperaba que hubieran subido el sueldo mínimo y (no) lo han hecho.*
  E2: *Y yo esperaba que hubieran mejorado el sistema de educación y (no) lo han hecho.*

1. bajar los impuestos (*taxes*)
2. mejorar el transporte público
3. terminar con la corrupción
4. construir viviendas (*housing*) para familias pobres
5. ofrecer mejores planes de salud
6. proteger el medio ambiente
7. …

SITUACIONES

Role A. You had an argument (**pelea**) with your significant other. Explain to your best friend what happened and ask him/her what he/she would have done in your place. Then tell him/her what you intend to do.

Role B. Your best friend explains to you that he/she had an argument (**pelea**) with his/her significant other. Ask questions to obtain some details. Then a) tell him/her what you would have done in the same situation, b) ask him/her what he/she intends to do and c) give him/her your advice.

6. Expressing contrary-to-fact conditions in the past: *If*-clauses (using the perfect tenses)

The conditional perfect and pluperfect subjunctive are used in contrary-to-fact if-statements which refer to actions, events, experiences related to the past.

Si **hubieras venido**, te **habría gustado** la conferencia.

If you had come (which you did not), you would have liked the lecture.

 EG-13 La vida sería diferente. Con su compañero/a, diga cuáles habrían sido las consecuencias si...

MODELO: no se hubieran inventado los aviones
E1: *Habríamos viajado en barco, en tren o en autobús.*
E2: *Habríamos contaminado menos la atmósfera.*

1. no se hubiera inventado la bomba atómica
2. no se hubieran deforestado los bosques
3. los ingleses hubieran descubierto América
4. las mujeres hubieran tenido siempre las mismas oportunidades que los hombres
5. no se hubieran creado las vacunas (*vaccination*)
6. los jóvenes hubieran gobernado el mundo

EG-14 Unas excusas. ¿Qué excusas darían ustedes en las siguientes situaciones?

MODELO: Un amigo le pidió que participara en un experimento.
E1: *Si mis padres me lo hubieran permitido, habría participado.*
E2: *Si hubiera tenido tiempo, habría participado.*

1. Una organización quería que usted donara botellas y papeles para reciclar.
2. Le pidieron su coche para llevar unas ratas al laboratorio.
3. Lo/La necesitaban de voluntario/a para probar una vacuna contra el catarro.
4. Un/a compañero/a quería venderle su computadora portátil.
5. Una compañía necesitaba probar unos paracaídas (*parachutes*) y buscaba personas interesadas en las pruebas.
6. Alquilaban un robot para que hiciera las tareas domésticas.

EG-15 Volver a vivir. Piense en una experiencia negativa que usted haya tenido. Cuéntele a su compañero/a qué le pasó y dígale qué habría hecho si hubiera sabido en ese momento lo que sabe hoy. Después, su compañero/a debe hacer lo mismo.

SITUACIONES

Role A. You attended a conference/lecture about the city of the future. Tell your classmate a) where and when the conference/lecture took place, b) that he/she would have found it very interesting, and c) the things that he/she would have learned if he/she had attended.

Role B. Your classmate has attended a conference/lecture about the city of the future. Ask him/her questions to find out more about the things he/she learned.

7. Emphasizing a fact resulting from an action by someone or something: The passive voice

The passive voice emphasizes a fact resulting from the action by someone or something.

■ The passive voice in Spanish is formed with the verb **ser** + *past participle*; the passive voice is most commonly used in the preterit, though at times you may see it used in other tenses.

La planta nuclear **fue construida** en 1980.	*The nuclear plant was built in 1980.*

■ Use the preposition **por** when indicating who or what performs the action.

El bosque **fue destruido**. (Who or what did it is not expressed.)	*The forest was destroyed.*
El bosque **fue destruido por** el fuego. (The fire did it.)	*The forest was destroyed by the fire.*

■ The past participle functions as an adjective and therefore agrees in gender and number with the subject.

Los árboles fueron **destruidos** por la lluvia ácida.	*The trees were destroyed by acid rain.*
La cura fue **descubierta** el año pasado.	*The cure was discovered last year.*

■ You'll most often find the passive voice in written Spanish, especially in newspapers and formal writing. However, in conversation, Spanish speakers normally use two different constructions that you have already studied—a third person plural verb or a **se** construction.

Vendieron el laboratorio.	*They sold the laboratory.*
Se vendió el edificio.	*The building was sold.*

EG-16 La comunicación oral. Túrnense para decir lo que pasó en una reunión del presidente y los ministros. ¿Cómo lo dirían los periódicos? ¿Cómo lo dirían ustedes en una conversación?

MODELO: ministros / recibir / el presidente
  E1: *Los ministros fueron recibidos por el presidente.*
  E2: *El presidente recibió a los ministros.*

1. la agenda / preparar / el secretario
2. la agenda / aprobar / todos
3. el proyecto para disminuir la contaminación / escribir / el Sr. Sosa
4. el proyecto / presentar / la Ministra de Salud
5. unos comentarios / leer / el presidente
6. las preguntas / contestar / el ministro

EG-17 Dos reporteros. Túrnense para decir cómo escribirían las siguientes noticias para un periódico.

MODELO:　la lluvia ácida dañó las cosechas
Las cosechas fueron dañadas por la lluvia ácida.

1. La zona del Amazonas se conoce como el "pulmón" del planeta.
2. Los campesinos deforestaron la selva.
3. Los campesinos cultivaron la tierra.
4. Estos grupos cortaron muchos árboles.
5. La invasión de los seres humanos exterminó muchas especies de animales.
6. El gobierno plantará mil árboles para mejorar la situación.

SITUACIONES

You and your classmate are TV newscasters. You must write and give a piece of news to your viewers on a great discovery. Inform them that a) some very secret plans have been discovered by the CIA, b) that important security measures have been taken, c) that politicians are now deliberating on how to respond to a possible threat (**peligro**) to the population, d) that public transport has been interrupted in major cities, e) that the situation is under control and f) that nobody should be afraid.

Appendix 1

Stress and Written Accents in Spanish

Rules for Written Accents

The following rules are based on pronunciation.

1. If a word ends in *n*, *s*, or a vowel, the penultimate (second-to-last) syllable is usually stressed.

     Examples: cami**na**n
                     muchos
                     silla

2. If a word ends in a consonant other than *n* or *s*, the last syllable is stressed.

     Example: fa**tal**

3. Words that are exceptions to the preceding rules have an accent mark on the stressed vowel.
     Examples: sar**tén**
                     lápices
                     ma**má**
                     fácil

4. **Separation of diphthongs.** When *i* or *u* are combined with another vowel, they are pronounced as one sound (a diphthong). When each vowel sound is pronounced separately, a written accent mark is placed over the stressed vowel (either the *i* or the *u*).

     Example: gracias día

Because the written accents in the following examples are not determined by pronunciation, the accent mark must be memorized as part of the spelling of the words as they are learned.

5. **Homonyms.** When two words are spelled the same, but have different meanings, a written accent is used to distinguish and differentiate meaning.

Examples:	de	*of*	dé	*give (formal command)*
	el	*the*	él	*he*
	mas	*but*	más	*more*
	mi	*my*	mí	*me*
	se	*him/herself, (to) him/her/them*	sé	*I know, be (formal command)*
	si	*if*	sí	*yes*
	te	*(to) you*	té	*tea*
	tu	*your*	tú	*you*

6. **Interrogatives and exclamations.** In questions (direct and indirect) and exclamations, a written accent is placed over the following words: **dónde, cómo, cuándo, cuál(es), quién(es), cuánto(s)/cuánta(s),** and **qué**.

Word Formation in Spanish

Recognizing certain patterns in Spanish word formation can be a big help in deciphering meaning. Use the following information about word formation to help you as you read.

■ **Prefixes.** Spanish and English share a number of prefixes that shade the meaning of the word to which they are attached: **inter-** (between, among); **intro/a-** (within); **ex-** (former, toward the outside); **en-/em-** (the state of becoming); **in-/a-** (not, without), among others.

inter-	interdisciplinario, interacción
intro/a-	introvertido, introspección
ex-	exponer (*expose*)
en-/em-	enrojecer (*to turn red*), empobrecer (*to become poor*)
in-/a-	inmoral, incompleto, amoral, asexual

■ **Suffixes.** Suffixes and, in general, word endings will help you identify various aspects of words such as part of speech, gender, meaning, degree, etc. Common Spanish suffixes are **-ría**, **-za**, **-miento**, **-dad/tad**, **-ura**, **-oso/a**, **-izo/a**, **-(c)ito/a**, and **-mente**.

-ría	place where something is made and/or bought: **panadería, zapatería** (*shoe store*), **librería**.
-za	feminine, abstract noun: **pobreza** (*poverty*), **riqueza** (*wealth, richness*).
-miento	masculine, abstract noun: **empobrecimiento** (*impoverishment*), **entrenamiento** (*training*).
-dad/tad	feminine noun: **ciudad** (*city*), **libertad** (*liberty, freedom*)
-ura	feminine noun: **verdura, locura** (*craziness*).
-oso/a	adjective meaning having the characteristics of the noun to which it's attached: **montañoso, lluvioso** (*rainy*).
-izo/a	adjective meaning having the characteristics of the noun to which it's attached: **rojizo** (*reddish*), **enfermizo** (*sickly*).
-(c)ito/a	diminutive form of noun or adjective: **Juanito, mesita** (*little table*), **Carmencita**.
-mente	attached to the feminine form of adjective to form an adverb: **rápidamente, felizmente** (*happily*).

■ **Compounds.** Compounds are made up of two words (e.g., *mailman*), each of which has meaning in and of itself: **altavoz** (*loudspeaker*) from **alto/a** and **voz**; **sacacorchos** (*corkscrew*) from **sacar** and **corcho**. Your knowledge of the root words will help you recognize the compound; and likewise, learning compounds can help you to learn the root words. What do you think **sacar** means?

■ **Spanish-English associations.** Learning to associate aspects of word formation in Spanish with aspects of word formation in English can be very helpful. Look at the associations below.

SPANISH	ENGLISH
es/ex + consonant	*s* + consonant
esclerosis, extraño	*sclerosis, strange*
gu-	*w-*
guerra, Guillermo	*war, William*
-tad/dad	*-ty*
libertad, calidad	*liberty, quality*
-sión/-ción	*-sion/-tion*
tensión, emoción	*tension, emotion*

Appendix 2

Verb Charts

Regular Verbs: Simple Tenses

Infinitive / Present Participle / Past Participle	Indicative					Subjunctive		Imperative
	Present	Imperfect	Preterit	Future	Conditional	Present	Imperfect	Commands
hablar hablando hablado	hablo hablas habla hablamos habláis hablan	hablaba hablabas hablaba hablábamos hablabais hablaban	hablé hablaste habló hablamos hablasteis hablaron	hablaré hablarás hablará hablaremos hablaréis hablarán	hablaría hablarías hablaría hablaríamos hablaríais hablarían	hable hables hable hablemos habléis hablen	hablara hablaras hablara habláramos hablarais hablaran	habla (tú), no hables hable (usted) hablemos hablad (vosotros), no habléis hablen (Uds.)
comer comiendo comido	como comes come comemos coméis comen	comía comías comía comíamos comíais comían	comí comiste comió comimos comisteis comieron	comeré comerás comerá comeremos comeréis comerán	comería comerías comería comeríamos comeríais comerían	coma comas coma comamos comáis coman	comiera comieras comiera comiéramos comierais comieran	come (tú), no comas coma (usted) comamos comed (vosotros), no comáis coman (Uds.)
vivir viviendo vivido	vivo vives vive vivimos vivís viven	vivía vivías vivía vivíamos vivíais vivían	viví viviste vivió vivimos vivisteis vivieron	viviré vivirás vivirá viviremos viviréis vivirán	viviría vivirías viviría viviríamos viviríais vivirían	viva vivas viva vivamos viváis vivan	viviera vivieras viviera viviéramos vivierais vivieran	vive (tú), no vivas viva (usted) vivamos vivid (vosotros), no viváis vivan (Uds.)

Regular Verbs: Perfect Tenses

Indicative										Subjunctive			
Present Perfect		Past Perfect		Preterit Perfect		Future Perfect		Conditional Perfect		Present Perfect		Past Perfect	
he	hablado	había	hablado	hube	hablado	habré	hablado	habría	hablado	haya	hablado	hubiera	hablado
has	comido	habías	comido	hubiste	comido	habrás	comido	habrías	comido	hayas	comido	hubieras	comido
ha	vivido	había	vivido	hubo	vivido	habrá	vivido	habría	vivido	haya	vivido	hubiera	vivido
hemos		habíamos		hubimos		habremos		habríamos		hayamos		hubiéramos	
habéis		habíais		hubisteis		habréis		habríais		hayáis		hubierais	
han		habían		hubieron		habrán		habrían		hayan		hubieran	

Irregular Verbs

Infinitive Present Participle Past Participle	Indicative					Subjunctive		Imperative
	Present	Imperfect	Preterit	Future	Conditional	Present	Imperfect	Commands
andar andando andado	ando andas anda andamos andáis andan	andaba andabas andaba andábamos andabais andaban	anduve anduviste anduvo anduvimos anduvisteis anduvieron	andaré andarás andará andaremos andaréis andarán	andaría andarías andaría andaríamos andaríais andarían	ande andes ande andemos andéis anden	anduviera anduvieras anduviera anduviéramos anduvierais anduvieran	anda (tú), no andes ande (usted) andemos andad (vosotros), no andéis anden (Uds.)
caer cayendo caído	caigo caes cae caemos caéis caen	caía caías caía caíamos caíais caían	caí caíste cayó caímos caísteis cayeron	caeré caerás caerá caeremos caeréis caerán	caería caerías caería caeríamos caeríais caerían	caiga caigas caiga caigamos caigáis caigan	cayera cayeras cayera cayéramos cayerais cayeran	cae (tú), no caigas caiga (usted) caigamos caed (vosotros), no caigáis caigan (Uds.)
dar dando dado	doy das da damos dais dan	daba dabas daba dábamos dabais daban	di diste dio dimos disteis dieron	daré darás dará daremos daréis darán	daría darías daría daríamos daríais darían	dé des dé demos deis den	diera dieras diera diéramos dierais dieran	da (tú), no des dé (usted) demos dad (vosotros), no deis den (Uds.)
decir diciendo dicho	digo dices dice decimos decís dicen	decía decías decía decíamos decíais decían	dije dijiste dijo dijimos dijisteis dijeron	diré dirás dirá diremos diréis dirán	diría dirías diría diríamos diríais dirían	diga digas diga digamos digáis digan	dijera dijeras dijera dijéramos dijerais dijeran	di (tú), no digas diga (usted) digamos decid (vosotros), no digáis digan (Uds.)

Irregular Verbs (continued)

Infinitive Present Participle Past Participle	Indicative					Subjunctive		Imperative
	Present	Imperfect	Preterit	Future	Conditional	Present	Imperfect	Commands
estar estando estado	estoy estás está estamos estáis están	estaba estabas estaba estábamos estabais estaban	estuve estuviste estuvo estuvimos estuvisteis estuvieron	estaré estarás estará estaremos estaréis estarán	estaría estarías estaría estaríamos estaríais estarían	esté estés esté estemos estéis estén	estuviera estuvieras estuviera estuviéramos estuvierais estuvieran	está (tú), no estés esté (usted) estemos estad (vosotros), no estéis estén (Uds.)
haber habiendo habido	he has ha hemos habéis han	había habías había habíamos habíais habían	hube hubiste hubo hubimos hubisteis hubieron	habré habrás habrá habremos habréis habrán	habría habrías habría habríamos habríais habrían	haya hayas haya hayamos hayáis hayan	hubiera hubieras hubiera hubiéramos hubierais hubieran	
hacer haciendo hecho	hago haces hace hacemos hacéis hacen	hacía hacías hacía hacíamos hacíais hacían	hice hiciste hizo hicimos hicisteis hicieron	haré harás hará haremos haréis harán	haría harías haría haríamos haríais harían	haga hagas haga hagamos hagáis hagan	hiciera hicieras hiciera hiciéramos hicierais hicieran	haz (tú), no hagas haga (usted) hagamos haced (vosotros), no hagáis hagan (Uds.)
ir yendo ido	voy vas va vamos vais van	iba ibas iba íbamos ibais iban	fui fuiste fue fuimos fuisteis fueron	iré irás irá iremos iréis irán	iría irías iría iríamos iríais irían	vaya vayas vaya vayamos vayáis vayan	fuera fueras fuera fuéramos fuerais fueran	ve (tú), no vayas vaya (usted) vamos, no vayamos id (vosotros), no vayáis vayan (Uds.)
oír oyendo oído	oigo oyes oye oímos oís oyen	oía oías oía oíamos oíais oían	oí oíste oyó oímos oísteis oyeron	oiré oirás oirá oiremos oiréis oirán	oiría oirías oiría oiríamos oiríais oirían	oiga oigas oiga oigamos oigáis oigan	oyera oyeras oyera oyéramos oyerais oyeran	oye (tú), no oigas oiga (usted) oigamos oíd (vosotros), no oigáis oigan (Uds.)

Irregular Verbs (continued)

Infinitive Present Participle Past Participle	Indicative					Subjunctive		Imperative
	Present	Imperfect	Preterit	Future	Conditional	Present	Imperfect	Commands
poder pudiendo podido	puedo puedes puede podemos podéis pueden	podía podías podía podíamos podíais podían	pude pudiste pudo pudimos pudisteis pudieron	podré podrás podrá podremos podréis podrán	podría podrías podría podríamos podríais podrían	pueda puedas pueda podamos podáis puedan	pudiera pudieras pudiera pudiéramos pudierais pudieran	
poner poniendo puesto	pongo pones pone ponemos ponéis ponen	ponía ponías ponía poníamos poníais ponían	puse pusiste puso pusimos pusisteis pusieron	pondré pondrás pondrá pondremos pondréis pondrán	pondría pondrías pondría pondríamos pondríais pondrían	ponga pongas ponga pongamos pongáis pongan	pusiera pusieras pusiera pusiéramos pusierais pusieran	pon (tú), no pongas ponga (usted) pongamos poned (vosotros), no pongáis pongan (Uds.)
querer queriendo querido	quiero quieres quiere queremos queréis quieren	quería querías quería queríamos queríais querían	quise quisiste quiso quisimos quisisteis quisieron	querré querrás querrá querremos querréis querrán	querría querrías querría querríamos querríais querrían	quiera quieras quiera queramos queráis quieran	quisiera quisieras quisiera quisiéramos quisierais quisieran	quiere (tú), no quieras quiera (usted) queramos quered (vosotros), no queráis quieran (Uds.)
saber sabiendo sabido	sé sabes sabe sabemos sabéis saben	sabía sabías sabía sabíamos sabíais sabían	supe supiste supo supimos supisteis supieron	sabré sabrás sabrá sabremos sabréis sabrán	sabría sabrías sabría sabríamos sabríais sabrían	sepa sepas sepa sepamos sepáis sepan	supiera supieras supiera supiéramos supierais supieran	sabe (tú), no sepas sepa (usted) sepamos sabed (vosotros), no sepáis sepan (Uds.)
salir saliendo salido	salgo sales sale salimos salís salen	salía salías salía salíamos salíais salían	salí saliste salió salimos salisteis salieron	saldré saldrás saldrá saldremos saldréis saldrán	saldría saldrías saldría saldríamos saldríais saldrían	salga salgas salga salgamos salgáis salgan	saliera salieras saliera saliéramos salierais salieran	sal (tú), no salgas salga (usted) salgamos salid (vosotros), no salgáis salgan (Uds.)

Irregular Verbs (continued)

Infinitive Present Participle Past Participle	Indicative Present	Indicative Imperfect	Indicative Preterit	Indicative Future	Indicative Conditional	Subjunctive Present	Subjunctive Imperfect	Imperative Commands
ser siendo sido	soy eres es somos sois son	era eras era éramos erais eran	fui fuiste fue fuimos fuisteis fueron	seré serás será seremos seréis serán	sería serías sería seríamos seríais serían	sea seas sea seamos seáis sean	fuera fueras fuera fuéramos fuerais fueran	sé (tú), no seas sea (usted) seamos sed (vosotros), no seáis sean (Uds.)
tener teniendo tenido	tengo tienes tiene tenemos tenéis tienen	tenía tenías tenía teníamos teníais tenían	tuve tuviste tuvo tuvimos tuvisteis tuvieron	tendré tendrás tendrá tendremos tendréis tendrán	tendría tendrías tendría tendríamos tendríais tendrían	tenga tengas tenga tengamos tengáis tengan	tuviera tuvieras tuviera tuviéramos tuvierais tuvieran	ten (tú), no tengas tenga (usted) tengamos tened (vosotros), no tengáis tengan (Uds.)
traer trayendo traído	traigo traes trae traemos traéis traen	traía traías traía traíamos traíais traían	traje trajiste trajo trajimos trajisteis trajeron	traeré traerás traerá traeremos traeréis traerán	traería traerías traería traeríamos traeríais traerían	traiga traigas traiga traigamos traigáis traigan	trajera trajeras trajera trajéramos trajerais trajeran	trae (tú), no traigas traiga (usted) traigamos traed (vosotros), no traigáis traigan (Uds.)
venir viniendo venido	vengo vienes viene venimos venís vienen	venía venías venía veníamos veníais venían	vine viniste vino vinimos vinisteis vinieron	vendré vendrás vendrá vendremos vendréis vendrán	vendría vendrías vendría vendríamos vendríais vendrían	venga vengas venga vengamos vengáis vengan	viniera vinieras viniera viniéramos vinierais vinieran	ven (tú), no vengas venga (usted) vengamos venid (vosotros), no vengáis vengan (Uds.)
ver viendo visto	veo ves ve vemos veis ven	veía veías veía veíamos veíais veían	vi viste vio vimos visteis vieron	veré verás verá veremos veréis verán	vería verías vería veríamos veríais verían	vea veas vea veamos veáis vean	viera vieras viera viéramos vierais vieran	ve (tú), no veas vea (usted) veamos ved (vosotros), no veáis vean (Uds.)

Stem-Changing and Orthographic-Changing Verbs

Infinitive / Present Participle / Past Participle	Indicative					Subjunctive		Imperative
	Present	Imperfect	Preterit	Future	Conditional	Present	Imperfect	Commands
almorzar (z, c) almorzando almorzado	almuerzo almuerzas almuerza almorzamos almorzáis almuerzan	almorzaba almorzabas almorzaba almorzábamos almorzabais almorzaban	almorcé almorzaste almorzó almorzamos almorzasteis almorzaron	almorzaré almorzarás almorzará almorzaremos almorzaréis almorzarán	almorzaría almorzarías almorzaría almorzaríamos almorzaríais almorzarían	almuerce almuerces almuerce almorcemos almorcéis almuercen	almorzara almorzaras almorzaras almorzáramos almorzarais almorzaran	almuerza (tú) no almuerces almuerce (usted) almorcemos almorzad (vosotros) no almorcéis almuercen (Uds.)
buscar (c, qu) buscando buscado	busco buscas busca buscamos buscáis buscan	buscaba buscabas buscaba buscábamos buscabais buscaban	busqué buscaste buscó buscamos buscasteis buscaron	buscaré buscarás buscará buscaremos buscaréis buscarán	buscaría buscarías buscaría buscaríamos buscaríais buscarían	busque busques busque busquemos busquéis busquen	buscara buscaras buscara buscáramos buscarais buscaran	busca (tú) no busques busque (usted) busquemos buscad (vosotros) no busquéis busquen (Uds.)
corregir (g, j) corrigiendo corregido	corrijo corriges corrige corregimos corregís corrigen	corregía corregías corregía corregíamos corregíais corregían	corregí corregiste corrigió corregimos corregisteis corrigieron	corregiré corregirás corregirá corregiremos corregiréis corregirán	corregiría corregirías corregiría corregiríamos corregiríais corregirían	corrija corrijas corrija corrijamos corrijáis corrijan	corrigiera corrigieras corrigiera corrigiéramos corrigierais corrigieran	corrige (tú) no corrijas corrija (usted) corrijamos corregid (vosotros) no corrijáis corrijan (Uds.)
dormir (ue, u) durmiendo dormido	duermo duermes duerme dormimos dormís duermen	dormía dormías dormía dormíamos dormíais dormían	dormí dormiste durmió dormimos dormisteis durmieron	dormiré dormirás dormirá dormiremos dormiréis dormirán	dormiría dormirías dormiría dormiríamos dormiríais dormirían	duerma duermas duerma durmamos durmáis duerman	durmiera durmieras durmiera durmiéramos durmierais durmieran	duerme (tú), no duermas duerma (usted) durmamos dormid (vosotros), no durmáis duerman (Uds.)
incluir (y) incluyendo incluido	incluyo incluyes incluye incluimos incluís incluyen	incluía incluías incluía incluíamos incluíais incluían	incluí incluiste incluyó incluimos incluisteis incluyeron	incluiré incluirás incluirá incluiremos incluiréis incluirán	incluiría incluirías incluiría incluiríamos incluiríais incluirían	incluya incluyas incluya incluyamos incluyáis incluyan	incluyera incluyeras incluyera incluyéramos incluyerais incluyeran	incluye (tú), no incluyas incluya (usted) incluyamos incluid (vosotros), no incluyáis incluyan (Uds.)

Stem-Changing and Orthographic-Changing Verbs (continued)

Infinitive / Present Participle / Past Participle	Indicative Present	Imperfect	Preterit	Future	Conditional	Subjunctive Present	Imperfect	Imperative Commands
llegar (g, gu) llegando llegado	llego llegas llega llegamos llegáis llegan	llegaba llegabas llegaba llegábamos llegabais llegaban	llegué llegaste llegó llegamos llegasteis llegaron	llegaré llegarás llegará llegaremos llegaréis llegarán	llegaría llegarías llegaría llegaríamos llegaríais llegarían	llegue llegues llegue lleguemos lleguéis lleguen	llegara llegaras llegara llegáramos llegarais llegaran	llega (tú), no llegues llegue (usted) lleguemos llegad (vosotros), no lleguéis lleguen (Uds.)
pedir (i, i) pidiendo pedido	pido pides pide pedimos pedís piden	pedía pedías pedía pedíamos pedíais pedían	pedí pediste pidió pedimos pedisteis pidieron	pediré pedirás pedirá pediremos pediréis pedirán	pediría pedirías pediría pediríamos pediríais pedirían	pida pidas pida pidamos pidáis pidan	pidiera pidieras pidiera pidiéramos pidierais pidieran	pide (tú), no pidas pida (usted) pidamos pedid (vosotros), no pidáis pidan (Uds.)
pensar (ie) pensando pensado	pienso piensas piensa pensamos pensáis piensan	pensaba pensabas pensaba pensábamos pensabais pensaban	pensé pensaste pensó pensamos pensasteis pensaron	pensaré pensarás pensará pensaremos pensaréis pensarán	pensaría pensarías pensaría pensaríamos pensaríais pensarían	piense pienses piense pensemos penséis piensen	pensara pensaras pensara pensáramos pensarais pensaran	piensa (tú), no pienses piense (usted) pensemos pensad (vosotros), no penséis piensen (Uds.)
producir (zc) produciendo producido	produzco produces produce producimos producís producen	producía producías producía producíamos producíais producían	produje produjiste produjo produjimos produjisteis produjeron	produciré producirás producirá produciremos produciréis producirán	produciría producirías produciría produciríamos produciríais producirían	produzca produzcas produzca produzcamos produzcáis produzcan	produjera produjeras produjera produjéramos produjerais produjeran	produce (tú), no produzcas produzca (usted) produzcamos pruducid (vosotros), no produzcáis produzcan (Uds.)
reír (i, i) riendo reído	río ríes ríe reímos reís ríen	reía reías reía reíamos reíais reían	reí reíste rio reímos reísteis rieron	reiré reirás reirá reiremos reiréis reirán	reiría reirías reiría reiríamos reiríais reirían	ría rías ría riamos riáis rían	riera rieras riera riéramos rierais rieran	ríe (tú), no rías ría (usted) riamos reíd (vosotros), no riáis rían (Uds.)

Stem-Changing and Orthographic-Changing Verbs (continued)

Infinitive / Present Participle / Past Participle	Indicative					Subjunctive		Imperative
	Present	Imperfect	Preterit	Future	Conditional	Present	Imperfect	Commands
seguir (i, i) (ga) siguiendo seguido	sigo sigues sigue seguimos seguís siguen	seguía seguías seguía seguíamos seguíais seguían	seguí seguiste siguió seguimos seguisteis siguieron	seguiré seguirás seguirá seguiremos seguiréis seguirán	seguiría seguirías seguiría seguiríamos seguiríais seguirían	siga sigas siga sigamos sigáis sigan	siguiera siguieras siguiera siguiéramos siguierais siguieran	sigue (tú), no sigas siga (usted) sigamos seguid (vosotros), no sigáis sigan (Uds.)
sentir (ie, i) sintiendo sentido	siento sientes siente sentimos sentís sienten	sentía sentías sentía sentíamos sentíais sentían	sentí sentiste sintió sentimos sentisteis sintieron	sentiré sentirás sentirá sentiremos sentiréis sentirán	sentiría sentirías sentiría sentiríamos sentiríais sentirían	sienta sientas sienta sintamos sintáis sientan	sintiera sintieras sintiera sintiéramos sintierais sintieran	siente (tú), no sientas sienta (usted) sintamos sentid (vosotros), no sintáis sientan (Uds.)
volver (ue) volviendo vuelto	vuelvo vuelves vuelve volvemos volvéis vuelven	volvía volvías volvía volvíamos volvíais volvían	volví volviste volvió volvimos volvisteis volvieron	volveré volverás volverá volveremos volveréis volverán	volvería volverías volvería volveríamos volveríais volverían	vuelva vuelvas vuelva volvamos volváis vuelvan	volviera volvieras volviera volviéramos volvierais volvieran	vuelve (tú), no vuelvas vuelva (usted) volvamos volved (vosotros), no volváis vuelvan (Uds.)

Appendix 3

Spanish to English Glossary

This vocabulary includes all words presented in the text, except for proper nouns spelled the same in English and Spanish, diminutives with a literal meaning, typical expressions of the Hispanic countries presented in the *Enfoque cultural,* and cardinal numbers (found on page 14). Other cognates and words easily recognized because of the context are not included either.

The number following each entry corresponds to the **capítulo** in which the word was first introduced. Numbers followed by "r" signal that the item was presented for recognition rather than as active vocabulary.

A

a *at, to* P
abajo *below, under* 4r
el/la abogado/a *lawyer* 9
abordar *to board* 12r
abrazar(se) (c) *to embrace* 13
el abrazo *hug* 4r
el abrigo *coat robe* 6
abril *April* Pr
abrir *to open* 12r
la abuela *grandmother* 4
el abuelo *grandfather* 4
abundar *to abound* 13
aburrido/a *bored* 6r; *boring* 1
acabar(se) *to complete, to finish; to run out of* 9r
el acceso *access* 15
el accesorio *accessory* 5
el aceite *oil* 10
la aceituna *olive* 3r
el achiote *paprika* 10r
acompañar *to accompany* 8
aconsejable *advisable* 11r
aconsejar *to advise* 5r
el acontecimiento *event* 13r
acostar(se) (ue) *to put to bed; to go to bed* 4
la actividad *activity* 1r
activo/a *active* Pr
el actor/la actriz *actor/actress* 9
actual *present, current* 14
actualmente *at the present time* 9
actuar *to act* 13
la adaptación *adjustment, adaptation* 14
adaptar *to adapt* 11r

Adelante. *Come in.* 5r
el adelanto *advance* 15, 15r
adelgazar *to lose weight* 10r
el ademán *gesture* 15r
además *besides* 11r
el aderezo *salad dressing* 10
adinerado/a *well-off* 8r
adiós *good-bye* Pr
adivinar *to guess* 6r
¿adónde? *where (to)?* 3
adornado/a *decorated* 8
la aduana *customs* 12
la aerolínea/línea aérea el asiento *airline seat* 12
el/la aeromozo *flight attendant* 12r
el aeropuerto *airport* 12
afeitar(se) *to shave; to shave (oneself)* 4
el afiche *poster* 4r
afirmar *to affirm* 7r
afortunadamente *fortunately* 4r
afuera *outside* 4r
las afueras *outskirts* 5
la agencia de viajes *travel agency* 12
el/la agente de viajes *travel agent* 12
agosto *August* Pr
agradable *agreeable* 11r; *nice* 2
agregar *to add* 10
el/la agricultor/a *farmer* 9
agrio/a *sour* 10
el aguacate *avocado* 10, 10r
agudo/a *sharp, acute* 11r
el águila *eagle* 14r
el/la ahijado/a *godchild* 4
ahora *now* 1
ahorrar *to save* 6r
los ahorros *savings* 9r

el aire acondicionado *air conditioning* 5
el ají *chile pepper* 10r
el ajo *garlic* 10, 10r
al *to the (contraction of a+el)* 3
la alacridad *alacrity* 13r
al aire libre *outdoors* 3
la alberca *swimming pool* 5r
el albergue juvenil *youth hostel* 13r
el alcalde *mayor* 14r
la alcoba *bedroom* 5r
al lado (de) *next to* P
alegrarse (de) *to be glad (about)* 11; *to be happy* 4r
alegre *happy, glad* 2
alegremente *happily* 4r
la alegría *joy* 8
alemán/alemana *German* 2
alérgico/a *allergic* 11r
el alfiler *pin* 15r
la alfombra *carpet, rug* 5
al fondo *at the back, in the rear* 13
la álgebra *algebra* 11r
algo *anything* 13r; *something* 1
alguien *everyone* 13r; *someone* 13r
algún/alguno(s)/alguna(s) *any* 13r; *any, some* Pr; *several* 13r
algunas veces *sometimes* 13r
alguna vez *ever* 13r; *sometime* 13r
aliviar *to relieve* 12r
el alivio *relief* 15r
allí *there* 4r
el alma *soul* 15r
el almacén *department store; warehouse* 6
la almeja *clam* 10r

la almohada *pillow* 5
almorzar (ue) *to have lunch* 4
el almuerzo *lunch* 3, Pr
¿Aló? *Hello? (on the telephone)* 3r
el alojamiento *lodging* 11r, 12
el alquiler *rent* 5
alquilar *to rent* 3
alternativo/a *alternative* 1r
alto *loudly* Pr
alto/a *tall* 2
el/la alumno/a *student* 1
el ama/o de casa *housewife, homemaker* 9
amarillo/a *yellow* 2
ambicioso/a *ambitious* Pr
a menos que *unless* 14r
el/la amigo/a *friend* P
la amistad *friendship* 13, 13r
el amor *love* 13
amplio/a *ample* 14
añadir *to add* 10
el analfabetismo *illiteracy* 14
analfabeto/a *illiterate* 14
anaranjado/a *orange* 2
la anatomía *anatomy* 1r
ancho/a *wide* 6
andar *to go* 14r
el anillo *ring* 6
animado/a *lively* 8
el año *year* P
anoche *last night* 6r
el Año Nuevo *New Year's Day* 8r
el año pasado *last year* 6r
la ansiedad *anxiety* 12r
ante(a)noche *night before last* 6r
anteayer *day before yesterday* 6r
el antepasado *ancestor* 8
antes *before* 6r, 8
antes (de) que *before* 14r
el antibiótico *antibiotic* 11
antiguo/a *old* 1
antipático/a *unpleasant* 2
la antropología *anthropology* 1
el anuncio *ad, advertisement* 9
apagar *to extinguish, to turn off* 9
el apagón *blackout* 8r
el apartamento *apartment* 5
a petición *on demand* 5r
el apio *celery* 10r
la aplicación *application* 15r
apoyar *to support* 7r
aprender *to learn* 1
apropiado/a *appropriate* 6r
aprovechar *to take advantage* 7
el apunte *note* 1

aquel/aquella *that (over there)* 5r
el árbitro *umpire, referee* 7
el árbol *tree* 7
el arete *earring* 6
argentino/a *Argentinian* 2
el armario *cabinet* 5r; *closet, armoire* 5
el aro *earring* 6r
el arpa *harp* 13r
el/la arquitecto/a *architect* 9, 9r
la arquitectura *architecture* 1, 5
arrepentirse (ie) *to regret* 7r
arrogante *arrogant* Pr
el arroz *rice* 3
el arte *art* 1r
la artesanía *handicrafts* 6
el/la artesano/a *craftsman/woman* 9; *craftsperson* 9
los artes plásticas *plastic arts* 1r
el artículo de belleza *beauty item* 11
el/la artista *artist* 9r
asar *to roast* 10r
asegurar *to assure* 7r
el aserrín *sawdust* 8
el asiento *seat* 12
el asiento de pasillo *aisle seat* 12
el asiento de ventanilla *window seat* 12
asistir *to attend* 1
la aspiradora *vacuum cleaner* 5
el astronomía *astronomy* 1r
asumir *to assume* 12r
asustado/a *scared* 12r
atar *to bind* 13r
aterrizar (c) *to land* 15
el ático *attic* 5r
atlético/a *athletic* Pr
la atmósfera *atmosphere* 7
atractivo/a *attractive* Pr
atrás *back, behind, backwards* 6r
a través de *through* 13
atreverse *to dare* 7r
aun *event* 14r
aunque *although* 14r; *even if* 14r; *even though* 14r
el auto *car* 2
el autobús/bus *bus* 12
la autopista *freeway* 12
el autorretrato *self-portrait* 13
el/la auxiliar de vuelo *flight attendant* 12, 12r
avanzar *to advance* 15r
a veces *sometimes* 1r; *at times* 13r
la avenida *avenue* Pr

a la venta *for sale* 6r
averiguar *to find out* 5r
las aves *poultry, fowl* 10
el avión *plane* 12
ayer *yesterday* 6r
ayudar *to help* 5, 5r
la azafata *flight attendant* 12r
el azar *chance* 13r
el/la azúcar *sugar* 10
azul *blue* 2

B

el bailarín/la bailarina *dancer* 13
bailar *to dance* 1
la bajada *slope* 7r
bajar *to download* 15
bajo/a *short (in stature)* 2
el balón *ball* 7r
el baloncesto/el básquetbol *basketball* 7
la bañadera *bathtub* 5r
la banana *banana, plantain* 10
el banano *banana, plantain* 10r
bañar(se) *to bathe; to take a bath* 4
el banco *bank* 9
el banco de peces *shoal; school of fish* 15
la banda ancha *broadband* 5r
la bandeja *tray* 10
la bañera *bathtub* 5, 5r
el baño *bathroom* 5
barato/a *inexpensive, cheap* 6
la barbacoa *barbecue pit; barbecue (event)* 5
el barco *ship/boat* 12
barrer *to sweep* 5
el barrio *neighborhood* 5
basar *to base* 13r
básicamente *basically* 4r
el básquetbol *basketball* 7
bastante *enough* Pr; *rather* P
la basura *garbage, trash* 5
la bata *robe* 6
el bate *bat* 7
el batido *milkshake, smoothie* 10r
batir *to beat* 10, 10r
el baúl *trunk* 12
el bautizo *baptism, christening* 4
beber *to drink* 1
la bebida *drink* 3
el béisbol *baseball* 7
las bellas artes *fine arts* 1r
beneficiar *to benefit* 6r
besar *to kiss* 11r

el beso *kiss* 4r
la biblioteca *library* 1; *library cafe, coffee shop cafeteria* 1
el/la bibliotecario/a *librarian* 9, 9r
la biblioteca virtual *virtual library* 15
la bicicleta *bicycle* 3r
bien *well* P
bienes raíces *real estate* 5r
bien parecido *good-looking* 2r
bilingüe *bilingual* 2
el billete *ticket (Spain)* 12r
la billetera *wallet* 6
la bioquímica *biochemistry* 1r
el bisonte *bison* 13r
el bistec *steak* 3
blando/a *soft* 13
la blusa *blouse* 6
blanco/a *white* 2
la boca *mouth* 11
la boda *wedding* 3
la bodega *wine cellar* 5
la bola *bowling ball* 7r
el boleto *ticket* 12r
el boliche *bowling* 7r
el bolígrafo *ballpoint pen* P
boliviano/a *Bolivian* 2
el bolo *bowling ball* 7r
la bolsa/el bolso *purse* 6
el/la bombero/a *firefighter* 9
bonito/a *pretty* 2
el laboratorio *laboratory* 1, Pr
el borrador *eraser* P
el bosque *forest* 15
el bosque tropical *rain forest* 15
la bota *boot* 6
la botella *bottle* 10
el bowling *bowling* 7r
el brazo *arm* 6r, 11
la broma *joke* 10r
brujo/a *broke* 2r
el buceo *snorkeling* 12r
buenas noches *good evening* P
buenas tardes *good afternoon* P
¡Buena suerte! *Good luck!* 1
buen mozo *good-looking guy* 2r
¡Bueno! *Hello? (on the telephone)* 3r
bueno/a *good* 1; *well (health); physically attractive* 6r
buenos días *good morning* P
la bufanda *scarf* 6, 6r
el burgués *middle class* 13r
el bus *bus (Puerto Rico, Cuba)* 12r
el buscador *search engine* 15
buscar *to look for* 1
la butaca *armchair* 5, 7r

C

el cabello *hair* 11
la cabeza *head* 6r, 11
la cabuya *ammunition* 2r
cada *each* 7
cada... horas *every . . . hours* 11
la cadera *hip* 11
caer *to drop* 8r
caer bien *to like* 6r
caer mal *to dislike* 6r
caer(se) *to fall* 11
café *brown* 2r
el café *cafe, coffee shop* 1; *coffee* 3
la cafetería *cafeteria* 1
caigue *lazy (Bolivia)* 13r
la caja *box* 6r
la caja fuerte *safe* 12
el/la cajero/a *cashier* 9
el/la cajero/a *cashier* 9r
el cajero automático *ATM* 12
el calcetín *sock* 6
el calcio *calcium* 10r
la calculadora *calculator* P
el cálculo *calculus* 1r
callado/a *quiet* 2
la calefacción *heating* 5
el calendario *calendar* Pr
el calentamiento *warming* 15
la calidad *quality* 6r, 13
caliente *hot* 3
callarse *to keep quiet* 14r
la calle *street* 5, Pr
calmar *to calm, alleviate* 11r
el calor *heat* 5r
el calzado *footwear* 6r
calzar *to wear a shoe size* 6r
el calzoncillo *boxer shorts* 6
la cama *bed* 5
la cámara *camera* 9r
el camarero/la camarera *server, waiter/waitress* 3
el camarón *shrimp* 10
cambiar *to change, to exchange* 6
el cambio *change* 4r, 14
el cambur *banana, plantain* 10r
caminar *to walk* 1; *walk* 3r
el camino *road; way* 8
el camión *bus (Mexico)* 12r
la camioneta *bus (Guatemala)* 9r
la camisa *shirt* 6
la camisa de manga corta *short-sleeved shirt* 6r
la camiseta *T-shirt* 6

el camisón *nightgown* 6
la campaña de publicidad *publicity campaign* 15r
el campeonato *championship* 7; *tournament* 7r
el campeón/la campeona *champion* 7
el/la campesino/a *peasant* 10
el campo *countryside* 9
canadiense *Canadian* 2
el canal *channel* 7r
cancelar *to cancel* 12
el cáncer *cancer* 11
la canción *song* 3
la canela *cinnamon* 10r
el cangrejo *crab* 10r
cansado/a *tired* 2
cantar *to sing* 3
la cantidad *quantity* 9r
la capa de ozono *ozone layer* 15
el capítan *captain* 3r
la capitanía general *administrative unit of the Spanish Empire* 3r
el capó *hood* 12
la cápsula *capsule* 15
la cara *face* 4r, 11; *expression* 15r
el cargador de celular (del móvil) *cell phone charger* 5r
cariños *love (closing)* 3r
caritativo/a *charitable* 13r
carmelita *brown* 2r
el carnaval *carnival* 8
la carne *meat* 10
la carne de res *beef/steak* 10
la carne molida/picada *ground meat* 10
el carnet de conducir *driver's license* 15r
caro/a *expensive* 6, 6r
el/la carpintero/a *carpenter* 9
la carrera *major* 1r; *race* 7
la carreta *cart, wagon* 8
la carretera *highway* 12
el carro *car* 2
la carroza *float (in a parade)* 8
el cartero/la cartera *mail carrier* 12
la casa *house, home* 1
casado/a *married* 2
la casa editorial *editorial house* 13r
casar(se) *to get married* 4
castaño/a *brown* 2r
el catarro *cold* 11
la cebolla *onion* 10

la ceja *eyebrow* 11
la celebración *celebration* 3
celebrar *to celebrate* 3
el cementerio *cemetery* 8
la cena *dinner, supper* 3
cenar *to have dinner* 3
el centro *downtown, center* 5
el centro comercial *shopping center* 6
el centro de entrenamiento *training resort* 7r
el centro de salud *hospital* 11
el/la ceramista *potter* 9
cerca *near* 3r
cerca de *close to, near* 3
el cerdo *pork* 10
el cereal *cereal* 3
el cerebro *brain* 11
la cereza *cherry* 10
cerrar (ie) *to close* 4r
la certeza *certainty* 13r
la cerveza *beer* 1r, 3
el césped *lawn* 5
el cesto *wastebasket* P
el cesto/la cesta *basket, hoop* 7
el ceviche *dish of marinated raw fish* 3
las chanclas *flip-flops* 9r
la chancona *nerd (Peru)* 3r
chao *good-bye* Pr
la chaqueta *jacket* 6
chau *good-bye* Pr
el/la chef *chef* 9
el cheque *check* 9r
el/la chico/a *boy/girl* P
el chile *chile pepper* 10r
chileno/a *Chilean* 2
la chimenea *fireplace* 5
la chivita *bus* 1r; *bus (Colombia)* 12r
el choclo *corn* 10r
el/la chofer (chófer) *driver; chauffeur* 9
la chuleta *chop* 10
el chunche *thing (Costa Rica)* 12r
los churros *fried dough* 10
el ciclismo *cycling* 7
el/la ciclista *cyclist* 7, 7r
la ciencia *science* 1
las ciencias políticas *political science* 1
cien/ciento *hundred* 3r
el/la científico/a *scientist* 9, 9r
cierto/a *true* Pr
el cilantro *cilantro* 10r
el cine *cinema* 13r; *movies* 1r, 3

el/la cineasta *filmmaker* 13r
la cintura *waist* 11
el cinturón *belt* 6
el/la cirujano/a *surgeon* 11r
la cita *date* 6r
citar *to quote* 14r
la cita textual *quotation* 7r
la ciudad *city* 3
el ciudadano *citizen* 14r
clarear el día *dawn* 13r
¡claro! *of course!* 3
la clase turista *coach class* 12r; *tourist class* 12
el/la cliente/clienta *client* 6r, 9
climatizado/a *air-conditioned* 15
la clínica, el centro *clinic* 11
la clonación *cloning* 15
el clóset *closet* 5r
la cobija *blanket* 5r
el coche *car* 2
cocido/a *cooked* 3r
la cocina *kitchen* 5; *stove* 5r
la cocina fusión *fusion cuisine* 10r
cocinar *to cook* 5
el/la cocinero/a *cook* 5r
codiciado/a *sought after* 13r
el código *code* 15r
el codo *elbow* 11
el cognado *cognate* Pr
colapsar *to collapse* 9r
el colectivo *bus (Argentina)* 12r
el colesterol *cholesterol* 10r
colocar *to place* 5r
colombiano/a *Colombian* 2
los colores *colors* 2
el collar *necklace* 6
el comedor *dining room* 5, 5r
comenzar (ie) *to begin* 8
comer *to eat* 1
cómico/a *comic* Pr
la comida *food; meal; dinner, supper* 3
la comida chatarra *junk food* 10r
el comienzo *beginning* 7r, 8
el comino *cumin* 10r
¿cómo? *how/what?* 1r
la cómoda *dresser* 5
cómodo/a *comfortable* 9r
¿Cómo es? *What is he/she/it like?* P
¿Cómo está? *How are you (formal)?* P
¿Cómo estás? *How are you (informal)?* P

¡Cómo no! *Of course!* 9
¿Cómo se dice... ? *How do you say . . . ?* Pr
¿Cómo se escribe... ? *How do you spell . . . ?* Pr
¿Cómo se llama usted? *What's your name? (formal)* P
¿Cómo te llamas? *What's your name? (familiar)* P
¿Cómo te va? *How is it going?* 1
el/la compañero/a *partner, classmate* 1
la compañía de danza *dance company* 13
la compañía de teatro *theater company* 13
la compañía/empresa *company* 9
la comparsa *group dressed in similar costumes* 8
cómplice *complicit* 14r
el comportamiento *behavior* 9r
comprar *to buy* 1
comprender *to understand* 1
el compromiso *engagement* 8r
la computación *computer science* 1r
la computadora *computer* P
la computadora portátil *laptop* P
la comunicación *communication* 1r
comunicar *to communicate* 14r
comunicarse *to reach out to* 14r
con *with* 1
con cariño *affectionately* 4r
el concejo municipal *city council* 14r
la concha *shell* 8r
la conclusión *conclusion* 14r
la concordancia *agreement* 6r
el concurso *contest* 5r
el condimento *seasoning* 10
conducir *to drive* 15r
conectar *to connect* 15r
conectarse *to connect* 15
la conexión *connection* 12r
la confianza *trust* 14
el conflicto *conflict* 1r
congelar(se) *to freeze* 7
conmigo *with me* 7
conocer (zc) *to know* 3; *to meet* 13r
el conocimiento *knowledge* 15
con permiso *pardon me, excuse me* Pr
el/la consejero/a vocacional *career counselor* 9r
el consenso *consensus* 13r

la conservación   *preservation* 15

construir (y)   *to build* 15; *to construct* 12r

el consultorio   *office (of doctor, dentist, etc.)* 9

consumir   *to consume* 10r

la contabilidad   *accounting* 1r

el/la contable   *accountant* 9r

el/la contador/a   *accountant* 9r

con tal (de) que   *provided that* 14r

contaminado/a   *polluted, contaminated* 7

contar   *to count* 6r; *to tell* 7r

contemporáneo/a   *contemporary* 1r

contento/a   *happy, glad* 2

contestar   *to answer* Pr

contigo   *with you (familiar)* 7

continuar   *to continue* 15r

contraer   *to contract* 11r

contrario/a   *opposing* 7, 7r

el contraste   *contrast* 4r

el/la contratista   *contractor* 9

contribuir (y)   *to contribute* 15

conversador/a   *talkative* 2

conversar   *to talk, to converse* 1

la copa   *(stemmed) glass* 10

la Copa Mundial   *World Cup* 7r

el corazón   *heart* 11, 11r

la corbata   *tie* 6

el cordero   *lamb* 10

el coroto   *thing (Venezuela)* 6r

el correo   *mail* 12

correr   *to run* 1

la correspondencia   *correspondence* 9r

la corrida (de toros)   *bullfight* 8

cortar   *to cut; to mow (lawn)* 5

la cortina   *curtain* 5

corto/a   *short (in length)* 2

la cosa   *thing* 6

cosechar   *to harvest* 9

costarricense   *Costa Rican* 2

costar (ue)   *to cost* 4

la costilla   *rib* 10

la costumbre   *custom* 8

creativo/a   *creative* Pr

creer   *to believe* 5

la crema   *cream* 10

claro   *of course* 4r

el crucero   *cruise* 12

la clase   *class* Pr

el cuaderno   *notebook* P

la cuadra   *city block* 12

el cuadro   *picture, painting* 5

¿cuál(es)?   *which?* 1r

¿Cuál es la fecha?   *What is the date?* Pr

cuando   *when* 14r

¿cuándo?   *when?* 1r

¿cuánto/a?   *how much?* 1r

¿Cuánto cuesta?   *How much is it?* 1

¿cuántos/as?   *how many?* 1r

el cuarto   *bedroom* 5r; *room; bedroom* 5

el/la cuate   *friend (Mexico)* 8r

cubano/a   *Cuban* 2

cubista   *cubist* 13

la cuchara   *spoon* 10

la cucharada   *spoonful* 10r

la cucharita   *teaspoon* 10

el cuello   *neck* 11

la cuenca   *river basin* 15

la cuenta corriente   *checking account* 9r

el cuento   *story* 13

el cuero   *leather* 6r

el cuerpo   *body* 6r

el cuidado   *care* 5r

cuidadosamente   *carefully* 4r

cuidar(se) (de)   *to take care of* 11

el culantro   *cilantro* 10r

el cumpleaños   *birthday* 3

cumplir   *to fulfill* 7r

curar   *to cure* 11

la curiosidad   *curiosity* 12r

el currículum   *résumé* 9

D

dañino/a   *harmful* 10r

la danza   *dance* 13r

dar   *to give, to hand* 6

dar de comer   *to feed* 9r

dar un paseo   *to take a walk* 8

los datos   *data* 14

de   *of, from* 2

debajo (de)   *under* P

deber   *should* 1

debido a   *due to* 15

débil   *weak* 2

decepcionado/a   *disappointed* 6r

decir (g, i)   *to say, to tell* 4

la decisión   *decision* 13r

el dedo   *finger* 11

de estatura mediana   *average, medium (height)* 2

la deforestación   *deforestation* 15

de ida y vuelta   *round trip* 12

dejar   *to leave* 9

del   *of the (contraction of de + el)* 2

delgado/a   *thin* 2

la democracia   *democracy* 14

de moda   *stylish* 6r

de nada   *you're welcome* Pr

denunciar   *to denounce* 13

el departamento   *apartment* 5r

el dependiente/la dependienta   *salesperson* 1

el deporte   *sport* 7

el/la deportista   *athlete* 7r

la depresión   *depression* 1r

deprimido/a   *depressed* 11

¿de quién?   *whose?* 2

la derecha   *right* 4

el derecho   *right* 14

derecho   *straight* 12r

derretir   *to melt* 10r

desamparado/a   *homeless* 14r

la desaparición   *disappearance* 15

desarmar   *to disassemble* 9r

desarrollar(se)   *to develop* 8r

el desarrollo   *development* 13

desayunar   *to have breakfast* 4

el desayuno   *breakfast* 3

descansar   *to rest* 3

descomponer(se)   *to break* 9r

describir   *to describe* 6r

la descripción   *description* 1

el descubrimiento   *discovery* 15

descuidado/a   *careless* 9r

desde   *since* 13

desear   *to desire* 5r; *to wish, to want* 2

desechable   *disposable* 15r

el desempleo   *unemployment* 14

el desfile   *parade* 8

el deshielo   *thaw, thawing* 15

despacio   *slowly* Pr

la despedida   *closing* 4r

despedir (i)   *to fire* 9r

despedir(se) (i)   *to say goodbye* 7r

despegar (u)   *to take off (airplane)* 15

despertar(se) (ie)   *to wake (someone up)* 4

la despidida   *farewell* Pr

el desplazamiento   *movement, displacement* 14

después   *after, later* 3

después (de) que   *after* 14r

destacado/a   *outstanding* 13

destacarse   *to stand out* 14

el destino   *destination* 12r

la desventaja   *disadvantage* 5

el detalle *detail* 12r

detener *to stop* 9r

detrás (de) *behind* P

devolver *to return* 6r, 15r

el día *day* P

diabético/a *diabetic* 11r

el Día del Amor y la Amistad *Valentine's Day* 8r

el Día de Acción de Gracias *Thanksgiving* 8r

el Día de la Independencia *Independence Day* 8r

el Día de la Independencia de México *Mexican Independence Day* 8r

el Día de las Brujas *Halloween* 8r

el Día de los Enamorados *Valentine's Day* 8r

el Día de los Muertos *Day of the Dead* 8r

el Día de la Madre *Mother's Day* 8r

el Día del Padre *Father's Day* 8r

el día feriado *legal holiday* 8

el día festivo *holiday* 8

dialogar *to talk* 14r

el diccionario *dictionary* 1

diciembre *December* Pr

dictatorial *dictatorial* 14

el diente *tooth* 10r, 11

el diente de ajo *clove of garlic* 10r

la dieta *diet* 3r

difícil *difficult* 1

difícilmente *difficultly* 4r

difundir *to spread, to disseminate* 15

difunto/a *dead* 8

¿Diga?, ¿Dígame? *Hello? (on the telephone)* 3r

digitalmente *digitally* 13r

dinámico/a *dynamic* Pr

el dinero en efectivo *money in cash* 6

dirigir (j) *to direct* 13

dirigirse (j) *to address* 4r

la discoteca *dance club* 1

disculparse *to apologize* 7r

discutir *to argue* 7

la diseminación *dispersal, dissemination* 15

el diseñador *designer* 5r

el diseño *design* 1r

el diseño gráfico *graphic design* 1r

disfrazarse *to wear a costume* 8

disfrutar *to enjoy* 10

disponible *available* 5r

el dispositivo *device* 5r

distinguir *to distinguish* 13

la distribución *layout* 5r

la diversificación *diversification* 14

las diversiones *leisure activities* 3

divertido/a *fun, funny* 1r; *funny, amusing* 2

divertirse (ie, i) *to have a good time* 8

divorciado/a *divorced* 4

el lado *side* 4r

doblar *to turn* 12

doblar *to fold* 5, 5r

el documento adjunto *attached document* 15; *attachment* 15

el dólar *dollar* 3r

doler (ue) *to hurt, ache* 11

el dolor *pain* 11

doméstico/a *domestic* 5r

el domingo *Sunday* Pr

dominicano/a *Dominican* 2

dónde *where?* Pr

¿Dónde está... ? *Where is . . . ?* P

dorar *to brown* 10r

dormir(se) (ue) *to sleep; to fall asleep* 4

dormir (ue) la siesta *to take a nap* 4

el dormitorio *bedroom* 5r

el drama *drama* 1r

la droga *drug* 1r

la ducha *shower* 5

duchar(se) *to give a shower to; (to take a shower)* 4

la duda *doubt* 13r

dudoso/a *doubtful* 13r

el dulce *candy/sweets* 10

duplicar *to double* 10r

durante *during* 3; *for (time)* 3r

durar *to last* 7

el durazno *peach* 10r

el DVD *DVD; DVD player* P

E

la economía *economics* 1

económicamente *economically* 5r

ecuatoriano/a *Ecuadorian* 2

el edificio *building* 5

eficaz *efficient* 12r

la eficiencia *efficiency* 14

eficiente *efficient* Pr

el/la ejecutivo/a *executive* 9

el ejercicio aeróbico *aerobic exercise* 11r

él *he* P

elaborar *to produce* 9

la elección *election* 14r

el/la electricista *electrician* 9r

el electrodoméstico *appliance* 5

elegante *elegant* Pr

elegir (i, i) *to choose, to elect* 14

ellos/ellas *they* 1

el elote *corn* 10r

el/la tenista *tennis player* 7

el embarque *departure* 12r

la emergencia *emergency* 9r

la emigración *emigration* 14

el/la emigrante *emigrant* 14

emigrar *to emigrate* 9

empezar (ie) *to begin, to start* 4

el/la empleado/a *employee* 9

en *in* P

en la actualidad *at the present time* 13

en busca de *in search of* 15

el encaje *lace* 13r

en cambio *on the other hand* 4r

encantado/a *pleased/nice to meet you* P

encantar *to delight, to love* 6

encargar *to order* 9r

encauzar *to channel* 7

encender (ie) *to turn on* 15

encerrar (ie) *to lock up* 8

encontrar (ue) *to find* 6

en contraste *in contraste* 4r

en cuanto *as soon as* 14r

la encuesta *Surveys/Polls* 14

la encuesta de opinión *opinion poll* 14r

la energía solar *solar energy* 15

enérgico/a *energetic* 14

enero *January* Pr

enfadarse *to get angry* 7

enfermarse *to become sick* 11

la enfermedad *illness* 11

el/la enfermero/a *nurse* 9

enfermo/a *sick* 11

enfocarse (qu) *to focus* 15

enfrente (de) *in front of* P

el enlace *link* 15

enojado/a *angry* 2

enojar(se) *to get angry* 7r

¿En qué puedo servirle(s)? *How may I help you?* 6

en realidad *in fact, really* 9

la ensalada *salad* 3

enseguida *immediately* 6

entender (ie) *to understand* 4

enterar *to find out* 7r

enterrar *to bury* 8r

entonces *then* 8

entrar (en)   *to go in, to enter* 6
entre   *between, among* P
entregar   *to deliver* 5r
el entrenador/la entrenadora   *coach* 7
el entrenamiento   *training* 7r
entretenerse   *to have fun* 5r
la entrevista   *interview* 9
entrevistar   *to interview* 7r
en vez de   *instead of* 14
enviar   *to send* 9
el equipaje   *luggage* 12
el equipo   *team; equipment* 7
el equipo deportivo   *sports equipment* 7
eres   *you are (familiar)* P
la ermita   *hermitage* 8r
es   *you are (formal), he/she is* P
la escala   *stopover* 12
la escalera   *stairs* 5
el escaparate   *store window* 6
la escena   *scene* 13
la escena retrospectiva   *flashback* 13r
escribir   *to write* 1, 6r, Pr
el escritorio   *desk* P
el escritor/la escritora   *writer* 13
escuchar   *to listen (to)* 1
la escuela   *school* 6r
el escultor/la escultora   *sculptor* 13
ese/a   *that (adjective)* P
el eslogan   *motto* 12r
eso   *that* 5r
los espaguetis   *spaghetti* 3
la espalda   *back* 11
el español   *Spanish* Pr
español/a   *Spanish* 2
la especialidad   *specialty* 9
el/la especialista   *specialist* 11r
las especias   *spices* 10
el espejo   *mirror* 5
el espejo retrovisor   *rearview mirror* 12
la esperanza de vida   *life expectancy* 14
esperar   *to wait for* 9
las espinacas   *spinach* 10
el espíritu   *spirit* 8r
la esposa   *wife* 4
el esposo   *husband* 4
el esquí   *skiing, ski* 7
esquiar   *to ski* 7
la esquina   *corner* 12, 12r
está   *he/she is, you are (formal)* P
está despejado   *it's clear* 7
el estadio   *stadium* 7r
la estadística   *statistics* 1

el estado de ánimo   *mood* 5r
Estados Unidos   *United States* 2r
estadounidense   *U.S. citizen* 2
esta noche   *tonight* 3r
está nublado   *it's cloudy* 7
estar   *to be* 1, Pr
estar de acuerdo   *to agree* 11r
estar de moda   *to be fashionable* 6
estar en forma   *to keep in shape* 7r
estás   *you are (familiar)* P
este/a   *this* 1
el estilo   *style* 5, 5r
Estimado/a   *Dear* 3r
esto   *this* 5r
el estómago   *stomach* 11
estornudar   *to sneeze* 11
estrecho/a   *narrow, tight* 6
la estrella   *star* 13
la estructura   *structure* 1r
el/la estudiante   *student* P
estudiar   *to study* 1
el estudio   *to show* 7r
estudioso/a   *studious* 1
la estufa   *stove* 5
estupendo/a   *fabulous* 3; *stupendous, marvelous* 10r
el evento   *event* 7
evidente   *evident* 12r
evitar   *to avoid* 10r
el examen   *test* 1
examinar   *to examine* 11
excelente   *excellent* 1
la excentricidad   *eccentricity* 15r
exigir   *to demand, exact, require* 14r
el éxito   *success* 10r, 13, Pr
la experiencia   *experience* 9
el experto   *expert* 7r
explicar   *to explain* 6r, 15r
exponer (g)   *to exhibit* 13
la exportación   *export* 14
la exposición   *exhibit* 12r
expresion   *expression* P
la extinción   *extinction* 15
extinguido/a   *extinct* 15r; *extinguished* 15
extrovertido/a   *extroverted* Pr

F

fabuloso/a   *fabulous, great* 3
fácil   *easy* 1
fácilmente   *easily* 4r
facturar   *to check in (luggage)* 12

la facultad   *school, department* 1
la falda   *skirt* 6
falso/a   *false* Pr
la falta   *lack* 4r
la familia   *The family* 4
famoso/a   *famous* 10r
el/la farmacéutico/a   *pharmacist* 11
la farmacia   *pharmacy* 1r, 11
fascinar   *to fascinate, to be pleasing to* 6
favorito/a   *favorite* 1
febrero   *February* Pr
la fecha   *date* Pr
felicidades   *congratulations* 3
las felicitaciones   *congratulations* 11r
felicitar   *to congratulate* 11r
feo/a   *ugly* 2
el festival   *festival* 8
la festividad   *festivity; holiday* 8
la fibra   *fiber* 10r
la ficha   *note card* 7r
la fiebre   *fever* 11
la fiesta   *celebration* 8; *party* 3, 7r
la figura de autoridad   *authority figure* 6r
fijarse   *to check out* 3r; *to take note* 14r
¡Fíjate qué noticia!   *How about that!* 3r
la filología   *philology* 1r
la filosofía   *philosophy* 1r
finalmente   *finally, at last* 6r
el Fin de Año   *New Year's Eve* 8r
el fin de semana   *weekend* 1
firmar   *to sign* 9r
la física   *physics* Pr
la fisiología   *physiology* 1r
la flor   *flower* 2
fluir   *to flow* 10r
fomentar   *to encourage* 13r
el fondo   *background* 8r
el/la fontanero/a   *plumber* 9
la forma   *shape, form* 13
la foto(grafía)   *photo(graph)* 4
el fracaso   *failure* 13
fracturar(se)   *to fracture, to break* 11
francés/francesa   *French* 2
la frazada   *blanket* 5r
frecuentemente   *frequently* 4r
el fregadero   *kitchen sink* 5
freír (i)   *to fry* 10, 10r

la frente *forehead* 11
la fresa *strawberry* 10
el frijol *bean* 3
el frío *cold* 5r
frío/a *cold* 3
frito/a *fried* 3, 3r
la fruta *fruit* 3, 10
el fruto de pasión *passion fruit* 10r
la fuente *bowl* 10r; *source* 15
fuerte *strong* 2
fumar *to smoke* 11
la fundación *founding* 13
el fútbol *soccer* 7
el fútbol americano *football* 7r

G

las gafas *glasses* 13r
las gafas de sol *sunglasses* 6r
la galleta *cookie* 10
la gamba *shrimp* 10
el ganado *cattle* 10r
el ganador *winner* 5r
ganar *to win* 5r, 7
la ganga *bargain* 6r
el garaje *garage* 5
la garganta *throat* 11
gastar *to spend* 6
gemelo/a *twin* 4, 4r
generalmente *generally* 4r
generoso/a *generous* Pr
genéticamente *genetically* 15, 15r
la gente *people* 8
la geografía *geography* 1
el/la gerente (de ventas) *(sales) manager* 9
el gimnasio *gymnasium* 1
globalizar *to globalize* 11r
la gobernación *administrative unit of the Spanish Empire* 3r
el gobernador *governor* 3r
gobernar (ie) *to govern* 14
el gobierno *government* 11
el gol *goal* 7
el golf *golf* 7
golpear *to knock* 7r
gordo/a *fat* 2
la gorra *cap* 6, 6r
grabar *to record* 13r
gracias *thanks, thank you* Pr
gracioso/a *funny* 15r
gradualmente *gradually* 15r

graduarse *to graduate* 14r
gráfico/a *graphic* 15r
grande *big* 1
la grasa *fat* 10r
grave *serious* 11; *seriously ill* 6r
la gripe *flu* 11
gris *gray* 2
el grupo *group* 14r
la guagua *bus (Puerto Rico, Cuba)* 12r
el guajolote *turkey* 10r
el guante *glove* 6
la guantera *glove compartment* 12
guapo/a *good-looking, handsome* 2
guardar silencio *to keep silent* 14r
guatemalteco/a *Guatemalan* 2
la guía *guide* 6r
la guitarra *guitar* 3, 8r
el/la guitarrista *guitar player* 13
gustar (le) *to be pleasing to, to like* 6; *to like* 2r

H

la habitación *bedroom, room* 5
la habitación doble/sencilla *double/single room* 12
el/la habitante *inhabitant* 14
hablar *to speak* 1
hace *ago* 4r; *since* 6r
hace fresco *it's cool* 7
hacer *to do, to make* 3r
hacer cola *to stand in line* 12, 12r
hacer la cama *to make the bed* 3
hacerse *to become* 14r
Hace sol. *It's sunny.* Pr
el hacha *hachet* 13r
la hambre *hunger* 5r
la hamburguesa *hamburger* 3
la harina *flour* 10
hasta *including; until* 13
Hasta luego. *See you later.* Pr
Hasta mañana. *See you tomorrow.* Pr
Hasta pronto. *See you soon.* Pr
hasta que *until* 14r
hay *there is, there are* P
el hecho *fact* 6r
la heladería *ice creamery* 6r
el helado *ice cream* 3, 6r
heredar *to inherit* 14r
el/la herencia *inheritance* 14r

la herida *wound* 11r
el/la herido/a *injured person* 9r
herido/a *wounded, injured* 9r
la hermana *sister* 4
la hermanastra *stepsister* 4
el hermanastro *stepbrother* 4
el hermano *brother* 4
el herrero *blacksmith; ironworker* 9
hervir (ie, i) *to boil* 10
el hielo *ice* 7
la hierba *herb* 10
el higo *fig* 10r
la hija *daughter* 4
el hijo *son* 4
el hijo único/ la hija única *only child* 4
hinchar *to swell* 11r
la hinchazón *swelling* 11r
la hipótesis *hypothesis* 13r
hispano/a *Hispanic* 2
la historia *history* 1
hola *hi, hello* P
el hogar *home* 4r
la hoja *leaf* 5
el hombre *man* 3
el hombre/la mujer de negocios *businessman/woman* 9
el hombro *shoulder* 11
hondureño/a *Honduran* 2
la honestidad *honesty* 14
la hora *time; hour* Pr
el horario *schedule* Pr
hornear *to bake, to microwave* 10r
el (horno) microondas *microwave (oven)* 5
horrible *horrible* 15r
el hospital *hospital* 11
el hotel *hotel* 12
hoy *today* P
hoy en día *nowadays* 8
Hoy es... *Today is . . .* Pr
el hueso *bone* 11
el huevo *egg* 3
las humanidades *humanities* 1
humano/a *human* 11

I

la idea *idea* 10r
idealista *idealistic* Pr

la iglesia   *church* 8
la igualdad   *equality* 14
igualmente   *likewise* P
imaginar   *imagine* 3r
el imperfecto   *imperfect* 6r
el impermeable   *raincoat* 6
implementar   *to implement* 14r
importante   *important* Pr
imposible   *impossible* 6r
la impresora   *printer* 5r
impulsivo/a   *impulsive* Pr
inapropiado/a   *inappropriate* 6r
el incendio   *fire* 9
increíble   *incredible* 4r
independiente   *independent* Pr
indicar   *to indicate* 7r
la infancia   *childhood* 6r
infantil   *children's* 14
la infección   *infection* 11
influir   *to influence* 13r
la información   *information* 7r
la informática   *computer
   science* 1
la infraestructura   *infrastructure* 15
el/la ingeniero/a   *engineer* 9
el iniciado   *apprentice* 13r
la inmigración   *immigration* 14
el inodoro   *toilet* 5
inolvidable   *unforgettable* 13
el inspector   *inspector* 12r
la instrucción   *instruction* 14r
el instrumento   *instrument* 3
inteligente   *intelligent* Pr
el intercambio   *exchange* 15
interesante   *interesting* 1, Pr
interesar   *to interest* 6
internacional   *international* 7r
el/la intérprete   *interpreter* 9;
   performer, artist 13
la intimidad   *intimacy* 4r
introvertido/a   *introverted* Pr
la inundación   *flood* 15
la investigación   *research* 7r
investigar   *to study,
   research* 11r
el invierno   *winter* 6r
la invitación   *invitation* 3r, 8
invitar   *to invite* 8
la inyección   *injection* 11
el ipod   *iPod* 5r
ir   *to go* 3r, Pr
ir de compras   *to go
   shopping* 6
ir de tapas   *to go out for
   tapas* 1r

ir(se)   *to go away, to leave* 7
la izquierda   *left* 4

J

el jabón   *soap* 5
jamás   *never* 13r; *(not) ever* 13r
el jamón   *ham* 3
japonés/japonesa   *Japanese* 2
el jardín   *garden* 5
los jeans   *jeans* 6
el jefe/la jefa   *boss* 9
joven   *young* 2, 8r
el/la joven   *young man/woman* 3
la joya   *piece of jewelry* 6
el/la joyero/a   *jeweller* 9
jubilarse   *to retire* 14r
el juego/partido   *game* 7
el jueves   *Thursday* Pr
el/la juez   *judge* 9
el jugador/la jugadora   *player* 7
jugar (ue)   *to play (a game,
   sport)* 4
jugar (ue) a los bolos   *to bowl* 7
el jugo   *juice* 3
el juguete   *toy* 5r, 6
julio   *July* Pr
junio   *June* Pr
la junta directiva   *board of
   directors* 14r
juntos/as   *together* 4
el juramento   *oath* 13r

L

ella   *she* P
el labio   *lip* 11
laboral   *labor-related* 13r
la consola   *game station* 5r
lácteo/a   *dairy (product)* 10
el lago   *lake* 7
lamentar   *to be sorry* 11r
la lana   *wool* 6r
la langosta   *lobster* 10
lanzar   *to throw* 7r
el lápiz   *pencil* P
el lavabo   *bathroom sink* 5
la lavadora   *washer* 5
la lavandería   *dry cleaner* 6r
lavar en seco   *dry clean* 6r
la lección   *lesson* 1r
la leche   *milk* 3
la leche de coco   *coconut
   milk* 10
la lechuga   *lettuce* 3

la lectura   *reading* Pr
leer   *to read* 1, 7r, Pr
leer por encima   *to skim* 15r
las legumbres   *legumes* 10
lejano/a   *distant* 14r
lejos (de)   *far; (far from)* 3r, 5
la lengua   *language* 1r;
   tongue 15r
lentamente   *slowly* 4r
las lentejas   *lentils* 10
los lentes de contacto   *contact
   lenses* 2
levantar   *to raise* Pr
levantar la mano   *to raise one's
   hand* Pr
levantar(se)   *to raise; to
   get up* 4
la librería   *bookstore* 1
el libro   *book* 1r, 6r, P
la licuadora   *blender* 10r
ligero/a   *lightweight* 15r
el limón   *lemon* 10
el limpiaparabrisas   *windshield
   wiper* 12
limpiar   *to clean; to tidy up* 5
lindo/a   *pretty, attractive* 2r
el lío   *mess* 3r
la lista   *list* 10r
listo/a   *clever* 6r; *smart;
   ready* 2
la literatura   *literature* 1, 13r
el living   *living room* 5r
llamar   *to call* 7r
la llanta   *tire* 12
la llave   *key* 12
la llegada   *arrival* 12r
llegar   *to arrive* 1
llenar   *to fill (out)* 9
lleno/a   *full* 12
llevar   *to wear, to take* 6
llevarse bien   *to get along
   well* 13r
llover (ue)   *to rain* 7
la lluvia   *rain* 7
la lluvia de ideas   *brainstorming* 7r
loco/a   *crazy* 11r
el/la locutor/a   *radio announcer* 9
lógicamente   *logically* 4r
lograr   *to achieve* 4r
el logro   *achievement* 4r
lo importante   *the important
   thing* 9
Lo siento.   *I'm sorry (to hear
   that).* Pr
lo siguiente   *the following* 13r

los recursos *resources* 15
Lo vamos a pasar muy bien. *We are going to have a good time.* 3r
la lucha *fight* 14
luchar *to fight* 14r
el lucro *non-profit* 14r
luego *later* 3; *then* 4r
el lugar *place* 1
el lujo *luxury* 12r
el lunes *Monday* Pr

M

machacar *to crush* 10r
la madera *wood* 9
la madrastra *stepmother* 4
la madre *mother* 4
la madrina *godmother* 4
magnífico/a *great* 6
el maíz *corn* 10
mal *bad* P
la maleta *suitcase* 12, 12r
el maletero *trunk* 12
el maletín *briefcase* 12r
malo/a *bad* 1; *ill* 6r
la mamá *mom* 4
la mañana *morning* P, Pr
mañana *tomorrow* P
mandar *to send* 9
mandar saludos *to say hello* 5r
el mandato *command* 9r
manejar *to drive* 12
la mano *hand* 6r, 11, Pr
la manta *blanket* 5, 5r
la manteca/la mantequilla *butter* 10
el mantel *tablecloth* 10
mantener (g, ie) *to maintain* 8
mantenerse en contacto *to stay in touch* 5r
la manzana *apple* 10
la manzanilla *chamomile* 11r
el mapa *map* P
maquillar(se) *to put makeup on (someone);* 4
el mar *sea* 3
el maracuyá *passion fruit* 10
la maravilla *marvel* 3r
maravilloso/a *marvelous* 8
la marca *brand* 7r
el marcador *highlighter* 5r; *marker* P
la margarina *margarine* 10
los mariscos *shellfish* 10
marrón *brown* 2, 2r
marroquí *Moroccan* 2

el martes *Tuesday* Pr
marzo *March* Pr
más *more* Pr
más o menos *more or less* P
más tarde *later* 3r; *much later* 4r
las matemáticas *mathematics* Pr
el material *material* 6r
mayo *May* Pr
la mayonesa *mayonnaise* 10
mayor *old* 2
la mayoría *majority* 14
el/la mecánico/a *mechanic* 9r
el médano *dune* 7r
el/la mediador *mediator* 13r
la media hermana *half-sister* 4
las medias *stockings* 6r
la medicina *medicine* 1, 11
el/la médico/a *medical doctor* 9
la medida *measure* 12r
el medio ambiente *environment* 15
el medio hermano *half-brother* 4
los medios de transporte *means of transportation* 12
me gusta(n) *I like* 2
Me gustaría... *I would like . . .* 6
la mejilla *cheek* 11
mejor *better* 11r
mejorar *to improve* 14
el melocotón *peach* 10r
la melodía *melody* 8, 13
el melón *melon* 10
los menonitas *Mennonites* 13r
el/la menor *the youngest* 4
menos *minus* Pr
el mensaje *message* 14r, 15
mentir *to lie* 11r
la mentira *lie* 7r
el menú *menu* 3r
el mercado *market* 6
el mes *month* P
la mesa *table* 10, P
metal *metal* 2r
meter *to insert* 15
meter un gol *to score a goal* 7
el metro *subway* 12
el metro cuadrado *square meter* 5r
mexicano/a *Mexican* 2
mi amor *my love (term of endearment)* 3r
mi cielo *term of endearment* 3r
el micro *bus (Chile)* 12r
el miedo *fear* 5r
mientras *while* 3, 8

el miércoles *Wednesday* Pr
la migración *migration* 14
migrar *to migrate* 11r
mil *thousand* 3r
mil gracias *many thanks* 7r
el/la millonario/a *millionaire* 15r
millón *million* 3r
mirar *to look (at)* 1
mi(s) *my* P
mi vida *my life (term of endearment)* 3r
la mochila *backpack* P
moderno/a *modern* 1r, Pr
módico/a *moderate* 12r
molestar(le) *to bother* 11
molido/a *ground* 10
montar (en bicicleta) *to ride (a bicycle)* 1
morado/a *purple* 2
moreno/a *brunette* 2
morir *to die* 6r
la mortalidad *mortality* 14
la mostaza *mustard* 10
el mostrador *counter* 12, 12r
mostrar (ue) *to show* 6
el motor *motor* 12
mover (ue) *to move* 11r
muchas veces *often* 1r
mucho *much, a lot (adv.)* 2
mucho/a *many (adj.)* 2
mucho gusto *pleased/nice to meet you* P
mudarse *to move* 5r
los muebles *furniture* 5
muerto/a *dead* 8; *dead (atmosphere); deceased* 6r
la mujer *woman* 3
la mujer de negocios *businesswoman* 9
la multa *fine/ticket* 15r
mundial *world, worldwide* 7
la muñeca *wrist* 11
el mural *mural* 13
el/la muralista *muralist* 1r, 13
el músculo *muscle* 11
el museo *museum* 12r
la música *music* 1r, 3; *Music* 8
muy *very* P

N

el nacimiento *birth* 7r
nacional *national* 7r
las nacionalidades *Nationalities* 2

nada *nothing* 13r

nadar *to swim* 3

nadie *nobody, no one* 13r

la naranja *orange* 3

naranja *orange (color)* 2r

la nariz *nose* 11

natal *native* 10r

la naturaleza *nature* 15

la nave *ship* 15r

la Navidad *Christmas* 8r

necesario/a *necessary* 11r

el negocio *business* 1r

negrita *bold* 4r

negro/a *black* 2

el nervio *nerve* 11

nervioso/a *nervous* 2, Pr

nevar (ie) *to snow* 7

la nevera *refrigerator* 5r

ni... ni *neither . . . nor* 13r

nicaragüense *Nicaraguan* 2

la nieta *granddaughter* 4

el nieto *grandson* 4

la nieve *snow* 6r, 7

nigeriano/a *Nigerian* 2

ningún/ninguno/ninguna *no; no one; not any* 13r

el niño/a *child* 4

el nivel *level* 14

no *no* Pr

la noche *night* Pr

la Nochebuena *Christmas Eve* 8r

la Nochevieja *New Year's Eve* 8r

No comprendo. *I don't understand* Pr

¡No me digas! *Really!* 4r

nominar *to nominate* 13

no obstante *however* 11r

normalmente *normally* 4r

norteamericano/a *North American* 1

No sé. *I don't know* Pr

nosotros/nosotras *we* 1

nostálgico *nostalgic* 14r

la nota *note* 1

la noticia *news* 3r, 4

la novela *novel* 13

el/la novelista *novelist* 13, 15r

la novia *fiancée, girlfriend* 4

noviembre *November* Pr

el novio *fiancé, boyfriend* 4

nuevo/a *new* 2

el número *size* 6r

nunca *never* 1r; *(not) ever* 13r

O

o *or* 13r

o... o *either . . . or* 13r

el objeto *object* 6r

la obra *work* 13

el/la obrero/a *worker, laborer* 9r

obtener *to obtain* 10r

obvio/a *obvious* 13r

el ocio *free time* 11r

octubre *October* Pr

la ocupación *occupation* 9r

ocupado/a *busy* 4

ocurrir *to occur* 10r

odiar *to hate* 8r

la oficina *office* 1, Pr

ofrecer (zc) *to offer* 9

el oído *(inner) ear* 11

Oiga, por favor. *Listen, please.* 1r

¡Oigo! *Hello? (on the telephone)* 3r

oír *to hear* 3r; *to listen* 1r

oír hablar *to hear about* 7r

ojalá que... *I/we hope that . . .* 11r

el ojo *eye* 2

las Olimpiadas *Olympics* 7r

olvidar *to forget* 10r

el ómnibus *bus (Peru)* 12r

la operación *surgery* 11r

la opinión *opinion* 14r

optimista *optimistic* Pr

el ordenador *computer* 1r

ordenar *to clean* 5

la oreja *ear* 6r; *(outer) ear* 11

la organización *organization* 14r

organizar *to organize* 7r

oro *gold* 2r

la orquesta *orchestra* 8

la oscuridad *dark* 15r

oscuro/a *dark* 2

el otoño *fall, autumn* 6r

otra cosa *something else* 6r

otra vez *again* Pr

otro/a *other* 4r; *other, another* 3

la oveja *sheep* 10

el OVNI *UFO* 15r

¡Oye! *Listen!* 1r

P

palabra *word* P

el/la paciente *patient* 11

paciente *patient (adj.)* Pr

el padrastro *stepfather* 4

el padre *father* 4

los padres *parents* 4

el padrino *godfather* 4

pagar *to pay (for)* 6

la página *page* Pr

el país *country, nation* 3

el paisaje *landscape* 13

la palabra *word* 6r

la palabra clave *key word* 6r

el paladar *palate* 13r

el palo *golf club* 7

las palomitas de maíz *popcorn* 10r

la palta *avocado* 10r

el pan *bread* 3

la panadería *bakery* 6r

panameño/a *Panamanian* 2

el pan dulce *bun, small cake* 10

la pantalla *screen* P

los pantalones *pants* 6

los pantalones cortos *shorts* 6

las pantimedias *pantyhose* 6

el pan tostado *toast* 3

el pañuelo *handkerchief* 6

el papá *dad* 4

la papa *potato* 3

las papas fritas *French Fries* 3

el penalti *penalty* 7r

el pendiente *earring* 6r

la pendiente *slope* 7r

pensar de *to think of/about (opinion)* 4r

pensar en *to think of/about* 4r

pensar (ie) *to plan to* 4; *to think* 4

el pepino *cucumber* 10

pequeño/a *small* 1

la pera *pear* 10

perder (ie) *to lose* 7

perderse (ie) *to get lost* 12

la pérdida *loss* 15

perdón *pardon me, excuse me* Pr

el perejil *parsley* 10r

perezoso/a *lazy* 2

perfeccionista *perfectionistic* Pr

perfectamente *perfectly* 4r

perfecto/a *perfect* 10r

el periódico *newspaper* 3; *periodical, newspaper* 1r

el/la periodista *journalist* 9, 9r

el permiso de conducir *driver's license* 15r

pero *but* 1

el perro *dog* 4, 11r

la persona *person* P

el personaje principal *main character* 13

la perspectiva *perspective* 11r

las pertenencias *belongings* 12r

peruano/a *Peruvian* 2

la pesa *weight* 10r

la pesadilla *nightmare* 12r

el pescado *fish* 3, 10

pesimista *pessimistic* Pr

la pestaña *eyelash* 11

el petróleo *petroleum* 15r

picado/a *chopped* 10r; *ground* 10

picar *to chop* 10r

picar(se) *to itch* 11r

el pie *foot* 2r, 5r, 11

la piel *skin* 10r

la piel de gallina *goosebumps* 15r

la pierna *leg* 2r, 6r, 11

el/la piyama *pajamas* 6

la pileta *swimming pool* 5r

el pimentón *paprika* 10r

la pimienta *pepper* 10

la pimienta roja *red pepper* 10r

el pimiento (verde) *(green) pepper* 10

la piña *pineapple* 10

el pintor/la pintora *painter* 13

la pintura *painting* 13

la piscina *swimming pool* 5, 5r

el piso *floor; apartment* 5

pitar *to whistle* 7

la pizarra *chalkboard* P

la placa *license plate* 12

el placer *pleasure* 7r

el plan *plan* 7r

el planeta *planet* 15

plástico *plastic* 2r

el plátano *banana, plantain* 10

el plato *plate, dish* 10

la plaza *city square* 13r

el/la plomero/a *plumber* 9

planchar *to iron* 5

la planta baja *first floor, ground floor* 5

la población *population* 14

pobre *poor* 2

la pobreza *poverty* 14

poco *few, little* 4r; *a little* 4r

polaco/a *Polish* 2

poco a poco *little by little* 4r

poco después *a little later* 4r

poder (ue) *to be able to, can* 4

el poema *poem* 13; *poema* 1r

la poesía *poetry* 13

el/la poeta *poet* 13

el/la policía *policeman/woman* 9

políglota *polyglot, multilingual* 14

el pollo *chicken* 3

el pomelo *grapefruit* 10

poner *to put* 3r

poner la mesa *to set the table* 3

ponerse en marcha *to go into effect* 15r

ponerse (g) *to become* 14r; *to put on (clothes)* 6r

popular *popular* Pr

la popularidad *popularity* 7r

popularizar (c) *to popularize* 13

por *by; for; along; through; in (time)* 3r

el porcentaje *percentage* 14

por ciento *percent* 3r

por cierto *by the way* 9

por ejemplo *for example* 3r

por eso *that is why* 3r

por favor *please* Pr

por fin *finally, at last* 3r, 15r

por lo menos *at least* 3r

por la mañana *in the morning* 3r

por la noche *in the evening* 3r

el poroto *bean* 10r

por otro lado *on the other hand* 4r

porque *because* 1r

¿por qué? *why?* 1r

por supuesto *of course* 3r

por la tarde *in the afternoon* 3r

por teléfono *by telephone* 3r

portugués/portuguesa *Portuguese* 2

por último *finally, at last* 4r

por un lado *on the one hand* 4r

posible *possible* 13r

la posición *position* P

potente *powerful* 15r

practicar *to practice* 1

preceder *to precede* 14

el precio *price* 6, 6r

precioso/a *beautiful* 6

preferir (ie) *to prefer* 4

la pregunta *question* Pr

premiar *to reward* 9r

el premio *award, prize* 13

preocupar(se) *to concern; to be concerned, worried* 11r

preparar *to prepare* 5

el preparativo *preparation* 8

la presentación *introduction* P

presente *here (present)* Pr

presidencial *presidential* 14r

el presidente/la presidenta *president* 14

prestar *to lend* 6r

el pretérito *preterit* 6r

prever *to foresee, to predict* 13r

la primavera *spring* 6r

la primera clase *first class* 12, 12r

primero/a *first* 4r

el primo/a *cousin* 4

la prisa *speed, haste* 5r

probable *probable* 13r

probar *to try* 10r

probarse (ue) *to try on* 6

el problema *problem* 1r, 13r

la procesión *procession* 8

producir *to produce* 15r

el producto *product* 10

el profesor/la profesora *professor, teacher* P

el programa *program* 1r

el progreso *progress* 14r

prohibir *to prohibit* 11r

el promedio *average* 8r, 14

prometedor/a *promising* 13

promocionar *to advertise* 6r

el pronóstico del tiempo *weather forecast* 7r

propio/a *own* 9

la propuesta *proposal* 7r

la proteína *protein* 10r

el proveedor de comida *caterer* 9r

el proveedor de salud *health care provider* 11

la proximidad *proximity* 14

próximo/a *next* 3r

la (p)sicología *psychology* 1, Pr

el/la (p)sicólogo/a *psychologist* 9

el/la (p)siquiatra *psychiatrist* 11r

el plato *dish, plate* 5

la publicidad *publicity* 6r

el pueblo *village* 5

la puerta *door* P

la puerta (de salida) *gate* 12

puertorriqueño/a *Puerto Rican* 2

el puesto *position* 9

el **pulmón**   *lung* 11
la **pulsera**   *bracelet* 6
el **punto culminante**   *climax* 13r
el **punto de vista**   *point of view* 11r
el **pupitre**   *student desk* P
la **playa**   *beach* 1
la **plaza**   *plaza, square* 1

Q

¿**qué?**   *what?* 1r
¡**Qué bárbaro!**   *Great!* 7r
¡**Qué bien/bueno!**   *That's great!* 4r
¡**Qué casualidad!**   *What a suprise/coincidence!* 1r
quedar   *to arrange to meet* 8; *to fit; to be left over* 6
¿**Qué día es hoy?**   *What day is it?* Pr
¿**Qué fecha es hoy?**   *What is the date?* Pr
¿**Qué hay?**   *Hello? (on the telephone)* 3r
¿**Qué hora es?**   *What time is it?* Pr
¡**Qué increíble!**   *How incredible!* 1r
la **queja**   *complaint* 13r
quejarse   *to complain* 7r
¡**Qué lástima!**   *What a pity!* 1
querer (ie)   *to want* 4
querido/a   *dear* 3r
Querido/a   *Dear* 3r
el **queso**   *cheese* 3
el **queso crema**   *cream cheese* 10
¿**Qué tal?**   *What's up, What's new? (informal)* P
¿**Qué te/le(s) pasa?**   *What's wrong (with you/them)?* 11
¿**Qué te parece?**   *What do you think?* 3
¿**Qué tiempo hace?**   *What is the weather like?* Pr
¿**Quién es... ?**   *Who is . . . ?* P
¿**quién(es)?**   *who?* 1r
la **quijada**   *jawbone* 13r
Quisiera...   *I would like . . .* 6
quitar(se)   *to take away; to take off* 4

R

el **radiador**   *radiator* 12
el/la **radio**   *radio* 5
el/la **radiólogo/a**   *radiologist* 11r
rallar   *to grate* 10r

rápidamente   *quickly* 4r
rápido/a   *fast* 3
la **raqueta**   *racquet* 7
el **rasgo**   *feature, trait* 12r
la **razón**   *reason* 5r
la **realidad**   *reality* 13r
realizar (c)   *to carry out* 14
realmente   *of course* 9; *in fact, really* 9; *really* 4r
reaparecer   *to reappear* 11r
la **rebaja**   *sale* 6
rebajado/a   *marked down* 6
la **recámara**   *bedroom* 5r
la **recepción**   *front desk* 12
la **receta**   *prescription* 11; *receipt* 10r; *recipe* 10
recetar   *to prescribe* 11
recibir   *to receive* 14r
reciclado/a   *recycled* 15
reclamar   *to claim* 12r
recoger (j)   *to pick up* 5
la **recomendación**   *recommendation* 15r
recomendar (ie)   *to recommend* 10
recopilar   *to compile* 14r
recordar(se) (ue)   *to remember* 4r, 8
recorrer   *to cover, to travel* 12; *to travel, to cover (distance)* 7
el **recuerdo**   *memory* 13; *souvenir* 6r
la **red**   *net* 7; *network* 5r
reducir   *to reduce* 11r
reflejar   *to reflect* 5r, 13
el **refrán**   *proverb* 12r
el **refresco**   *soda; soft drink* 3
el **refrigerador**   *refrigerator* 5, 5r
regalar   *to give (a present)* 6
el **regalo**   *gift* 3r; *present* 6
regar (ie)   *to water* 5
regatear   *to haggle* 6r
el **régimen**   *regime* 14
la **región**   *region* 15r
regular   *fair* Pr
regularmente   *regularly* 4r
reír (i)   *to laugh* 7r
religioso/a   *religious* Pr
el **relleno**   *filling* 10r
relleno/a   *filled* 3r
el **reloj**   *clock* P
el **remedio**   *remedy, medicine* 11
el **renacimiento**   *rebirth* 8r
el **rendimiento**   *performance* 9r
repetir (i)   *to repeat* 4r
repoblar   *to reforest* 15; *to repopulate* 15r
el **reproductor de CDs**   *CD player* 5r

el **reproductor de DVDs**   *DVD player* 5r
la **reputación**   *reputation* 7r
la **reseña**   *review* 13r
la **reserva natural**   *nature preserve* 15
reservar   *to make a reservation* 12
respetar   *to respect* 13r
respirar   *to breathe* 11
responder   *to respond* 15r
responsable   *responsible* Pr
el **restaurante**   *restaurant* 1r
el **resultado**   *the result* 7r
resumir   *to summarize* 4r
relativamente   *relatively* 4r
el **reto**   *challenge* 15
retornar   *to return* 11r
retratar   *to portray* 13
la **reunión**   *meeting, gathering* 3
reunirse   *to get together, to meet* 8
revisar   *to inspect* 12
la **revista**   *magazine* 3
la **revista de corazón**   *gossip magazine* 13
el **rey/la reina**   *king/queen* 8
largo/a   *long* 2
el **riachuelo**   *creek* 4r
rico/a   *delicious (food)* 6r; *rich, wealthy* 2, 6r
el **riel**   *rail* 15, 15r
la **risa**   *laughter* 12r
el **robo**   *robbery* 10r
el **robot**   *robot* 15
rociar   *to spray* 8r
el **rocoto**   *pepper* 3r
rodear   *to surround* 13
la **rodilla**   *knee* 11
rojo/a   *red* 2
romántico/a   *romantic* Pr
romper   *to break* 15r; *to tear* 15r
la **ropa**   *clothes* 6
la **ropa de estar en casa**   *loungewear* 6r
la **ropa deportiva**   *sportswear* 6r
la **ropa formal**   *formalwear* 6r
la **ropa informal**   *casualwear* 6r
la **ropa interior**   *underwear* 6, 6r
rosa   *pink* 2
rosado/a   *pink* 2
el **rotulador**   *marker* P
rubio/a   *blond* 2
la **ruda**   *rue (herb)* 11r
la **rueda**   *wheel* 12
el **ruido**   *noise* 5r, 8

las ruinas *ruins* 5
la rutina *routine* 3r

S

la sala *living room* 5, 5r
el sábado *Saturday* Pr
la sábana *sheet* 5
saber *to know* 3r, Pr
sacar *to take out* 5
sacar buenas/malas notas *to get good/bad grades* 1
el saco *blazer, jacket* 6
la sala de espera *waiting area* 12r
la sal *salt* 10
la salida *departure* 12r
la salida de emergencia *emergency exit* 12
la salida del sol *sunrise* 13r
salir *to go out* 3r
el salón *living room* 5r
el salón de clase *classroom* P
la salsa con queso *nacho cheese sauce* 10r
la salsa de tomate *tomato sauce* 10
saltear *to sauté* 10r
la salud *Health* 11
saludable *healthy* 10r
el saludo *greeting* 1
salvadoreño/a *Salvadorian* 2
la sandalia *sandal* 6
el sándwich *sandwich* 1r, 3
el sanatorio *hospital* 11r
las compras *shopping* 6
la secadora *dryer* 5
secar(se) *to dry (oneself)* 4
la sed *thirst* 5r
sedentario/a *sedentary* 11r
seguir (i) *to follow, to go on* 4
seguir (i) derecho *to go straight* 12
según *as* 14r; *according to* 14r
seguramente *surely, certainly* 4r
la seguridad *security* 13r
seguro/a *certain* 13r
la semana *week* P, Pr
la semilla *seed* 8
el seminario *seminar* 1r
la señal *signal* 9
el senderista *hiker* 4r
la señora (Sra.) *Ms., Mrs.* P
la señorita (Srta.) *Ms, Miss* P
el señor (Sr.) *Mr.* P

sentarse (ie) *to sit down* 4
sentimental *sentimental* Pr
sentir(se) (ie, i) *to be sorry* 11r; *to feel* 4, 11
septiembre *September* Pr
ser *to be* 2, Pr
serio/a *serious* 11, Pr
la servilleta *napkin* 10
servir (i) *to serve* 4
si *if* 3
sí *yes* P
siempre *always* 1r
sigilosamente *discreetly* 13r
el significado *meaning* 4r
siguiente *following* 14r
la silla *chair* P
el silencio *silence* 14r
silvestre *wild* 10r
el símbolo *symbol* 13
simpático/a *friendly* 14r; *nice, charming* 2
simplemente *simply* 4r
sin *without* 7r
sincero/a *sincere* Pr
sin embargo *nevertheless* 9, 9r
sin que *without* 14r
el síntoma *symptom* 11
las medias *stockings, socks* 6
sobre *on, above* P
sobrevivir *to survive* 9
la sobrina *niece* 4
el sobrino *nephew* 4
sobrio/a *sober* 14r
social *social* 1r
la sociedad *Society* 14
la sociología *sociology* 1
el sofá *sofa* 5
sofreír *to fry lightly* 10r
el sol *sun* Pr
solicitar *to apply (for)* 9
la solicitud *application* 9
sólo *only (adv.)* 1
soltero/a *single* 2
el sombrero *hat* 6, 6r
son *equals* Pr
sonar *to sound* 7r
la sopa *soup* 3
la sorpresa *surprise* 7r
sorprender *to surprise* 12r
el sostén *bra* 6
el sótano *basement* 5r
soy *I am* P
suave *soft* 8
subir *to get into* 15r; *to go up* 10r

subrayar *to underline* 4r
subvencionar *subsidize* 13r
la sucursal *branch (business)* 14
la sudadera *sweatshirt; jogging suit* 6
el sueldo *salary* 9
el sueño *dream* 5r; *sleep* 5r
la suerte *luck* 3r, 5r
el suéter *sweater* 6
sugerir *to suggest* 14r
el supermercado *supermarket* 6, 10r
surgir (j) *to emerge* 13
surrealista *surrealist* 13
su(s) *his/her/their* P
sustentar *to support* 12r
el susto *fear* 12r

T

la talla *size (clothes)* 6
el taller *workshop* 9
el tamale *tamale* 3r
el tamaño *size* 6r
también *also, too* 1
tampoco *neither; not* 13r
tan pronto (como) *as soon as* 14r
tanto/a... como *as much ... as* 8r
tapar *to cover* 10r
las tapas *tapas* 1r
la tarde *afternoon* Pr
tarde *late* 4
la tarea *chore, task* 5r; *homework* 1, Pr
la tarjeta de crédito *credit card* 6
la tarjeta de embarque *boarding pass* 12, 12r
la tarjeta magnética *key card* 12
la tarta *pie* 10r
la tasa *rate* 14
la tasa de cambio *exchange rate* 8r
la taza *cup* 10, 10r
la tela *fabric* 2r
el té *tea* 3
el teatro *theater* 8, 13r
el/la técnico/a *technician* 9
la tecnología *technology* 15
te gusta(n) *you (familiar) like* 2
el tejado *roof* 9r
el teléfono *telephone* 3
el teléfono celular/móvil *cell phone* 15r

la telenovela   *soap opera* 11r
el televisor   *television set* P
el tema   *theme* 13
temer   *to fear* 11
temprano   *early* 4
tender (ie)   *to hang (clothes)* 5
el tenedor   *fork* 10
tener (g, ie)   *to have* 4
tener... años   *to be . . . old* 5r
tener calor   *to be hot* 5r
tener cuidado   *to be careful* 5r
tener dolor de...   *to have a(n) . . .
    ache* 11
tener éxito   *to be successful*
    10r, 13
tener frío   *to be cold* 5r
tener hambre   *to be hungry* 5r
tener mala cara   *to look terrible* 11
tener miedo   *to be afraid* 5r
tener prisa   *to be in a hurry,
    rush* 5r
tener que   *to have to* 4r
tener razón   *to be right, correct* 5r
tener sed   *to be thirsty* 5r
tener sueño   *to be sleepy* 5r
tener suerte   *to be lucky* 5r
Tengo... años.   *I am . . . years old.* 2
tengo/tienes   *I have/you have* 1
el tenis   *tennis* Pr
el/la tenista   *tennis player* 7r
la tensión (arterial)   *(blood)
    pressure* 11
la terapia   *therapy* 13r
tercero/a   *third* 5r
terminar   *to finish* 14r
el termómetro   *thermometer* 11
la terraza   *deck* 9r; *terrace* 5
el terrorismo   *terrorism* 14r
el testamento   *will* 14r
la tía   *aunt* 4
el tiempo   *time; weather* Pr;
    weather 7
el tiempo libre   *free time* 3
la tienda   *store* 6
tiene   *he/she has; you (formal)
    have* 2
la tierra   *land, soil* 15
tímido/a   *timid* Pr
la tina   *bathtub* 5r
la tintorería   *dry cleaner* 14r
el tío   *uncle* 4
típico/a   *typical* 3
titular(se)   *to be called* 13
el título   *motto* 12r; *title* 4r
la tiza   *chalk* P
la toalla   *towel* 5

el tobillo   *ankle* 11
tocar (un instrumento)   *to play
    (an instrument)* 3
todas las semanas   *every
    week* 1r
todavía   *still, yet* 10
todo   *everything* 13r
todo/a   *every* 1r
todos/as   *all* 13r; *everybody* 2, 13r
todos los días   *every day* 1r
todos los meses   *every month* 1r
tomar   *to take; to drink* 1
tomar apuntes/notas   *to take notes* 1
tomar asiento   *to take a
    seat* 9r
tomar el sol   *sunbathe* 1r; *to
    sunbathe* 3
el tomate   *tomato* 3
el tono   *tone* 14r
tonto/a   *silly, foolish* 2
torcer(se) (ue)   *to twist* 11
el torneo   *tournament* 7r
el toro   *bull* 8
la toronja   *grapefruit* 10
torpe   *clumsy* 6r
la tos   *cough* 11
toser   *to cough* 11
tostar   *to toast* 10r
la tostada   *toast*
tóxico/a   *toxic* 1r
trabajador/a   *hardworking* 2
trabajar   *to work* 1
el trabajo   *work* 5, 9
el trabajo de campo   *fieldwork* 13r
la tradición   *tradition* 8
tradicional   *traditional* Pr
tradicionalmente   *traditionally* 4r
traducir (zc)   *to translate* 7
traer   *to bring* 3r
el tráfico   *traffic* 15r
el tráfico de drogas   *drug
    trafficking* 14
el traje   *suit* 6
el traje de baño   *bathing suit* 6
el traje de chaqueta   *suit* 6
el traje pantalón   *pantsuit* 6
tranquilo/a   *tranquil* Pr
tranquilamente   *tranquilly* 4r
transitar   *to cross; to move back and
    forth* 12r
el tratamiento médico   *medical
    treatment* 11
tratar   *to treat* 11; *to be about* 13;
    to try 5r
el trayecto   *route* 12
el tren   *train* 12

triste   *sad* 2, 14r
tropezarse   *to stumble* 15r
tú   *you (familiar)* P
tu(s)   *your (familiar)* P
último/a   *last* 8

U

la uña de gata   *cat's claw
    (herb)* 11r
una semana atrás   *a week
    ago* 6r
una vez   *once* 12, 13r
unificar (qu)   *to unify* 15
la universidad   *university* 1
un poco   *a little* 4
un/una   *a, an* P
urgente   *urgent* 11r
uruguayo/a   *Uruguayan* 2
usar   *to use* 2
usted   *you (formal)* P
ustedes   *you (plural)* 1
útil   *useful* P
la uva   *grape* 10

V

las vacaciones   *vacation* 3
la vacante   *opening* 9
vacío/a   *empty* 12
la vainilla   *vanilla* 10
valer   *to be worth* 6
los vaqueros/jeans   *jeans* 6
el vaso   *glass* 10
Vaya.   *Go.* Pr
la vecina   *neighbor* 5r
el/la vecino/a   *neighbor* 5r
el vegetal/la verdura   *vegetable* 3
vegetariano/a   *vegetarian* 12r
la velocidad   *speed* 12
la vena   *vein* 11
¡Ven/Anda, anímate!   *Come on, cheer
    up!* 3r
el/la vendedor/a   *salesperson,* 9;
    seller 6r
vender   *to sell* 6, 6r
venezolano/a   *Venezuelan* 2
venir (g, ie)   *to come* 4
la venta   *sale* 9r
la ventaja   *advantage* 5
la ventana   *window* 1r, P
la ventanilla   *window* 12r
el ventilador   *fan* 5
ver   *to see* 1
el verano   *summer* 6r
verbos   *verbs* P

¿**verdad?** *right?* 1
verdad *true* 13r
la **verdad** *truth* 7r
verde *green; not ripe* 2
la **verdura** *vegetable* 10
ver(se) *to look, appear* 11r
el **vestido** *dress* 6
el **vestido de verano** *summer dress* 6r
vestir(se) (i) *to dress; to get dressed* 4
el/la **veterinario/a** *veterinarian* 9r
viajar *to travel* 12
el **viaje** *trips* 12
el **videojuego** *video game* 15, 15r
el **vidrio** *glass* 2r
viejo/a *old* 2, 8r
el **viento** *wind* 7
el **viernes** *Friday* Pr
el **vinagre** *vinegar* 10
el **vino** *wine* 3

el **virreinato** *administrative unit of the Spanish Empire* 3r
virtualmente *virtually* 15
la **viruela** *smallpox* 11r
visitar *to visit* 4
la **vista** *view* 5
la **vitamina** *vitamin* 11r
la **vivienda** *dwelling; apartment* 5r; *housing* 5
vivir *to live* 1
vivo/a *alive* 6r; *lively (personality)* 6r
volador/a *flying* 15, 15r
el **volante** *steering wheel* 12
volar (ue) *to fly* 12
el **vóleibol** *volleyball* 7
el **volibol** *volleyball* 7r
volver (ue) *to return* 4
la **voz** *voice* 13
el **vuelo** *flight* 12

Y

y *and* P; *plus* Pr
ya *already* 10
yo *I* P
el **yogur** *yogurt* 10
la **yuca** *yucca* 3r

Z

la **zanahoria** *carrot* 10
las **zapatillas de deporte** *tennis shoes* 6
las **zapatillas** *slippers* 6
los **zapatos** *shoes* 6
los **zapatos de tacón** *high-heeled shoe* 6
el **zarcillo** *earring* 6r
la **zona** *area* 5
la **zona peatonal** *pedestrian area* 10r

Appendix 4

English to Spanish Glossary

A

a un/una
a little later poco después
a lot (of) mucho/a (adj.); mucho (adv.)
to abound abundar
above sobre
access el acceso
accessory el accesorio
to accompany acompañar
according to según
accountant el/la contador/a (contable)
accounting la contabilidad
to ache doler (ue)
to achieve lograr
achievement el logro
to act actuar
active activo/a
activity la actividad
actor el actor
actress la actriz
ad, advertisement el anuncio
to adapt adaptar
adaptation la adaptación
to add agregar; añadir
to address dirigirse
adjustment la adaptación
advance el adelanto
to advance avanzar
advantage la ventaja
to advertise promocionar
advisable aconsejable
to advise aconsejar
aerobic exercise el ejercicio aeróbico
affectionately con cariño
to affirm afirmar
after después; después (de) que
afternoon la tarde
again otra vez
ago hace
to agree estar de acuerdo
agreeable agradable
agreement la concordancia
air-conditioned climatizado/a
air conditioning el aire acondicionado

airline la aerolínea/línea aérea
airport el aeropuerto
aisle seat el asiento de pasillo
alacrity la alacridad
algebra la álgebra
alive vivo/a
all todos/as
allergic alérgico/a
to alleviate calmar
along por
already ya
also también
alternative alternativo/a
although aunque
always siempre
ambitious ambicioso/a
ammunition la cabuya
ample amplio/a
amusing divertido/a
anatomy la anatomía
ancestor el antepasado
and y
angry enojado/a
ankle el tobillo
to answer contestar
Antarctica la Antártida
antes before
antes (de) que before
anthropology la antropología
antibiotic el antibiótico
anxiety la ansiedad
any, some algún/alguno/alguna
anything algo
apartment el apartamento; el departamento; el piso; la vivienda
to apologize disculparse
apple la manzana
appliance el electrodoméstico
application la aplicación; la solicitud
to apply (for) solicitar
apprentice el iniciado
appropriate apropiado/a
April abril
architect el/la arquitecto/a
architecture la arquitectura
area la zona
Argentinian argentino/a
to argue discutir

arm el brazo
armchair la butaca
arrival la llegada
to arrive llegar
arrogant arrogante
art el arte
artist el/la artista; el/la intérprete
as según
as much . . . as tanto ... como
as soon as as en cuanto
to ask for pedir (i)
to assist ayudar
to assume asumir
to assure asegurar
astronomy el astronomía
at a
at times a veces
athlete el/la deportista
athletic atlético/a
ATM el cajero automático
atmosphere la atmósfera
attached document el documento adjunto
to attend asistir
attic el ático
attractive atractivo/a; bonito/a; bueno/a; guapo/a; lindo/a
August agosto
aunt la tía
authority figure la figura de autoridad
available disponible
avenue la avenida
average el promedio
avocado el aguacate; la palta
to avoid evitar
award, prize el premio

B

back al fondo, atrás; la espalda
background el fondo
backpack la mochila
backwards atrás
bad mal; malo/a
bakery la panadería
ball el balón/la pelota
ballpoint pen el bolígrafo

banana el banano; el cambur; el plátano; la banana
bank el banco
baptism, christening el bautizo
barbecue pit; barbecue (event) la barbacoa
bargain la ganga
to base basar
baseball el béisbol
basement el sótano
basically básicamente
basket (hoop) el/la cesto/a
basketball el baloncesto/el básquetbol
bat el bate
to bathe; to take a bath bañar(se)
bathing suit el traje de baño
bathroom el baño
bathroom sink el lavabo
bathtub la bañera; la tina; la bañadera; la bañera
to be estar; ser
to be able to, can poder (ue)
to be afraid tener miedo
to be called titular(se)
to be careful tener cuidado
to be cold tener frío
to be crazy (Cuba) estar trocá
to be fashionable estar de moda
to be glad (about) alegrarse (de)
to be happy alegrarse
to be hot tener calor
to be hungry tener hambre
to be in a hurry (Colombia) estar de afán
to be in a hurry, rush tener prisa
to be lucky tener suerte
to be . . . old tener … años
to be pleasing to, to like gustar
to be right, correct tener razón
to be sleepy tener sueño
to be sorry lamentar; sentir(se) (ie, i)
to be successful tener éxito
to be thirsty tener sed
to be worth valer
beach la playa
bead la cuenta
bean el frijol; el poroto
to beat batir
beautiful precioso/a
beauty item el artículo de belleza
beauty salon, barbershop la peluquería
because porque
to become hacerse; poner(se)
to become sick enfermarse
bed la cama

bedroom el cuarto; el dormitorio; la habitación; la alcoba; la recámara
beef/steak la carne de res
beer la cerveza
to begin comenzar (ie)
to begin, to start empezar (ie)
beginning el comienzo
behavior el comportamiento
behind atrás; detrás (de)
to believe creer
belongings las pertenencias
below abajo
belt el cinturón
to benefit beneficiar
besides además
better mejor
between, among entre
bicycle la bicicleta
big grande
bilingual bilingüe
to bind atar
biochemistry la bioquímica
birth el nacimiento
birthday el cumpleaños
bison el bisonte
black negro/a
blackout el apagón
blacksmith; ironworker el herrero
blanket la manta; la cobija; la frazada
blazer, jacket el saco
blender la licuadora
blond rubio/a
(blood) pressure la tensión (arterial)
blouse la blusa
blue azul
to board abordar
board of directors la junta directiva
boarding pass la tarjeta de embarque;
boat el barco
body el cuerpo
to boil hervir (ie, i)
bold negrita
Bolivian boliviano/a
bone el hueso
book el libro
bookstore la librería
boot la bota
bored aburrido/a
boring aburrido/a
boss el jefe/la jefa
to bother molestar(le)
bottle la botella
to bowl jugar (ue) a los bolos
bowl la fuente
bowling el boliche; el bowling

bowling ball el bolo; la bola
box la caja
boxer shorts el calzoncillo
boy el chico
boyfriend el novio
bra el sostén
bracelet la pulsera
brain el cerebro
brainstorming la lluvia de ideas
branch (business) la sucursal
brand la marca
bread el pan
to break descomponer(se); fracturar(se); romper
breakfast el desayuno
to breathe respirar
briefcase el maletín
to bring traer
broadband la banda ancha
broke brujo/a
brother el hermano
to brown dorar
brown marrón
brunette moreno/a
to build construir (y)
building el edificio
bull el toro
bullfight la corrida (de toros)
bumper el parachoques
bun, small cake el pan dulce
to bury enterrar
bus el autobús, el bus
business el negocio
businessman/woman el hombre/la mujer de negocios
busy ocupado/a
but pero
butter la manteca/la mantequilla
to buy comprar
by por
by telephone por teléfono
by the way por cierto

C

cabinet el armario
cafe, coffee shop el café
cafeteria la cafetería
calcium el calcio
calculator la calculadora
calculus el cálculo
calendar el calendario
to call llamar
to calm, alleviate calmar
camera la cámara
Canadian canadiense
to cancel cancelar

cancer el cáncer
candy/sweets el dulce
cap la gorra
capsule la cápsula
captain el capítan
car el auto; el carro; el coche
care el cuidado
career counselor el/la consejero/a vocacional
carefully cuidadosamente
careless descuidado/a
carnival el carnaval
carpenter el/la carpintero/a
carpet, rug la alfombra
carrot la zanahoria
to carry out realizar (c)
cart, wagon la carreta
cashier el/la cajero/a
casualwear la ropa informal
caterer el/la proveedor/a de comida
cattle el ganado
CD player el reproductor de CDs
to celebrate celebrar
celebration la celebración; la fiesta
celery el apio
cell phone el teléfono celular; el teléfono móvil
cell phone charger el cargador de celular; el cargador del móvil
cemetery el cementerio
cereal el cereal
certain seguro/a
certainly seguramente
certainty la certeza
chair la silla
chalk la tiza
chalkboard la pizarra
challenge el reto
chamomile la manzanilla
champion el campeón/la campeona
championship el campeonato
chance el azar
to change cambiar
change el cambio
channel el canal
charitable caritativo/a
charming simpático/a
chauffeur el/la chofer (chófer)
cheap barato/a
check el cheque
to check in (luggage) facturar
to check out fijarse
checking account la cuenta corriente
cheek la mejilla
cheese el queso
chef el/la chef
cherry la cereza

chest el pecho
chicken el pollo
chicken breast la pechuga de pollo
child el niño/ la niña
childhood la infancia
children's infantil
Chile Chile
chile pepper el ají; el chile
Chilean chileno/a
cholesterol el colesterol
to choose elegir (i, i)
chop la chuleta
to chop picar
chopped picado/a
chore la tarea
Christmas la Navidad
Christmas Eve la Nochebuena
church la iglesia
cilantro el cilantro; el culantro
cinema el cine
cinnamon la canela
citizen el ciudadano
city la ciudad
city block la cuadra
city council el concejo municipal
city square la plaza
to claim reclamar
clam la almeja
class la clase
classmate el/la compañero/a
classroom el salón de clase
to clean limpiar; ordenar
clever listo/a
client el/la cliente/clienta
climax el punto culminante
clinic la clínica, el centro
clock el reloj
clone la clonación
cloning la clonación
to close cerrar (ie)
close to, near cerca de
closet el armario; el clóset
closing la despedida
clothes la ropa
clove of garlic el diente de ajo
clumsy torpe
coach el/la entrenador/a
coach class la clase turista
coat el abrigo
coconut milk la leche de coco
code el código
coffee el café
cognate el cognado
cold el catarro; el frío; frío/a
to collapse colapsar
Colombian colombiano/a
colors los colores

to comb (someone's hair) peinar(se)
to come venir (g, ie)
Come in. Adelante.; Pase(n).
Come on, cheer up! ¡Ven/Anda, anímate!
comfortable cómodo/a
comic cómico/a
command el mandato
to communicate comunicar
communication la comunicación
company la compañía/empresa
to compile recopilar
to complain quejarse
complaint la queja
to complete, to finish; to run out of acabar(se)
complicit cómplice
computer la computadora; el ordenador
computer science la informática; la computación
conclusion la conclusión
conflict el conflicto
to congratulate felicitar
congratulations las felicidades; las felicitaciones
to connect conectar(se)
connection la conexión
consensus el consenso
to construct construir
to consume consumir
contact lenses los lentes de contacto
contaminated contaminado/a
contemporary contemporáneo/a
contest el concurso
to continue continuar
to contract contraer
contractor el/la contratista
contrast el contraste
to contribute contribuir (y)
convenience store la tienda de conveniencia
to converse conversar
to cook cocinar
cook el/la cocinero/a
cooked cocido/a
cookie la galleta
corn el choclo; el elote; el maíz
corner la esquina
correspondence la correspondencia
corridor, hall el pasillo
to cost costar (ue)
Costa Rican costarricense
cough la tos
to cough toser
council el concejo

to count contar
counter el mostrador
country, nation el país
countryside el campo
cousin el primo/la prima
to cover recorrer; tapar
crab el cangrejo
craftsperson el/la artesano/a
crazy loco/a
cream la crema
cream cheese el queso crema
creative creativo/a
credit card la tarjeta de crédito
creek el riachuelo
to cross cruzar; transitar
cruise el crucero
to crush machacar
Cuban cubano/a
cubist cubista
cucumber el pepino
cumin el comino
cup la taza
to cure curar
curiosity la curiosidad
current actual
curtain la cortina
custom la costumbre
customs la aduana
to cut cortar
cycling el ciclismo
cyclist el/la ciclista

D

dad el papá
dairy (product) lácteo/a
to dance bailar
dance la danza
dance club la discoteca
dance company la compañía de
    danza
dancer el bailarín/la bailarina
dangerous peligroso/a
to dare atreverse
dark la oscuridad; oscuro/a
data los datos
date la fecha; la cita
daughter la hija
dawn clarear el día
day el día
day after tomorrow pasado mañana
day before yesterday anteayer
Day of the Dead el Día de los
    Muertos
dead difunto/a; muerto/a
Dear Estimado/a; Querido/a
dear querido/a

December diciembre
decision la decisión
deck la terraza
decorated adornado/a
deforestation la deforestación
delicious rico/a
to delight encantar
to deliver entregar
to demand exigir
democracy la democracia
to denounce denunciar
department, school la facultad
department store el almacén
departure la salida
depressed deprimido/a
depression la depresión
to describe describir
description a descripción
design el diseño
designer el diseñador
to desire desear
desk el escritorio
destination el destino
detail el detalle
to develop desarrollar(se)
development el desarrollo
device el dispositivo
diabetic diabético/a
dictatorial dictatorial
dictionary el diccionario
to die morir
diet la dieta
difficult difícil
difficultly dificilmente
digitally digitalmente
dining room el comedor
dinner la comida
dinner, supper la cena
to direct dirigir (j)
disadvantage la desventaja
disappearence la desaparición
disappointed decepcionado/a
to disassemble desarmar
discovery el descubrimiento
discreetly sigilosamente
dish, plate el plato
dishwasher el lavaplatos
to dislike caer mal
dispersal, dissemination la
    diseminación
displacement el desplazamiento
disposable desechable
distant lejano/a
to distinguish distinguir
diversification la diversificación
divorced divorciado/a
to do hacer

dog el perro
dollar el dólar
domestic doméstico/a
Dominican dominicano/a
door la puerta
to double duplicar
double/single room la habitación
    doble/sencilla
doubt la duda
doubtful dudoso/a
to download bajar
downtown, center el centro
drama el drama
dream el sueño
dress el vestido
to dress; to get dressed vestir(se) (i)
dresser la cómoda
to drink beber
drink la bebida
to drink tomar
to drive conducir; manejar
driver el/la chofer (chófer)
driver's license el carnet de conducir;
    el permiso de conducir
to drop caer
drug la droga
drug trafficking el tráfico de drogas
dry clean lavar en seco
dry cleaner la lavandería; la
    tintorería
to dry (oneself) secar(se)
dryer la secadora
due to debido a
dune el médano
during durante
DVD el DVD
DVD player el reproductor de DVDs
dwelling la vivienda
dynamic dinámico/a

E

each cada
eagle el águila
ear el oído; la oreja; la oreja
early temprano
earring el arete
easily fácilmente
Easter la Pascua
easy fácil
to eat comer
eccentricity la excentricidad
economically económicamente
economics la economía
Ecuadorian ecuatoriano/a
editorial house la casa editorial
efficiency la eficiencia

efficient eficaz; eficiente
egg el huevo
either . . . or o ... o
elbow el codo
to elect elegir (i, j)
election la elección
electrician el/la electricista
elegant elegante
to embrace abrazar(se) (c)
to emerge surgir (j)
emergency la emergencia
emergency exit la salida de emergencia
emigrant el/la emigrante
to emigrate emigrar
emigration la emigración
employee el/la empleado/a
empty vacío/a
to encourage fomentar
energetic enérgico/a
engagement el compromiso
engineer el/la ingeniero/a
to enjoy disfrutar
enough bastante
to enter entrar (en)
entertainment la diversión
environment el medio ambiente
equality la igualdad
equals son
equipment el equipo
eraser el borrador
even if aunque
even though aunque
evening por la noche
event el acontecimiento; aun; el evento
ever alguna vez
every todo/a
every day todos los días
every . . . hours cada ... horas
every month todos los meses
every week todas las semanas
everybody todos/as
everyone alguien
everything todo
evident evidente
to exact exigir
to examine examinar
excellent excelente
to exchange cambiar
exchange el intercambio
exchange rate la tasa de cambio
excuse me con permiso, perdón
executive el/la ejecutivo/a
to exert effort fajar(se)
to exhibit exponer (g)
exhibit la exposición

expensive caro/a
experience la experiencia
expert el experto
to explain explicar
export la exportación
expression la cara; expresion
extinct extinguido/a
extinction la extinción
to extinguish, to turn off apagar
extinguished extinguido/a
extroverted extrovertido/a
eye el ojo
eyebrow la ceja
eyelash la pestaña

F

fabric la tela
fabulous fabuloso/a
face la cara
fact el hecho
failure el fracaso
fair regular
to fall caer(se)
fall el otoño
false falso/a
family la familia
famous famoso/a
fan el ventilador
far (from) lejos (de)
farewell la despedida
farmer el/la agricultor/a
to fascinate fascinar
fast rápido/a
fat gordo/a; la grasa
father el padre
Father's Day el Día del Padre
favorite favorito/a
fear el miedo; el susto
to fear temer
feature, trait el rasgo
February febrero
to feed dar de comer
to feel sentir (se) (ie)
festival el festival
festivity; holiday la festividad
fever la fiebre
few poco
fiancé(e) el/la novio/a
fiber la fibra
fieldwork el trabajo de campo
fig el higo
fight la lucha
to fight luchar
to fill (out) llenar
filled relleno/a
filling el relleno

film la película
filmmaker el/la cineasta
finally, at last finalmente; por fin; por último
to find encontrar (ue)
to find out averiguar; enterar(se)
fine arts las bellas artes
fine/ticket la multa
finger el dedo
to finish terminar
to fire despedir (i)
fire el incendio
firefighter el/la bombero/a
fireplace la chimenea
first primero/a
first class la primera clase
first floor la planta baja
fish el pescado
flashback la escena retrospectiva
flight el vuelo
flight attendant el/la auxiliar de vuelo; el/la aeromozo/a; la azafata
flip-flops las chanclas
float (in a parade) la carroza
flood la inundación
floor el piso; la planta
flour la harina
to flow fluir
flower la flor
flu la gripe
to fly volar (ue)
flying volador/a
to focus enfocarse (qu)
to fold doblar
to follow seguir (i)
following siguiente
food la comida
foot el pie
football el fútbol americano
footwear el calzado
for durante (time); para; por
for example por ejemplo
for sale a la venta
forehead la frente
to foresee prever
forest el bosque
to forget olvidar
fork el tenedor
form la forma
formalwear la ropa formal
fortunately afortunadamente
to fracture fracturar(se)
free time el ocio; el tiempo libre
freeway la autopista
to freeze congelar(se)
French francés/francesa

French fries las papas fritas
frequently frecuentemente
Friday el viernes
fried frito/a
fried dough los churros
friend el/la amigo/a
friendly simpático/a
friendship la amistad
from de
front desk la recepción
fruit la fruta
to fry freír (i)
to fry lightly sofreír
to fulfill cumplir
full lleno/a
fun divertido/a
funny divertido/a; gracioso/a
furniture los muebles
furrier el/la peletero/a
fusion cuisine la cocina fusión

G

game el juego; el partido
game station la consola
garage el garaje
garbage la basura
garden el jardín
garlic el ajo
gas station la tienda de gasolina
gate la puerta (de salida)
generally generalmente
generous generoso/a
genetically genéticamente
geography la geografía
German alemán/alemana
gesture el ademán
to get along well llevarse bien
to get angry enfadarse; enojar(se)
to get good/bad grades sacar
   buenas/malas notas
to get into subir
to get lost perderse (ie)
to get married casar(se)
to get together reunirse
to get up levantar
gift el regalo
girl la chica; la chica
girlfriend la novia
to give dar
to give (a present) regalar
glad alegre; contento/a
glass la copa; el vaso; el vidrio
glasses las gafas
to globalize globalizar
glove el guante
glove compartment la guantera
to go andar; ir

Go. Vaya.
to go away ir(se)
to go in entrar (en)
to go into effect ponerse en marcha
to go out salir
to go shopping ir de compras
to go straight seguir (i) derecho
to go to bed acostarse
to go up subir
goal el gol
godchild el/la ahijado/a
godfather el padrino
godmother la madrina
gold oro
golf el golf
golf club el palo
good bueno/a
good afternoon buenas tardes
good-bye adiós; chao; chau
good evening buenas noches
good-looking bien parecido
good-looking guapo/a
Good luck! ¡Buena suerte!
good morning buenos días
goosebumps la piel de gallina
gossip magazine la revista de
   corazón
to govern gobernar (ie)
government el gobierno
governor el gobernador
gradually gradualmente
to graduate graduarse
granddaughter la nieta
grandfather el abuelo
grandmother la abuela
grandson el nieto
grape la uva
grapefruit el pomelo; la toronja
graphic gráfico/a
graphic design el diseño gráfico
to grate rallar
gray gris
Great! ¡Estupendo!
great fabuloso/a; magnífico/a
green verde
green pepper el pimiento verde
greeting el saludo
grill la parrilla
ground molido/a; picado/a
ground floor la planta baja
ground meat la carne molida/picada
group el grupo
Guatemalan guatemalteco/a
to guess adivinar
guide la guía
guitar la guitarra
guitar player el/la guitarrista
gymnasium el gimnasio

H

hachet el hacha
to haggle regatear
hair el cabello; el pelo
hairdresser el/la peluquero/a
half-brother el medio hermano
half-sister la media hermana
Halloween el Día de las Brujas
hallway el pasillo
ham el jamón
hamburger la hamburguesa
to hand dar
hand la mano; la mano; la mano
handicrafts la artesanía
handkerchief el pañuelo
handsome guapo/a
to hang (clothes) tender (ie)
to happen pasar
happily alegremente
happy alegre; contento/a
hardworking trabajador/a
harmful dañino/a
harp el arpa
to harvest cosechar
hat el sombrero
to hate odiar
to have tener (g, ie)
to have a good time divertirse (ie, i);
   pasar bien
to have a(n) . . . ache tener dolor de...
to have breakfast desayunar
to have dinner cenar
to have fun divertirse (ie);
   entretenerse
to have lunch almorzar (ue)
to have to tener que
he él
he/she is es
head la cabeza
health la salud
health care provider el proveedor de
   salud
health center el centro de salud
healthy saludable
to hear oír
to hear about oír hablar
heart el corazón
heat el calor
heating la calefacción
height la estatura
hello hola
Hello? (on the telephone) ¿Aló?;
   ¡Bueno!; ¿Diga?; ¿Dígame?;
   ¡Oigo!; ¿Qué hay?
to help ayudar
her su(s)
herb la hierba

here (present) presente
hi hola
high-heeled shoe el zapato de tacón
highlighter el marcador
highway la carretera
hiker el senderista
hip la cadera
his/her/their su(s)
Hispanic hispano/a
history la historia
holiday el día festivo
home el hogar
homeless desamparado/a
homemaker el ama/o de casa
homework la tarea
Honduran hondureño/a
honesty la honestidad
hood el capó
horrible horrible
hospital el hospital; el sanitorio
hot caliente
hotel el hotel
hour la hora
house, home la casa
housewife el ama/o de casa
housing la vivienda
How about that! ¡Fíjate qué noticia!
How are you (formal)? ¿Cómo está?
How are you (informal)? ¿Cómo estás?
How do you say . . . ? ¿Cómo se dice … ?
How do you spell . . . ? ¿Cómo se escribe … ?
How incredible! ¡Qué increíble!
How is it going? ¿Cómo te va?
how many? ¿cuántos/as?
How may I help you? ¿En qué puedo servirle(s)?
how much? ¿cuánto/a?
How much is it? ¿Cuánto cuesta?
how/what? ¿cómo?
however no obstante
hug el abrazo
human humano/a
humanities las humanidades
hundred cien/ciento
hunger la hambre
to hurt doler (ue)
husband el esposo
hypothesis la hipótesis

I

I yo
I am soy
I am . . . years old. Tengo … años.
I don't know No sé.

I don't understand No comprendo.
I have/you have tengo/tienes
I like me gusta(n)
I/we hope that . . . ojalá que …
I would like . . . Me gustaría …
I would like . . . Quisiera …
ice el hielo
ice cream el helado
ice creamery la heladería
idea la idea
idealistic idealista
if si
ill malo/a
ill person el/la enfermo/a
illiteracy al analfabetismo
illiterate analfabeto/a
illness la enfermedad
I'm sorry (to hear that) lo siento
imagine imaginar
immediately enseguida
immigration la inmigración
imperfect el imperfecto
to implement implementar
important importante
impossible imposible
to improve mejorar
impulsive impulsivo/a
in boldface en negrita
in contrast en contraste
in fact in en realidad/realmente
in front of enfrente (de)
in search of en busca de
in (time) por
inappropriate inapropiado/a
including hasta
incredible increíble
Independence Day el Día de la Independencia
independent independiente
to indicate indicar
inexpensive barato/a
infection la infección
to influence influir
information la información
infrastructure la infraestructura
inhabitant el/la habitante
to inherit heredar
inheritance el/la herencia
injection la inyección
injured herido/a
injured person el/la herido/a
to insert meter
to inspect revisar
inspector el inspector
instead of en vez de
instruction la instrucción
intelligent inteligente
interesante en

to interest interesar
interesting interesante
international internacional
interpreter el/la intérprete
interview la entrevista
to interview entrevistar
intimacy la intimidad
introduction la presentación
introverted introvertido/a
invitation la invitación
to invite invitar
iPod el ipod
to iron to planchar
to itch picar(se)
it's clear está despejado
it's cloudy está nublado
it's cool hace fresco
It's sunny. Hace sol.
it's sunny hace sol

J

jacket la chaqueta
January enero
Japanese japonés/japonesa
jawbone la quijada
jeans los jeans; los vaqueros/ jeans
jeweller el/la joyero/a
jewelry, piece of la joya
job el trabajo
jogging suit la sudadera
joke la broma
journalist el/la periodista
joy la alegría
judge el/la juez
juice el jugo
July julio
June junio
junk food la comida chatarra

K

to keep in shape estar en forma
to keep quiet callarse
to keep silent guardar silencio
key la llave
key card la tarjeta magnética
key word la palabra clave
king el rey
to kiss besar
kiss el beso
kitchen la cocina
kitchen sink el fregadero
knee la rodilla
to knock golpear
to know conocer; saber
knowledge el conocimiento

L

labor-related laboral
laboratory el laboratorio
laborer el/la obrero/a
lace el encaje
lack la falta
lake el lago
lamb el cordero
to land aterrizar (c)
land la tierra
landscape el paisaje
language la lengua
laptop la computadora portátil
to last durar
last último/a
last night anoche
last year el año pasado
late tarde
later después; luego; más tarde
to laugh reír (i)
laughter la risa
laundry room la lavandería
lawn el césped
lawyer el/la abogado/a
layout ladistribución
lazy perezoso/a
leaf la hoja
to learn aprender
least at por lo menos
leather el cuero
to leave dejar; ir(se)
left la izquierda
leg la pierna
leg (animal) la pata
legal holiday el día feriado
legumes las legumbres
leisure activities las diversiones
lemon el limón
to lend prestar
lentils las lentejas
lesson la lección
lettuce la lechuga
level el nivel
librarian el/la bibliotecario/a
library la biblioteca
license plate la placa
to lie mentir
lie la mentira
life expectancy la esperanza de vida
lightweight ligero/a
to like caer bien; gustar
likewise igualmente
link el enlace
lip el labio
list la lista
to listen oír

Listen! ¡Oye!
Listen, please. Oiga, por favor.
to listen (to) escuchar
literature la literatura
little a poco; poco; a un poco
little by little poco a poco
to live vivir
lively animado/a; vivo/a
living room el living; la sala; el salón
lobster la langosta
to lock up encerrar (ie)
lodging el alojamiento
logically lógicamente
long largo/a
to look, appear ver(se)
to look (at) mirar
to look for buscar
to look terrible to tener mala cara
to lose perder (ie)
to lose weight adelgazar
loss la pérdida
loudly alto
loungewear la ropa de estar en casa
love el amor
Love (closing) Cariños
luck lasuerte
luggage el equipaje
lunch el almuerzo
lung el pulmón
luxury el lujo

M

magazine la revista
mail el correo
mail carrier el/la cartero/a
main character el personaje principal
to maintain mantener (g, ie)
major la carrera
majority la mayoría
to make hacer
to make a reservation reservar
to make the bed to hacer la cama
man el hombre
manager el/la gerente
many mucho/a (adj.)
many . . . as as tanto(s)/a(s) . . . como
map el mapa
March marzo
margarine la margarina
marked down rebajado/a
marker el marcador; el rotulador
market el mercado
married casado/a
marvel la maravilla
marvelous estupendo/a;
   maravilloso/a

material el material
mathematics las matemáticas
May mayo
mayonnaise la mayonesa
mayor el alcalde
meal la comida
meaning el significado
means of transportation los medios de
   transporte
measure la medida
meat la carne
mechanic el/la mecánico/a
mediator el/la mediador
medical doctor el/la médico/a
medical treatment el tratamiento
   médico
medicine la medicina
to meet conocerse; reunir(se)
meeting, gathering la reunión
melody la melodía
melon el melón
to melt derretir
memory el recuerdo
Mennonites los menonitas
menu el menú
mess el lío; el majarete
message el mensaje
metal metal
mexican mexicano/a
Mexican mexicano/a
Mexican Independence Day el Día de
   la Independencia de México
to microwave hornear
microwave (oven) el (horno)
   microondas
middle class el burgués
to migrate migrar
migration la migración
milk la leche
milkshake, smoothie el batido
million millón
millionaire el/la millonario/a
minus menos
mirror el espejo
moderate módico/a
modern moderno/a
mom la mamá
Monday el lunes
money in cash el dinero en efectivo
month el mes
mood el estado de ánimo
more más
more or less más o menos
morning la mañana
Moroccan marroquí
mortality la mortalidad
mother la madre

Mother's Day el Día de la Madre
motor el motor
motto el eslogan; el título
mouth la boca
to move mover; mudarse
movement el desplazamiento
movies el cine
to mow (lawn) cortar
Mr. el señor (Sr.)
Ms, Miss la señorita (Srta.)
Ms., Mrs. la señora (Sra.)
much mucho/a (adj.); mucho (adv.)
much later más tarde
multilingual políglota
mural el mural
muralist el/la muralista
muscle el músculo
museum el museo
music la música
must tener que
mustard la mostaza
my mi(s)

N

napkin la servilleta
narrow estrecho/a
national nacional
nationality las nacionalidad
native natal
nature la naturaleza
nature preserve la reserva natural
near cerca (de)
necessary necesario/a
neck el cuello
necklace el collar
neighbor el/la vecino/a
neighborhood el barrio
neither tampoco
neither . . . nor ni … ni
nephew el sobrino
nerve el nervio
nervous nervioso/a
net la red
network la red
never jamás; nunca
nevertheless sin embargo
new nuevo/a
New Year's Day el Año Nuevo
New Year's Eve el Fin de Año; la Nochevieja
news la noticia
newspaper el periódico
next to al lado (de); próximo/a
Nicaraguan nicaragüense
nice agradable; majo/a; simpático/a
niece la sobrina

Nigerian nigeriano/a
night la noche
night before last ante(a)noche
nightgown el camisón
nightmare la pesadilla
no ningún/ninguno/ninguna; no
no one nadie
nobody nadie
noise el ruido
to nominate nominar
none ningún/ninguno/ninguna
normally normalmente
North American norteamericano/a
nose la nariz
nostalgic nostálgico
not tampoco
not any ningún/ninguno/ninguna
(not) ever jamás; nunca
note card la ficha
notebook el cuaderno
nothing nada
novel la novela
novelist el/la novelista
November noviembre
now ahora
nowadays hoy en día
nurse el/la enfermero/a

O

oath el juramento
object el objeto
to obtain obtener
obvious obvio/a
occupation la ocupación
to occur ocurrir
October octubre
of de
of course claro; por supuesto; realmente; cómo no
to offer ofrecer (zc)
office la oficina
office (of doctor, dentist, etc.) el consultorio
often muchas veces
oil el aceite
old antiguo/a; mayor; viejo/a
olive la aceituna
Olympics las Olimpiadas
on, above sobre
on demand a petición
once una vez
one hand por un lado
onion la cebolla
only (adv.) sólo
only child el hijo único/la hija única
to open abrir

opening la vacante
opinion la opinión
opinion poll la encuesta de opinión
opposing contrario/a
optimistic optimista
or o
orange anaranjado/a, naranja (adj.); la naranja
orchestra la orquesta
to order encargar; pedir (i)
organization la organización
to organize organizar
other otro/a
other, another otro/a
other hand en cambio; por otro lado
outdoors al aire libre
outside afuera
outskirts las afueras
outstanding destacado/a
own propio/a
ozone layer la capa de ozono

P

package el paquete
page la página
pain el dolor
painter el/la pintor/a
painting el cuadro; la pintura
pajamas el/la piyama
palate el paladar
Panamanian panameño/a
pants los pantalones
pantsuit el traje pantalón
pantyhose las pantimedias
papaya la papaya
paprika el achiote; el pimentón
parade el desfile
Paraguayan paraguayo/a
pardon me con permiso, perdón
parents los padres
parsley el perejil
to participate participar
partner el/la compañero/a
party la fiesta
passenger el/la pasajero/a
passion fruit el fruto de pasión
passive pasivo/a
passport el pasaporte
past pasado/a
pastry el pastel
patient paciente; el/la paciente
patriotic patriótico/a
to pay (for) pagar
peach el durazno; el melocotón
pear la pera

peasant el/la campesino/a
pedestrian area la zona peatonal
pediatrician el/la pediatra
pen el bolígrafo
penalty el penalti
pencil el lápiz
people la gente
pepper la pimienta
percent por ciento
percentage el porcentaje
perfect perfecto/a
perfectionistic perfeccionista
perfectly perfectamente
performance el rendimiento
performer el/la intérprete
periodical el periódico
person la persona; la persona
perspective la perspectiva
Peruvian peruano/a
pessimistic pesimista
petroleum el petróleo
pharmacist el/la farmacéutico/a
pharmacy la farmacia
philology la filología
philosophy la filosofía
photo(graph) la foto(grafía)
physics la física
physiology la fisiología
to pick up recoger (j)
picture el cuadro
pie la tarta
pill la pastilla
pillow la almohada
pin el alfiler
pineapple la piña
pink rosado/a, rosa
to place colocar
place el lugar
plan el plan
to plan to pensar (ie) + infinitive
plane el avión
planet el planeta
plastic plástico
plastic arts los artes plásticas
plate, dish el plato
to play (a game, sport) jugar (ue)
to play (an instrument) tocar (un instrumento)
player el/la jugador/a
plaza la plaza
please por favor
pleased/nice to meet you encantado/a; mucho gusto
pleasure el placer
plumber el/la plomero/a; el/la fontanero/a
plus y

poem el poema
poet el/la poeta
poetry la poesía
point of view el punto de vista
policeman/woman el/la policía
Polish polaco/a
political science las ciencias políticas
poll la encuesta
polluted contaminado/a
poor pobre
popcorn las palomitas de maíz
popular popular
popularity la popularidad
to popularize popularizar (c)
population la población
pork el cerdo
port el deportes
to portray retratar
Portuguese portugués/ portuguesa
position el puesto
possible posible
poster el afiche
potato la papa
potter el/la ceramista
poultry, fowl las aves
poverty la pobreza
powerful potente
position la posición
to practice practicar
to precede preceder
to predict prever
to prefer preferir (ie)
preparation el preparativo
to prepare preparar
to prescribe recetar
prescription la receta
present actual; el regalo
present time actualmente; en la actualidad
preservation la conservación
president el presidente/la presidenta
presidential presidencial
preterit el pretérito
pretty bonito/a; lindo/a
price el precio
printer la impresora
prize el premio
probable probable
problem el problema
procession la procesión
to produce elaborar; producir
product el producto
professor el/la profesor/a
program el programa

progress el progreso
to prohibit prohibir
promising prometedor/a
proposal la propuesta
protein la proteína
proverb el refrán
provided that con tal (de) que
proximity la proximidad
psychiatrist el/la (p)siquiatra
psychologist el/la (p)sicólogo/a
psychology la (p)sicología
publicity la publicidad
publicity campaign la campaña de publicidad
Puerto Rican puertorriqueño/a
purple morado/a
purse la bolsa/el bolso
to put poner (g)
to put to bed acostar
to put makeup on oneself maquillar(se)
to put one's clothes on poner(se) (g) la ropa

Q

quality la calidad
quantity la cantidad
queen la reina
question la pregunta
quickly rápidamente
quiet callado/a
quotation la cita textual
to quote citar

R

race la carrera
racquet la raqueta
radiator el radiador
radio el/la radio
radio announcer el/la locutor/a
radiologist el/la radiólogo/a
rail el riel
to rain llover (ue)
rain la lluvia
rain forest el bosque tropical
raincoat el impermeable
to raise one's hand levantar la mano
rate la tasa
rather bastante
to reach out to comunicarse
to read leer
reading la lectura
ready listo/a
real estate bienes raíces
reality la realidad
really in en realidad/realmente

Really! ¡No me digas!
to reappear reaparecer
rearview mirror el espejo retrovisor
reason la razón
rebirth el renacimiento
receipt la receta
to receive recibir
recipe la receta
to recommend recomendar (ie)
recommendation la recomendación
to record grabar
recycled reciclado/a
red rojo/a
red pepper la pimienta roja
redhead pelirrojo/a
to reduce reducir
to reflect reflejar
to reforest repoblar
refrigerator el refrigerador; la nevera
regime el régimen
region la región
to regret arrepentirse (ie)
regularly regularmente
relative el pariente; el/la pariente
relatively relativamente
relief el alivio
to relieve aliviar
religious religioso/a
remedy, medicine el remedio
to remember recordar(se) (ue)
to rent alquilar
rent el alquiler
to repeat repetir (i)
to repopulate repoblar
reputation la reputación
to require exigir
to research investigar
research la investigación
resources los recursos
to respect respetar
to respond responder
responsible responsable
to rest descansar
restaurant el restaurante
result el resultado
résumé el currículum
to retire jubilarse
to return devolver; retornar; volver (ue)
review la reseña
to reward premiar
rib la costilla
rice el arroz
rich, wealthy rico/a
to ride (a bicycle) montar (en bicicleta)
right el derecho; la derecha

right? ¿verdad?
ring el anillo
river basin la cuenca
road el camino
to roast asar
robbery el robo
robe la bata
robot el robot
romantic romántico/a
roof el tejado
room la habitación
room; bedroom el cuarto
round trip de ida y vuelta
route el trayecto
routine la rutina
rug la alfombra
ruins las ruinas
to run correr

S

sad triste
safe la caja fuerte
salad la ensalada
salad dressing el aderezo
salary el sueldo
sale la rebaja; la venta
(sales) manager el/la gerente (de ventas)
salesman, saleswoman el/la vendedor/a
salesperson el dependiente/la dependienta
salt la sal
Salvadorian salvadoreño/a
sandal la sandalia
sandwich el sándwich
Saturday el sábado
to sauté saltear
to save ahorrar
savings los ahorros
sawdust el aserrín
to say decir (g, i)
to say goodbye despedir(se) (i)
to say hello mandar saludos
scared asustado/a
scarf la bufanda
scene la escena
schedule el horario
school la escuela
school, department la facultad
science la ciencia
scientist el/la científico/a
to score a goal meter un gol
screen la pantalla
sculptor el escultor/la escultora
sea el mar

search engine el buscador
seasoning el condimento
seat el asiento
security la seguridad
sedentary sedentario/a
to see ver
see you later hasta luego
see you soon hasta pronto
see you tomorrow hasta mañana
seed la semilla
to seem parecer (zc)
self-portrait el autorretrato
to sell vender
seller el/la vendedor/a
seminar el seminario
to send enviar; mandar
sentimental sentimental
September septiembre
serious grave; serio/a
to serve servir (i)
server el/la camarero/a
to set the table poner la mesa
several algún/alguno(s)/alguna(s)
shape la forma
sharp agudo/a
to shave (oneself) afeitar(se)
she ella
sheep la oveja
sheet la sábana
shell la concha
shellfish los mariscos
ship la nave, el barco
shirt la camisa
shoe el zapato
shopping las compras
shopping center el centro comercial
short (in length) corto/a
short (in stature) bajo/a; chaparro/a
short-sleeved shirt la camisa de manga corta
shorts los pantalones cortos
should deber
shoulder el hombro
to show mostrar (ue)
shower la ducha
shrimp el camarón; la gamba
sick enfermo/a
side el lado
to sign firmar
signal la señal
significant other la pareja
silence el silencio
silly, foolish tonto/a
simply simplemente
since desde; hace
sincere sincero/a
to sing cantar

single   soltero/a
sister   la hermana
to sit down   sentarse (ie)
size   el número; la talla; el tamaño
to skate   patinar
ski   el esquí
to ski   esquiar
skiing   el esquí
to skim   leer por encima
skin   la piel
skirt   la falda
sleep   el sueño
to sleep (to fall asleep)   dormir(se) (ue)
slipper   la zapatilla
slope   la bajada; la pendiente
slowly   despacio; lentamente
small   pequeño/a
smallpox   la viruela
smart   listo/a
to smoke   fumar
snack   la merienda
to sneeze   estornudar
snorkeling   el buceo
to snow   nevar (ie)
snow   la nieve
so that   para que
soap   el jabón
soap opera   la telenovela
sober   sobrio/a
soccer   el fútbol
social   social
society   la sociedad
sociology   la sociología
sock   el calcetín
soda   el refresco
sofa   el sofá
soft   blando/a; suave
soft drink   el refresco
soil   la tierra
some   algún/alguno(s)/alguna(s)
someone   alguien
something   algo
something else   otra cosa
something foolish   la babada
sometime   alguna vez
sometimes   algunas veces; a veces
son   el hijo
song   la canción
to soon as   as tan pronto (como)
sorcerer   el brujo
soul   el alma
to sound   sonar
soup   la sopa
sour   agrio/a
source   la fuente
souvenir   el recuerdo

spaghetti   los espaguetis
Spanish   español/a; el español
to speak   hablar
specialist   el/la especialista
specialty   la especialidad
speed   la velocidad
speed, haste   la prisa
to spend   gastar
to spend (time)   pasar
spice   la especie
spinach   las espinacas
spirit   el espíritu
to sponsor   patrocinar
spoon   la cuchara
spoonful   la cucharada
sports equipment   el equipo deportivo
sportswear   la ropa deportiva
to spray   rociar
to spread, to disseminate   difundir
spring   la primavera
square   la plaza
square meter   el metro cuadrado
stadium   el estadio
stairs   la escalera
to stand in line   hacer cola
to stand out   destacarse
star   la estrella
to start   empezar
statistics   las estadísticas
to stay in touch   mantenerse en contacto
steak   el bistec
steering wheel   el volante
step   el paso
stepbrother   el hermanastro
stepfather   el padrastro
stepmother   la madrastra
stepsister   la hermanastra
still   todavía
stockings   las medias
stomach   el estómago
to stop   detener
stopover   la escala
store   la tienda
store window   el escaparate
story   el cuento
stove   la cocina; la estufa
straight   derecho
strawberry   la fresa
street   la calle
to stroll   pasear
strong   fuerte
structure   la estructura
student   el alumno/a; el/la estudiante
student desk   el pupitre
studious   estudioso/a

to study   estudiar; investigar
to stumble   tropezarse
stupendous   estupendo/a
style   el estilo
stylish   de moda
subsidize   subvencionar
subway   el metro
success   el éxito
sugar   el/la azúcar
to suggest   sugerir (ie, i)
suit   el traje; el traje de chaqueta
suitcase   la maleta
to summarize   resumir
summer   el verano
sun   el sol
to sunbathe   tomar el sol
Sunday   el domingo
sunglasses   las gafas de sol
sunrise   la salida del sol
supermarket   el supermercado
supper   la comida
to support   apoyar; sustentar
surely, certainly   seguramente
surgeon   el/la cirujano/a
surgery   la operación
to surprise   sorprender
surprise   la sorpresa
surrealist   surrealista
to surround   rodear
survey   la encuesta
to survive   sobrevivir
sweater   el suéter
sweatshirt; jogging suit   la sudadera
to sweep   barrer
to swell   hinchar
swelling   la hinchazón
to swim   nadar
swimming pool   la piscina; la alberca
symbol   el símbolo
symptom   el síntoma

T

T-shirt   la camiseta
table   la mesa
tablecloth   el mantel
to take   llevar; tomar
to take a nap   to dormir (ue) la siesta
to take a seat   tomar asiento
to take a walk   dar un paseo; pasear
to take advantage   aprovechar
to take away   quitar(se)
to take care of   cuidar; cuidar(se) (de)
to take note   fijarse
to take notes   tomar apuntes/notas
to take off   quitar(se)
to take off (airplane)   despegar (u)

to take out sacar (qu)
to talk conversar; dialogar
talkative conversador/a
tall alto/a
tamale el tamale
tapas las tapas
task la tarea
tea el té
teacher el/la profesor/a
team; equipment el equipo
to tear romper
teaspoon la cucharita
technician el/la técnico/a
technology la tecnología
telephone el teléfono
television set el televisor
to tell contar (ue); decir (g, i)
tennis el tenis
tennis player el/la tenista
tennis shoe la zapatilla de deporte
terrace la terraza
terrorism el terrorismo
test el examen
thanks, thank you gracias
Thanksgiving el Día de Acción de
   Gracias
that ese/a (adj.); eso (pron.)
that is why por eso
that (over there) aquel/aquella
That's great! ¡Qué bien/bueno!
thaw, thawing el deshielo
theater el teatro
theater company la compañía de
   teatro
their su(s)
theme el tema
then entonces; luego
therapy la terapia
there allí
there is, there are hay
thermometer el termómetro
they ellos/ellas
thin delgado/a
thing la cosa
to think pensar (ie)
to think of/about pensar en
to think of/about (opinion) pensar de
third tercero/a
thirst la sed
this este/a; esto
thousand mil
throat la garganta
through por; a través de
to throw lanzar
Thursday el jueves
ticket el billete; el boleto, el pasaje
tie la corbata

tight estrecho/a
time la hora; el tiempo
timid tímido/a
tire la llanta
tired cansado/a
title el título
to a; para
toast el pan tostado/la tostada
to toast tostar
today hoy
Today is . . . Hoy es …
together juntos/as
toilet el inodoro
tomato el tomate
tomato sauce la salsa de tomate
tomorrow mañana
tone el tono
tongue la lengua
tonight esta noche
too también
tooth el diente
toothpaste la pasta de dientes
tourist class la clase turista
tournament el campeonato; el torneo
toward para
towel la toalla
toxic tóxico/a
toy el juguete
tradition la tradición
traditional tradicional
traditionally tradicionalmente
traffic el tráfico
train el tren
trainer el/la entrenador/a
training el entrenamiento
training resort el centro de
   entrenamiento
tranquil tranquilo/a
tranquilly tranquilamente
to translate traducir (zc)
trash la basura
to travel viajar
travel agency la agencia de viajes
travel agent el/la agente de viajes
tray la bandeja
to treat tratar
to treat, to be about tratar
tree el árbol
trips el viaje
true cierto/a; verdad
trunk el baúl; el maletero
trust la confianza
truth la verdad
to try probar; tratar
to try on probarse (ue)
Tuesday el martes
turkey el pavo

to turn doblar
to turn on encender (ie)
twin gemelo/a
to twist torcer(se) (ue)
typical típico/a

U

UFO el OVNI
ugly feo/a
umbrella el paraguas
umpire, referee el árbitro
uncle el tío
under abajo; debajo (de)
to underline subrayar
to understand comprender;
   entender (ie)
underwear la ropa interior
unemployment el desempleo
unforgettable inolvidable
to unify unificar (qu)
United States Estados Unidos
university la universidad
unless a menos que
unpleasant antipático/a
until hasta que
urgent urgente
Uruguayan uruguayo/a
U.S. citizen estadounidense
to use usar
useful útil

V

vacation las vacaciones
to vacuum pasar la aspiradora
vacuum cleaner la aspiradora
Valentine's Day el Día de los
   Enamorados; el Día del Amor y
   la Amistad
vanilla la vainilla
vegetable el vegetal, la verdura
vegetarian vegetariano/a
vein la vena
Venezuelan venezolano/a
verbs verbos
very muy
veterinarian el/la veterinario/a
video game el videojuego
view la vista
village el pueblo
vinegar el vinagre
virtual library la biblioteca virtual
virtually virtualmente
to visit visitar
vitamin la vitamina
voice la voz
volleyball el vóleibol; el volibol

W

waist la cintura
to wait for esperar
waiter/waitress el/la camarero/a
waiting area la sala de espera
to wake (someone up); to despertar(se) (ie)
to wake up despertar(se)
to walk caminar
wallet la billetera
to want querer (ie)
warehouse el almacén
warming el calentamiento
to wash (oneself) lavar(se)
washer la lavadora
wastebasket el cesto
water el agua
to water regar (ie)
way el camino
we nosotros/nosotras
We are going to have a good time. Lo vamos a pasar muy bien.
weak débil
to wear llevar
to wear a costume disfrazarse
to wear a shoe size calzar
weather el tiempo; el tiempo
weather forecast el pronóstico del tiempo
wedding la boda
Wednesday el miércoles
week la semana
week ago a una semana atrás
weekend el fin de semana
weight la pesa
well bien; bueno/a
well-off adinerado/a
what? ¿qué?
What a pity! ¡Qué lástima!
What a suprise/coincidence! ¡Qué casualidad!
What day is it? ¿Qué día es hoy?
What do you think? ¿Qué te parece?

What for? ¿para qué?
What is he/she/it like? ¿Cómo es?
What is the date? ¿Cuál es la fecha?; ¿Qué fecha es hoy?
What is the weather like? ¿Qué tiempo hace?
What time is it? ¿Qué hora es?
What's new? ¿Qué tal?
What's up? ¿Qué tal?
What's wrong (with you/them)? ¿Qué te/le(s) pasa?
What's your name? (familiar) ¿Cómo te llamas?
What's your name? (formal) ¿Cómo se llama usted?
wheel la rueda
when cuando
when? ¿cuándo?
where? ¿dónde?
Where do we meet? ¿Dónde quedamos?
Where is . . . ? ¿Dónde está... ?
where (to)? ¿adónde?
wherever donde
which? ¿cuál(es)?
while mientras
to whistle pitar
white blanco/a
who? ¿quién(es)?
Who is . . . ? ¿Quién es... ?
whose? ¿de quién?
why? ¿para qué?; ¿por qué?
wide ancho/a
wife la esposa
wild silvestre
will el/la testamento
to win ganar
wind el viento
window la ventana; la ventanilla
window seat el asiento de ventanilla
windshield wiper el limpiaparabrisas
wine el vino
wine cellar la bodega

winner el ganador
winter el invierno
to wish, to want desear
with con
without sin; sin que
woman la mujer
wood la madera
wool la lana
word la palabra
work la obra
to work trabajar
work el trabajo
worker el/la obrero/a
workshop el taller
World Cup la Copa Mundial
world, worldwide mundial
to worry preocupar(se)
wound la herida
wounded herido/a
wrist la muñeca
to write escribir
writer el escritor/la escritora

Y

year el año
yellow amarillo/a
yes sí
yesterday ayer
yet todavía
yogurt el yogur
you are (familiar) eres; estás
you are (formal) es; estás
you (familiar) tú (familiar); vos (Argentina)
you (formal) usted (formal)
you (plural) ustedes (plural)
young joven
young man/woman el/la joven
your (familiar) tu(s)
you're welcome de nada
youth hostel el albergue juvenil
yucca la yuca

Credits

Text Credits

p. 48: "Un buen repaso a la Universidad de Salamanca" reprinted with permission from Alberto López Nájera; **p. 73:** ® All Rights Reserved by World Editors, Inc.; **p. 434:** "Dame la mano" by Gabriela Minstral. La Orden Franciscana de Chile autoriza el uso de la obra de Gabriela Mistral. Lo equivalente a los derechos de autoría es entregado a la Orden Franciscana de Chile, para los niños de Montegrande, de conformidad a la voluntad de Gabriela Minstral.; **p. 457:** El Entnógrafo by Jorge Luis Borges. ©1995 by Jorge Luis Borges, permission of The Wylie Agency Inc.; **p. 490:** Hombre pequenito by Alfonsina Storni. Editorial Losada S.A., Buenos Aires, 1997. Herederos de Alfonsina Storni. Used with permission; **p. 504:** Mafalda (#1126 and #104) por Joaquín S. Lavado, de QUINO. Ediciones de la Flor, 1997. Reprinted with permission of Caminito S.a.s.; **p. 520:** "Apocalipsis" © Denevi, Marco, Falsificaciones, Buenos Aires, Corregidor, 2007. Used with permission.

Photo Credits

Cover Image: Ferran Traite Soler/ IStockphoto.com: p. 2 © Jeff Greenberg/Alamy; p. 5 (top) Ian O'Leary/ Getty Images Inc.—Stone Allstock; p. 5 (center) Getty Images—Stockbyte, Royalty Free; p. 5 (bottom) Christina Kennedy/ PhotoEdit Inc.; p. 22 Dagli Orti (A)/Picture Desk, Inc./Kobal Collection; p. 23 (lower bottom center) Matt Trommer/Shutterstock; p. 23 (right) Pilar Echevarria/Shutterstock; p. 23 (top) Jarno gonzalez Zarraonandia/ Shutterstock; p. 23 (bottom) Rafael Ramirez Lee/Shutterstock; p. 23 (lower upper left) © Robert Frerck/Odyssey/Chicago; p. 24 (top) Grimberg, Marc/Getty Images Inc.—Image Bank; p. 24 (bottom) Goncharov Roman/ Shutterstock; p. 25 Embassy of Peru; Robert Frerck/Odyssey Productions, Inc.; p. 35 Richard Nowitz/National Geographic Image Collection; p. 44 Spencer Grant/PhotoEdit Inc.; p. 50 © Robert Fried/robertfriedphotography.com; p. 51 (top) Robert Fried/robertfriedphotography.com; p. 51 (bottom) Denis Doyle/AP Wideworld Photo; p. 54 © Cristena Cardenas; p. 55 (bottom) Robin Holden, Sr./Shutterstock; p. 55 (center) Graca Victoria/Shutterstock; p. 55 (center) April Turner/Shutterstock; p. 55 (top right) Aaron D. Settipane/ Shutterstock; p. 55 (right) Photo by Rico Torres © 2003 Miramax/ Columbia Pictures, All Rights Reserved, Kobal Collection—The Picture Desk; p. 56 (top left) © Jimmy Dorantes/Latin Focus.com; p. 56 (bottom right) Andresr/Shutterstock; p. 56 (top right) digitalskillet/Shutterstock; p. 56 (bottom left) Mira.com/Artist Name; p. 57 EyeWire Collection/Getty Images—Photodisc; p. 60 (left) Wallenrock/Shutterstock; p. 60 (center left) Dallas Events Inc./Shutterstock; p. 60 (center right) Laurence Gough/ Shutterstock; p. 60 (right) Yuri Arcurs/Shutterstock; p. 66 (top left) © Michael Germana/SSI

Photo/Landov; p. 66 (top right) Jack Vartoogian/Front Row Photos; p. 66 (bottom right) © Steve Nesius/Reuters/ Landov; p. 66 (bottom left) © Ramon Espinosa/AP Wide World Photos; p. 67 Scott Harrison/Getty Images; p. 84 Courtesy of the Library of Congress; p. 84 Library of Congress; p. 85 (top) © 2008 Kendal Larson; p. 85 (bottom) Wikipedia, The Free Encyclopedia; Artist unknown. First wedding of Inca princess Nusta Beatriz to Spanish noble Martin de Loyola, 18th century; p. 88; © The Art Archive/Museo Pedro de Osma Lima/Mireille Vautier; p. 89 (center) Mike von Bergen/ Shutterstock; p. 89 (bottom) Marshall Bruce/Shutterstock; p. 89 (top) Chris Howey/Shutterstock; p. 89 (bottom left) Paul Clarke/Shutterstock; p. 89 (top left) Nicholas Raymond/Shutterstock; p. 90 (top left) Todd B. Powell/Creative Eye/MIRA.com; p. 90 (top right) Nik Wheeler; p. 90 (center) Robert Frerck/Odyssey Productions, Inc.; p. 90 (bottom) © Bob Daemmrich/PhotoEdit; p. 94 Adalberto Rios Szalay/Sexto Sol/Getty Images, Inc.—Photodisc; p. 96 © John Van Hasselt/Sygma/ CORBIS; p. 103 (top) Getty Images, Inc.; p. 103 (top center) William Albert Allard/NGS Image Collection; p. 103 (bottom center) © Victor Englebert; p. 103 (bottom) Chad Ehlers/Stock Connection; p. 118 (top) © Scala/Art Resource; p. 118 (bottom) Dagli Orti/Picture Desk, Inc./Kobal Collection; p. 122 Fernando Botero, "En familia" (The Family). © Fernando Botero, courtesy of Marlborough Gallery, New York; p. 123 (center left) © Alejandro Velasquez; p. 123 (top) © Amra Pasic/Shutterstock; p. 123 (center right) © John Chang/Courtesy of www.istockphoto.com; p. 123 (bottom left) © Richard Gunion/Courtesy of www.istockphoto.com; p. 123 (bottom right) © Galyna Andrushko/Shutterstock; p. 124 (left) © Paloma Lapuerta; p. 124 (center) Tony Freeman/PhotoEdit Inc.; p. 124 (right) Michael Newman/PhotoEdit Inc.; p. 138 © Andre Schafer/Courtesy of www. istockphoto.com; p. 147 (top) Ellen Senisi; p. 147 (bottom) Bill Aron/PhotoEdit Inc.; p. 150 HERMANN BREHM/Nature Picture Library; p. 151 Colombia Information Service Tourist Office; p. 154 Mireille Vautier/ Woodfin Camp & Associates, Inc.; p. 155 (top) © Toon Possemiers/Courtesy of www.istockphoto. com; p. 155 (bottom left) Jeff Chevrier/Courtesy of www. istockphoto.com; p. 155 (bottom right) © Eli Coory/Fotolia; p. 155 (center right) Courtesy of www.istockphoto.com; p. 155 (center left) © Tatiana Popova/Shutterstock; p. 155 (center left) © Kmitu/Shutterstock; p. 155 (center left) © Valentyn Volkov/Shutterstock; p. 156 © Nik Wheeler/Alamy; p. 166 (top) Bruce Ayres/Getty Images Inc.—Stone Allstock; p. 166 (bottom) AP Wide World Photos; p. 166 (right) Robert Frerck/Getty Images Inc.—Stone Allstock; p. 170 (left) Laura Dwight/PhotoEdit Inc.; p. 170 (center) Tony Freeman/PhotoEdit Inc.; p. 170 (right) Robert Fried/robertfriedphotography. com; p. 184 Brennan Linsley/AP Wide World

Photos; p. 185 (top) © Bettmann/CORBIS All Rights Reserved; p. 185 (bottom) Luis Romero/ AP Wide World Photos; p. 188 Simon Bolivar (1783–1830) (chromolitho) by Artist Unknown (pre 20th century). Private Collection/Archives Charmet/Bridgeman Art Library; p. 189 (center) Jos? Enrique Molina/ AGE Fotostock America, Inc.; p. 189 (bottom right) Mark Cosslett/National Geographic Image Collection; p. 189 (bottom left) Rhodes, Leonard L T/ Animals Animals/ Earth Scenes; p. 189 (top) © Kimberly White/Reuters/ CORBIS All Rights Reserved; p. 190 (top) Ulrike Welsch/PhotoEdit Inc.; p. 190 (center) Beryl Goldberg; p. 190 (bottom) Jeff Greenberg/PhotoEdit Inc.; p. 202 (left) David Welling/Nature Picture Library; p. 202 (center) © Patrick Keen/Courtesy of www.istockphoto. com; p. 202 (right) © Yann Arthus-Bertrand/Bettmann/ CORBIS; p. 202 (bottom) Silva, Juan/Getty Images Inc.— Image Bank; p. 208 (left) Getty Images, Inc.; p. 208 (center) AP Wide World Photos; p. 208 (right) AP Wide World Photos; p. 210 Gordon, Larry Dale/Getty Images Inc.—Image Bank; p. 211 (left) © Lluis Gene/AFP/ Getty; p. 211 (center) Getty Images; p. 211 (right) Courtesy of Marshall Field's; p. 218 © Michael Stokes/ Shutterstock; p. 219 (top) Joese Caruci/AP Wide World Photos; p. 219 (bottom) © Javier Galeano/AP Wide World; p. 222 Xul Solar (Argentina 1887–1963), "Jefa (Patroness)". 1923. Watercolor on paper, set on cardboard. 10"x 10" (25.4 x 25.4 cm); Framed: 21 3/4" x 21 3/4" (55.2 x 55.2 cm). The Museum of Fine Arts, Houston; Museum purchase with funds provided by the Latin American Experience Gala and Auction; p. 223 (center left) © Mariano Heluani/Shutterstock; p. 223 (bottom center) © Wolfgang Kaehler www.wkaehlerphoto.com; p. 223 (bottom) © Ivonne Wierink-vanWetten/Courtesy of www.istockphoto.com; p. 223 (mid-center right) Daniel Rivademar/Odyssey Productions, Inc.; p. 223 (top) © Galina Barskaya/Shutterstock; p. 224 (top) © Marcos Brindicci/ Reuters/CORBIS; p. 224 (center) Bill Bachmann/PhotoEdit Inc.; p. 224 (bottom) © Chen Wei Seng/Shutterstock; p. 226 (left) © James M. Phelps, Jr./Shutterstock; p. 226 (center) © Kanwarjit Singh Boparai/ Shutterstock; p. 226 (right) © Adrees Latif/ Reuters/CORBIS; p. 249 (left) CARL SCHNEIDER/ Getty Images, Inc.—Taxi; p. 249 (right) © Monique Rodriguez/Courtesy of www.istockphoto.com; p. 249 (bottom) Courtesy of www.istockphoto.com; p. 252 © Stuart Cohen/The Image Works; p. 253 (top) Geoff Brightling © Dorling Kindersley; p. 253 (bottom) Getty Images Inc.—Hulton Archive Photos; p. 256 Frida Kahlo, "Self-Portrait at the Border Between Mexico and the United States". 1932. Museo Nacional de Arte Moderno, © 2001 Banco de Mexico Diego Rivera & Frida Kahlo Museums Trust. Av. Cinco de Mayo No. 2, Col. Centro, Del. Cuauhtemoc 06059, Mexico, D.F. Reproduction authorized by the Instituto Nacional de Bellas Artes y Literatura. © Christie's Images/CORBIS All

Language Functions Index

A

actions, describing, 138–139, 164–166, 484–485
advice, giving, 390, 425
affirmation, expressing, 440–442
agreement, reporting, 445
anecdotes, telling, 517
asking for what you need, 47
asking questions, 44–45
attention, getting someone's, 34
attitudes, expressing, 378–379
audience
    considering, 82
    focusing on, 319

B

brainstorming, 49

C

certainty, expressing, 477–480
characteristics, expressing, 70–72
chronological order, indicating, 217, 285
clarification, requesting, 45, 281
closings, 117
comparisons
    making, 273–279
    organzing information to make, 145
concern, expressing, 391
conclusions, drawing, 280
conditions, expressing
    changeable, 70–72
congratulating, 387
conjecture, expressing, 474–476, 477–480
content
    anticipating, 146
    focusing on, 319
    predicting and guessing, 248
    selecting appropriate, 183
context, using to figure out meaning, 214, 314
conversation, maintaining the flow of, 135

D

daily activities, talking about, 98–101, 142–143
decisions
    defending, 353
    gathering information strategically to express, 315
    giving, 353
    influencing, 353

details
    asking for, 245
    providing supporting, 251
    recording relevant, 352
disbelief, expressing, 34
dislikes, expressing, 76–77, 206–208
doubt, expressing, 443–446
duration, expressing, 111–113, 140–141, 245

E

emotional states, describing, 167–169
emotions, expressing, 378–379, 421, 490
empathy, showing, 281, 379
events
    describing, 209–211
    sequencing, 217, 285
expectations, expressing, 372–377

F

facts
    differentiating from opinons, 246
    using to support a view, 424
familiarity, expressing, 108–110
food, ordering, 94
formal tone, using appropriately, 148
future
    hypothesizing about the, 510–512
    talking about the, 348–351

G

gender, specifying, 39–41
goals, expressing, 380–383
greetings, 5–7, 21, 47
guessing, contextual, 214, 314

H

happiness, expressing, 387, 518
hopes, expressing, 372–377
humor, incorporating, 518, 521
hypothesizing, 447–450, 510–512
hypothetical situations, talking about, 406–409

I

ideas
    discussing, 247, 338, 391
    listening for main, 386
    organizing, 487
illustrations, using to anticipate content, 146
impersonal information, stating, 336–338

indirect objects, indicating, 203–205
inferences, making, 281
informal tone, using appropriately, 148
information
    clarifying, 241–242
    emphasizing, 241–242
    focusing on key, 247
    focusing on relevant, 388
    gathering, 315
    listening for, 78
    organizing, 317
    organizing for a presentation, 115
    organizing to make comparisons, 144
    presenting factual, 425
    requesting repetition, 281
    taking notes to recall, 212
instructions, giving, 310–313, 344–347
intention
    expresing, 111–113
    identifying, 454, 516
interest
    engaging, 421
    expressing, 245, 281
    maintaining, 247, 421
interviews, conducting, 281
invitations, 262–264

K

key words, looking for and using, 116
knowledge
    stating, 108–110
    supporting comprehension with, 420
    using background, 114

L

letter-writing, 117
likes, expressing, 76–77, 206–208
listening for the gist, 46
listening with visuals, 13
location, expressing, 12, 42–43, 42–43, 67–69
logical relationships, focusing on, 422

M

main ideas, listening for, 386
meaning, using context to figure out, 214
means, expressing, 111–113, 380–383

mental images, creating, 178
movement, expressing, 102–104,
        111–113

N

narratives, writing effective, 284–285,
        521
negation, expressing, 440–442
notes, taking, 212
number, specifying, 39–41

O

objects, describing, 209–211
obligation, expressing, 136–137
ongoing actions, expressing, 164–166,
        266–269
opinion, differentiating
        from, 246
opinions
        expressing, 387
        reporting, 445
origin, expressing, 61, 67–69
ownership, expressing, 73–75

P

past, narrating in the, 270–272
past, talking about the, 198–202,
        236–240, 243–245, 266–269,
        306–309, 339–343, 416–419,
        481–483
people
        comparing, 273–279
        describing, 58–60, 79, 209–211
        identifying, 9–10, 21, 175–177
        pointing out, 175–177
        referring to, 384–385
people, describing, 9–10, 21
personal anecdotes, telling, 517
physical states, describing, 167–169
planning, 179
plans, expressing, 102–104, 132–135
point of view, identifying, 486, 519

position. *see also* instructions, giving
position, describing, 21
positions, supporting, 487
possession, expressing, 67–69,
        410–415
praising, 387
preferences, expressing, 132–135
present, hypothesizing about the,
        510–512
presentations
        making, 455
        organizing information for, 115
proposals, making, 480
purpose
        considering, 82
        expressing, 380–383
        focusing on, 319
        listening for, 144

Q

qualities, expressing inherent, 70–72
quantity, talking about, 105–107
questions, answering, 44–45

R

reacting to what someone says, 37
reading, 456. *see also* texts
        preparing to read, 180
reciprocity, expressing, 451–453
recommendations, making, 387,
        506–510
registers, distinguishing, 7, 310
relief, expressing, 518
repetition
        avoiding, 170–174, 300–305,
                303–305
        requesting, 45
requests, making polite, 480

S

saying goodbye, 5
saying hello, 5

states of being, expressing, 42–43,
        42–43
stories, dramatizing, 518
suggestions, giving, 310–313,
        390
sympathy, expressing, 391, 518

T

talking about academic life, 32–38
talking about daily occurrences,
        32–38
telephone
        answering the, 47
        speaking on the, 179
telephone, answering the, 92
texts. *see also* reading
        identifying the format of, 48
        scanning for information, 80
things
        comparing, 273–279
        identifying, 175–177
        pointing out, 175–177
        referring to, 384–385
titles, using to anticipate
                content, 146
tone
        choosing appropriate, 148, 183
        identifying, 488

U

uncertainty, expressing, 443–446
unexpected, expressing the,
        513–515

W

wishes, expressing, 506–510
words, learning new, 354
writing
        brainstorming and, 49
        to spark interest, 459. *see also*
                specific kinds of writing

Subject Index

A

a, 241–242
abrir, 340
accent marks, 17, 44
acostar(se), 142
addresses, 15
adjective clauses, subjunctive in, 406–409
adjectives, 58–60, 64–66, 87. *see also* colors; descriptions
    affirmative expressions, 440–442
    comparative forms, 273–279
    demonstrative adjectives, 175–177
    with **estar**, 70–72, 210
    negative expressions, 440–442
    past participles as, 339–343
    possessive adjectives, 73–75, 413–415
    with **ser**, 70–72, 210
adverbial conjunctions
    that require subjunctive, 474–476
    that take subjunctive or indicative, 477–480
adverbs, 138–139
    adverbial conjunctions, 474–480
    affirmative expressions, 440–442
    comparative forms, 273–279
    expressing time, 102, 129, 199, 217
    negative expressions, 440–442
affirmative expressions, 440–442
almorzar
    imperative, 311
    present indicative, 133
    present subjunctive, 373
alphabet, 8
aprender, 36
arrepentir(se), 233
articles
    contractions, 68
    gender of, 39–41
-**ar** verbs, 32–35
atrever(se), 233

B

beber, 344

C

calendar, 16–17
cerrar, 133
cocinar, 344
cognates, 10
colors, 59, 87
comer, 344
    conditional, 448
    future, 348
    imperfect, 267

imperfect subjunctive, 507
present subjunctive, 372
preterit, 198–200
commands
    formal, 310–313
    informal, 344–347
comparisons
    of equality, 276–277
    of inequality, 273–275
    superlative, 278–279
con, 241–242
conditional, 447–450
conjunctions, adverbial, 474–476, 477–480
conmigo, 242
conocer
    past tenses and, 307
    present indicative, 108–110
    present subjunctive, 373
consumir, 344
contigo, 242
contractions, 68
costar, 133
courses, 23
courtesy, expressions of, 6–7
creer, 236–237
cubrir, 340

D

dar
    imperative, 311
    present subjunctive, 373
    preterit, 204
dates, 16–17
days of the week, 16–17
de, 241–242
decir, 340
    conditional, 448
    future, 349
    imperative, 345
    present indicative, 133
    present subjunctive, 373
    preterit, 204, 243–245
demonstrative adjectives, 175–177
demonstrative pronouns, 175–177
describir, 204
descriptions, 58–60, 87. *see also* adjectives
direct object pronouns, 170–174, 300–305
direct objects, 170–174, 300–305
disculpar(se), 233
divertir(se), 233
dónde + está, 12
dormir
    imperative, 310
    present indicative, 133
    present subjunctive, 373
    preterit, 238–240
dormir(se), 142

E

e, 81
empezar
    present indicative, 133
    preterit, 199
encantar, 206–208
encontrar, 133
enfadar(se), 233
entender, 133
-**er** verbs, 36–38
escribir, 204, 340
estar
    with adjectives, 70–72
    imperfect subjunctive, 507
    present indicative, 42–43
    present subjunctive, 373
    preterit, 243–245
    uses of, 70–72, 209–211
explicar, 204

F

formality, 7
future
    expressions that denote, 102
    verb forms, 348–351

G

greetings, 5–7
gustar, 76–77, 206–208

H

haber
    conditional, 448
    imperfect, 268
    past perfect, 481–483
    present perfect, 339–343
hablar
    conditional, 448
    future, 348
    imperfect, 267
    present indicative, 33
    present subjunctive, 372
    preterit, 198–200
hace
    with expressions of time, 140–141, 245
    meaning ago, 245
    with weather, 19
hacer
    conditional, 448
    future, 349
    imperative, 345
    imperfect subjunctive, 507
    past participle, 340
    present indicative, 98–101
    present subjunctive, 373
    preterit, 243–245

Hispanic countries, 3
    Argentina, 223, 252–253
    Bolivia, 431, 460–461
    Chile, 465, 492–493
    Colombia, 123, 137, 150–151
    Costa Rica, 397, 426–427
    Cuba, 363, 392
    Dominican Republic, 363, 392
    Ecuador, 327, 358–359
    El Salvador, 155, 184–185
    Guatemala, 291, 312, 317–318, 320–322
    Honduras, 155, 184–185
    Mexico, 257–258, 286–287
    Nicaragua, 155, 156, 184–185
    Panama, 397, 426–427
    Paraguay, 431
    Peru, 89, 94, 118–120, 460–461
    Puerto Rico, 497
    Spain, 23, 24, 29, 50–52, 50–52
    United States, 55, 56, 84–85
    Uruguay, 223, 249, 252–253
    Venezuela, 189, 218–219

I

If-clauses, 510–512
imperative
    formal, 310–313
    informal, 344–347
imperfect, 266–269, 306–309
    versus preterit, 270–272, 416–419
imperfect progressive, 306
imperfect subjunctive, 506–510
indicative. *see also* present indicative
    adverbial conjunctions that take, 477–480
indirect object pronouns, 203–205, 300–305
indirect objects, 203–205, 300–305
infinitive, 484–485
interesar, 206–208
interrogative words, 44–45
introductions, 4, 21
ir
    imperative, 311, 345
    imperfect, 268
    present indicative, 102–104
    present subjunctive, 373
    preterit, 201–202
ir a + infinitive, 102–104, 306
-ir verbs, 36–38
-ísimo/a, 279

J

jugar
    imperative, 311
    present subjunctive, 373

L

lavar(se), 142–143
leer, 236–237
levantar(se)
    present indicative, 142
    preterit, 232–235
llamar(se), 142

llegar, 199
location, 12, 67–69

M

-mente, 138–139
months, 16–17
morir, 340
mostrar, 204

N

nationality, 61, 67–69, 87
negative expressions, 440–442
nouns
    direct objects, 170–174
    gender of, 39–41
    indirect objects, 203–205
numbers
    0 to 99, 14–15
    100 to 2.000.000, 105–107
    ordinal numbers, 157

O

oír, 98–101
    present subjunctive, 373
    preterit, 236–237
opinions, expressiong, 132–135, 378–379

P

para, 111–113, 241–242, 380–383
past participle, 339–343
past perfect, 481–483
pedir, 133
pensar
    imperative, 310
    present indicative, 133
    present subjunctive, 373
    preterit, 199
poder
    conditional, 448
    future, 349
    past tenses, 307
    present indicative, 133
    preterit, 243–245
poner, 340
    conditional, 448
    future, 349
    imperative, 310, 345
    present indicative, 98–101
    present subjunctive, 373
    preterit, 243–245
poner(se), 142
por, 111–113, 241–242, 380–383
position, 21
possessive adjectives, 73–75, 413–415
possessive pronouns, 410–412
preferir
    present indicative, 133
    present subjunctive, 373
    preterit, 238–240
preparar, 344
prepositions, 241–242. *see also* specific prepositions
present indicative. *see also* indicative

-ar verbs, 32–35
conocer, 108–110
-er verbs, 36–38
estar, 42–43
hablar, 33
hacer, 98–101
ir, 102–104
-ir verbs, 36–38
poner, 98–101
saber, 108–110
ser, 9–10, 67–69
stem-changing verbs, 132–135
present participle, 164–166, 306
present perfect, 339–343
present progressive, 164–166
present subjunctive, 372–377. *see also* subjunctive
prestar, 204
preterit, 306–309
    of **-er** and **-ir** verbs that end in a vowel, 236–237
    versus imperfect, 270–272, 416–419
    of irregular verbs, 243–245
    of reflexive verbs, 232–235
    of regular verbs, 198–200
    of stem-changing verbs, 238–240
pronouns
    affirmative expressions, 440–442
    after prepositions, 241–242
    demonstrative pronouns, 175–177
    direct object, 170–174, 300–305
    indirect object, 203–205, 300–305
    negative expressions, 440–442
    possessive pronouns, 410–412
    reciprocal pronouns, 451–453
    reflexive pronouns, 142–143, 232–235
    relative pronouns, 384–385

Q

quedar, 206–208
quejar(se), 233
querer
    conditional, 448
    future, 349
    past tenses and, 307
    present indicative, 133
    preterit, 243–245
quitar(se), 142

R

reciprocal pronouns, 451–453
reciprocal verbs, 451–453
recoger
    imperative, 311
    present subjunctive, 373
reflexive pronouns, 142–143, 232–235
reflexive verbs, 142–143, 232–235
regalar, 204
reír, 236–237
relative pronouns, 384–385
repetir
    imperative, 310
    present indicative, 133
romper, 340

S

saber
conditional, 448
future, 349
imperative, 311
past tenses, 307
present indicative, 108–110
present subjunctive, 373
preterit, 243–245
sacar
imperative, 311
present subjunctive, 373
preterit, 199
salir, 98–101
conditional, 448
future, 349
imperative, 345
salutations, 117
schools, 50–52, 53
se constructions, 336–338, 513–515, 519
seguir
imperative, 311
present indicative, 133
present subjunctive, 373
sentir(se), 233
ser
with adjectives, 70–72
imperative, 311, 345
imperfect, 268
present indicative, 9–10, 67–69
present subjunctive, 373
preterit, 201–202
uses of, 67–69, 70–72, 209–211
servir, 133
sin, 241–242
sobre, 241–242
stem-changing verbs
e to **i**, 132–135
e to **ie**, 132–135
o to **ue**, 132–135
present indicative, 132–135
present participles of, 165
preterit, 199, 238–240
street names, 15
stressed possessive adjectives, 413–415
subir, 344
subjunctive. *see also* present subjunctive
in adjective clauses, 406–409
adverbial conjunctions that require the, 474–476
adverbial conjunctions that take, 477–480
with expressions of doubt, 443–446
with expressions of emotion, 378–379
imperfect subjunctive, 506–510
suffixes, 279

T

tener
conditional, 448
expressions with, 167–169

future, 349
imperative, 345
present indicative, 133
present subjunctive, 373
preterit, 243–245
tener que + infinitive, 136–137
time, 18, 67–69
expressions that denote, 33, 102, 129, 199, 217, 285, 289
hace, 140–141, 245
titles, 21
traducir, 243–245
traer, 98–101
present subjunctive, 373
preterit, 243–245
tu, 17
tú, 17

V

vender, 204
venir
conditional, 448
future, 349
imperative, 345
present indicative, 133
present subjunctive, 373
preterit, 243–245
ver, 340
imperfect, 268
present subjunctive, 373
verb forms. *see* **-ar** verbs; **-er** verbs; **-ir** verbs; irregular verbs; reciprocal verbs; reflexive verbs; *specific verbs*; *specific verbs*; spelling-change verbs; stem-changing verbs
vestir(se), 142
vivir
conditional, 448
future, 348
imperfect, 267
imperfect subjunctive, 507
present indicative, 36
present subjunctive, 372
preterit, 198–200
vocabulary
academic life, 23–24, 27, 28–38, 50–52, 53
accessories, 193–196, 221
appliances, 159–160, 187
architecture, 156, 187
art, 435–436, 463
bathroom, 187
bedroom, 187
celebrations, 258–261, 289
chores, 161–162
cinema, 432–433
classroom, 11, 20–21
clothing, 193–196, 221
communication, 118–120
computers, 26
courses, 23
drinks, 95
electronics, 160, 187

entertainment, 89, 118–120
environment, 500, 525
family, 124–130, 153
fish, 361
food, 35, 94–96, 115, 118–120, 328–332, 352, 355, 361
friends, 56
fruit, 361
furniture, 159–160, 187
the future, 502–503
garden, 187
health, 364–370, 388–389, 395
holidays, 258–259, 289
home life, 156–162, 187
kitchen, 187
literature, 432–433, 463
mail, 403, 429
meat, 361
music, 289, 437–438, 463
nature, 255, 500
occupations, 292–296, 323
offices, 294, 323
painting, 435–436
parts of the body, 59, 366–367, 395
popular culture, 437–438, 463
professions, 292–296, 323
restaurants, 94–96, 118–120
schools, 50–52
science, 498, 502–503, 522–523, 525
seasonings, 361
seasons, 195, 227–228
shopping, 190–192, 194, 213, 221
society, 466, 471, 495
spices, 361
sports, 224–226, 229–230, 255
students, 23, 23–24, 27, 28–29
surveys, 495
table settings, 333–334, 361
technology, 498, 502–503, 522–523, 525
traditions, 258–259, 289
transportation, 398–401, 429
travel, 398–402, 423, 429
universities, 23–24, 27, 28–29, 50–52, 53
vegetables, 361
weather, 227–228, 255
work, 292–296, 323
volver, 340
present indicative, 133
present subjunctive, 373
preterit, 199

W

weather, 19, 227–228, 255
week, days of, 16–17

Y

y, 81

América del Sur